D1688626

DIE SCHNELLE KÜCHE

Toni Mörwald · Christoph Wagner

DIE *SCHNELLE* KÜCHE

Die 222 besten
15-Minuten-Rezepte
der Welt

Unter Mitarbeit von
Martin Weiler

Fotografiert von
Uli Kohl

Pichler Verlag

Besonderer Dank gilt der Brigade des Restaurants „Zur Traube"
sowie den Mitarbeitern der „moerwald company".
3483 Feuersbrunn, Kleine Zeile 10–17
www.moerwald.at

Die Abbildung der Küchenzeituhren erfolgt mit freundlicher
Genehmigung von Ningbo Goodwill Foreign Trade Co., LTD, Ningbo, China.

ISBN 978-3-85431-521-6

© 2010 by Pichler Verlag in der Verlagsgruppe Styria GmbH & Co KG
Wien · Graz · Klagenfurt
Alle Rechte vorbehalten
www.ichlese.at

Foodstyling: Martin Weiler
Redaktion und Fachlektorat: Renate Wagner-Wittula
Lektorat: Olivia Volpini de Maestri und Jürgen Ehrmann

Fotos: Uli Kohl

Umschlag- und Buchgestaltung: Bruno Wegscheider
Produktion: Lithotronic Media GmbH, Dreieich
Druck und Bindung: Druckerei Theiss GmbH, St. Stefan im Lavanttal

Inhalt

FAST BREAKFAST	4
POWERLUNCH IM BÜRO	24
DER KLEINE HUNGER ZWISCHENDURCH	40
DIE SCHNELLE SINGLE-KÜCHE	56
QUICKIES FÜR ZWEI	74
WEIBERABEND	88
MÄNNER KOCHEN	102
SCHNELL & GESUND	124
FAST FOOD FÜR DAHEIM	140
ROCK AROUND THE WOK	162
PASTA À LA MINUTE	184
SÜSSES, ABER SUBITO	200
WENN UNERWARTET GÄSTE KOMMEN	214
Glossar	226
Alphabetisches Register	228

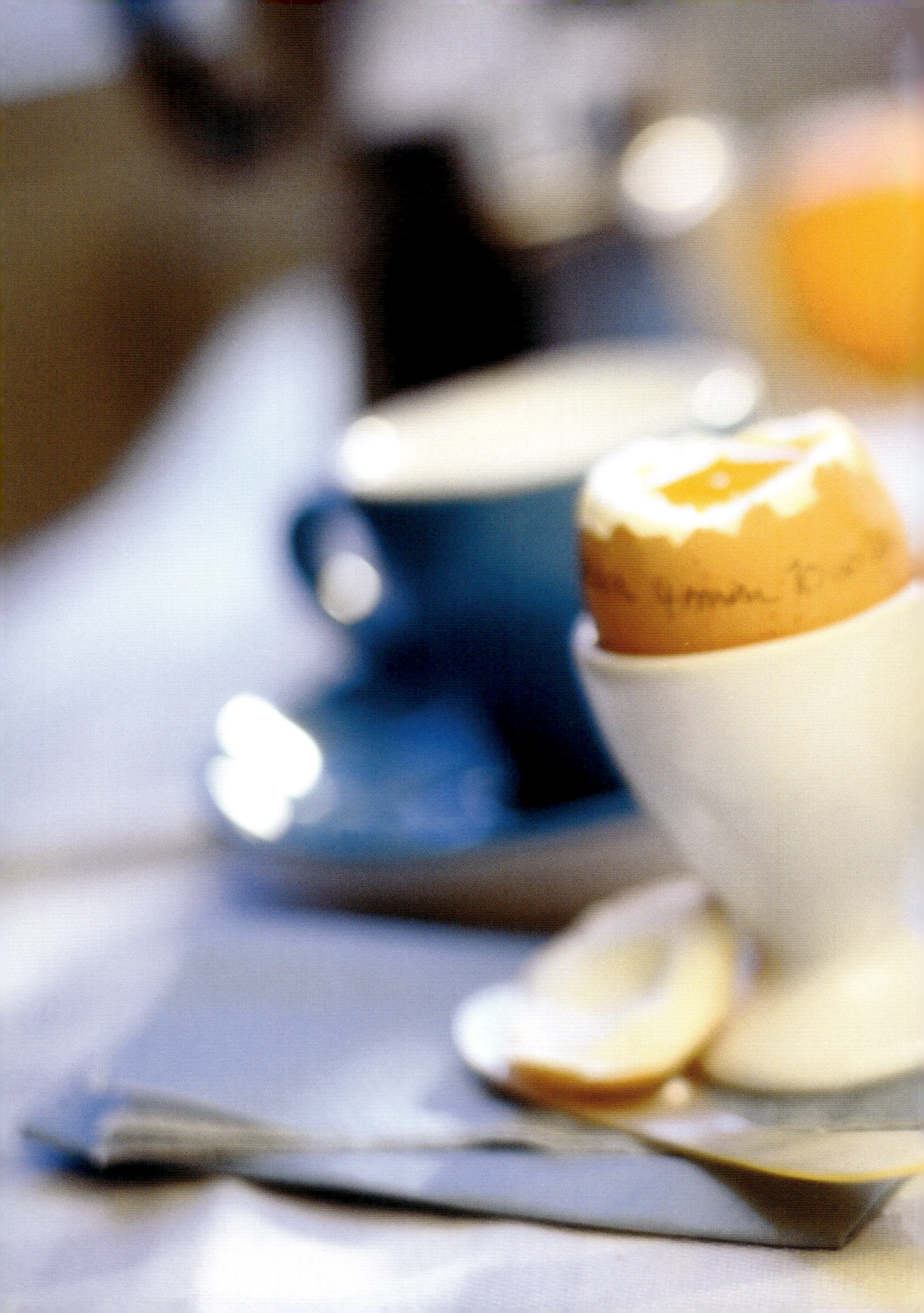

Fast Breakfast

WIE MAN DEN TAG VITAL UND MIT GENUSS BEGINNT

Fast **Eggs**

Pochierte Eier mit Speck

ZUTATEN FÜR 2 PORTIONEN
120 g durchwachsener Speck · 1 EL Butter zum Anbraten · 2 EL Pflanzenöl
4 Scheiben Baguette · 50 g Schalotten Salz, Pfeffer · 2 EL Butter zum Aufschäumen · etwas gehackte Petersilie

FÜR DIE POCHIERTEN EIER
2 EL Weißweinessig · 4 gut gekühlte Eier

ZUBEREITUNG
Etwa 500 ml Wasser mit Essig vermengen und in einem Topf zum Kochen bringen. Einen Knödelheber (Schaumlöffel) in das Wasser halten, ein Ei aufschlagen, hineingleiten lassen (so behält es seine Form) und 3–4 Minuten leicht köchelnd ziehen lassen. Vorsichtig aus dem Wasser heben und in lauwarmes Salzwasser legen. Nacheinander die restlichen Eier ebenso pochieren (oder die Eier vorsichtig einzeln in eine Tasse schlagen, ins Wasser gleiten lassen und das Eiklar mit zwei Suppenlöffeln über das Eidotter ziehen).
Währenddessen Butter und Öl in einer Pfanne erhitzen, Baguettescheiben von beiden Seiten darin anrösten und auf Küchenpapier abtropfen lassen. Schalotten in Spalten, Speck in etwa 4 mm dicke Streifen schneiden und beides gemeinsam anbraten. Mit Salz und Pfeffer würzen. Baguettescheiben auf die vorgewärmten Teller legen, Speck und Schalotten darauf verteilen und die pochierten Eier darauf anrichten. Salzen und pfeffern. Butter mit einer Prise Salz in einer Kasserolle braun aufschäumen, gehackte Petersilie zugeben und über die Eier träufeln.

Das Comeback des Frühstückseis

Selbst notorische Cholesterinpolizisten unter den Ernährungsmedizinern geben mittlerweile zu, dass die „bösen Cholesterine" woanders zu suchen sind und Eier durchaus auch ihre ernährungsphysiologischen Meriten haben. Sie sind, vor allem was das Eiklar betrifft, relativ fett- und kalorienarm, dafür aber reich an Vitaminen fast aller Gruppen sowie an Mineralstoffen wie Natrium, Kalium, Kalzium, Magnesium oder Phosphor.

Auch das Protein des oft geschmähten Dotters hat seine untadeligen Vorzüge. Es ist zwar etwas weniger stabil als jenes des Eiklars, eignet sich dafür aber ideal zum Binden und Eindicken, vor allem von Saucen und Suppen.

An Möglichkeiten aus Eiern in Windeseile köstliche Gerichte zu zaubern, herrscht wahrlich kein Mangel. Die berühmteste und einfachste davon ist wohl das klassische Spiegelei, das seinem ursprünglichen Namen „Ochsenauge" alle Ehre macht – vor allem wenn das Dotter innen noch schön kernweich und außen nicht durch hässliche Salzflecken beeinträchtigt ist. Um Letztere zu vermeiden, gibt es zwei recht einfache Methoden: Die eine besteht darin, das Spiegelei während des Bratens zuzudecken, wodurch sich ein hauchdünner, weißer Film über das Dotter zieht, der sich dann ohne Eigelbtrübung salzen und pfeffern lässt. Die zweite Methode ist etwas komplizierter: Man trennt das Ei vor dem Braten in Eiweiß und Dotter. Nun lässt man zuerst das Eiweiß in die Pfanne gleiten, salzt es und setzt erst danach das Dotter darauf, welches das Salz von unten her aufnimmt und daher nicht mehr extra gewürzt werden muss. Schon gar nicht, wenn man dazu noch Speck oder Schinken brät oder gar Trüffeln darüber hobelt.

Das Erfolgsrezept des Eis (das nicht zwangsläufig ein Hühnerei sein muss, sondern gerade in der modernen Küche auch ein kleines, feines Wachtelei sein kann) ist seine Anpassungsfähigkeit. Es vermählt sich problemlos mit Zucker oder Salz, Butter oder Öl, Milch oder Obers, Spinat oder Tomaten, Kaviar oder Trüffeln, Nudeln oder Toast. Und selbst auf einem kleinen Good-Morning-Steak macht ein Ei immer eine gute Figur.

Eier im Glas

ZUTATEN FÜR 2 PORTIONEN
4 topfrische Eier · Salz

ZUBEREITUNG
In einem Topf Wasser aufkochen. Eier einlegen und 3 Minuten kochen. Herausheben, aber nicht abschrecken, sondern gleich aufschlagen. Je 2 Dotter in ein vorgewärmtes dekoratives Glas (am besten mit Stiel) fallen lassen. Die gestockten Eiklar mit einem Kaffee- oder Teelöffel herausnehmen und zu den Dottern geben. Etwas salzen und ganz leicht durchrühren.

FAST BREAKFAST

Ei im Nest

ZUTATEN FÜR 2 PORTIONEN
2 Eier · 1/2 Stange Lauch · 1 EL glattes Mehl · Pflanzenöl und Butter zum Braten · Salz, Pfeffer · frisch gehackter Schnittlauch

ZUBEREITUNG
Den Lauch putzen, waschen und in feine Ringe schneiden. Lauchringe mit Mehl vermengen und überschüssiges Mehl leicht abschütteln. In einer Pfanne Öl erhitzen und die Lauchringe darin frittieren. Herausheben und auf Küchenpapier abtropfen lassen. Butter in einer frischen Pfanne erhitzen. Eier hineinschlagen und zu Spiegeleiern braten. Mit Salz und Pfeffer würzen. Den Lauch auf vorgewärmten Tellern anrichten und je ein Ei in die Mitte des „Lauchnests" setzen. Mit frisch gehacktem Schnittlauch garnieren.

Rührei mit Steinpilzen und Petersilie

ZUTATEN FÜR 2 PORTIONEN
250 g Steinpilze (oder Eierschwammerl, Champignons etc.) · Salz, Pfeffer 2 EL gehackte Petersilie · 4 Eier · 2 EL Schlagobers · ca. 50 g Butter

ZUBEREITUNG
Die Steinpilze putzen und in Scheiben schneiden. In einer Pfanne etwa einen Esslöffel Butter erhitzen und die Pilze darin 4–5 Minuten dünsten. Salzen, pfeffern und mit gehackter Petersilie vermengen. Warm stellen.
Die Eier in eine Schüssel schlagen und mit Obers, Salz sowie Pfeffer gut verrühren. Restliche Butter in einer Pfanne schmelzen lassen. Die Eiermasse zugeben, leicht stocken lassen und dabei mit einer Bratschaufel ständig rühren. Steinpilze einmengen, auf vorgewärmten Tellern anrichten und sofort servieren.

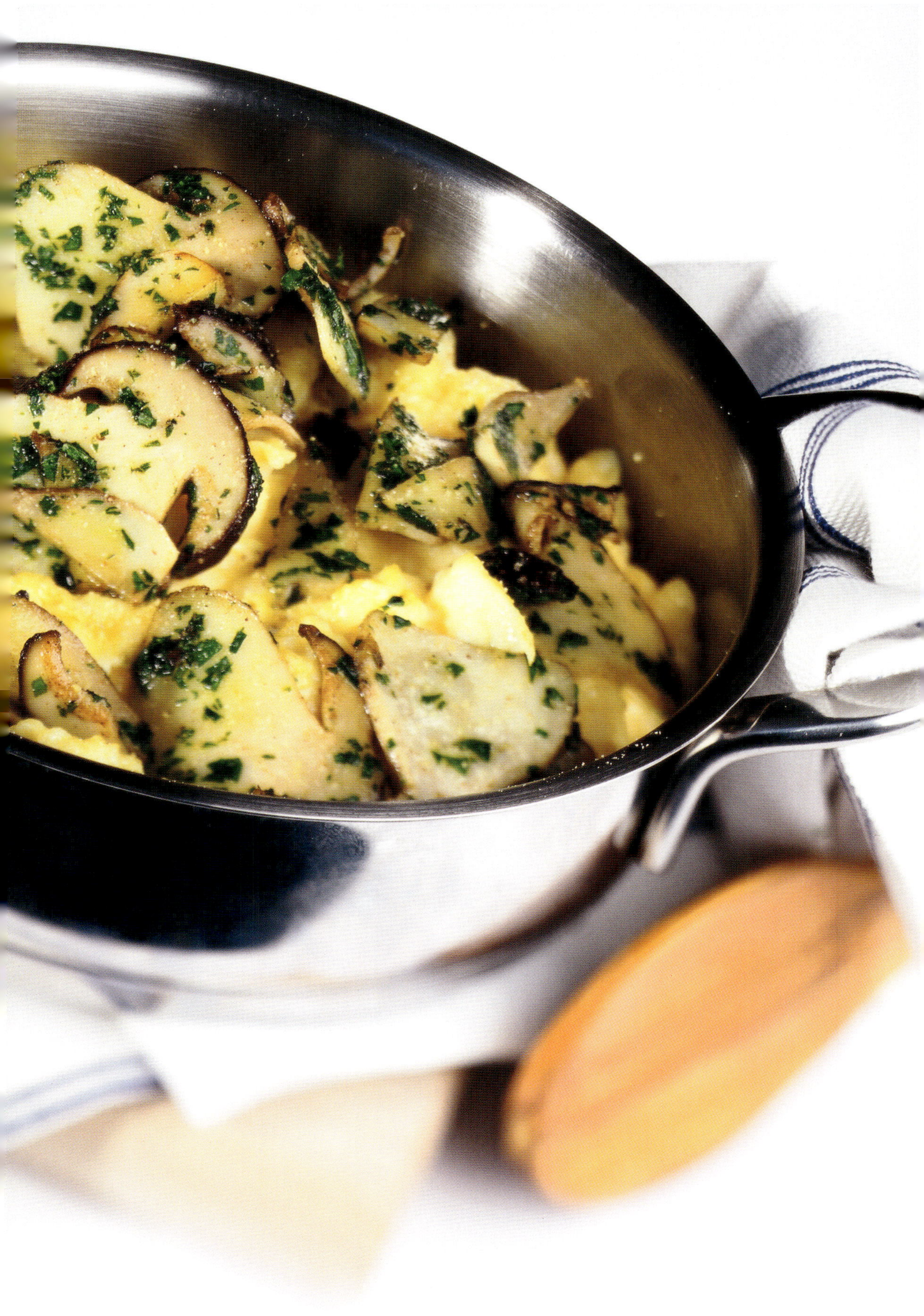

FAST BREAKFAST

Wiener Eierspeise

ZUTATEN FÜR 2 PORTIONEN
4 Eier · etwas Butter · Salz, Pfeffer · fein gehackter Schnittlauch

ZUBEREITUNG
Die Eier in eine Schüssel schlagen und mit Salz sowie Pfeffer würzen. Mit einer Gabel verschlagen. In einer Pfanne (oder in zwei kleinen dekorativen Pfannen) etwas Butter erhitzen und die verschlagenen Eier hineingießen. Die leicht gestockte Masse mit einer Gabel immer wieder von allen Seiten vorsichtig zur Mitte ziehen, bis die Eier schön cremig sind. Auf vorgewärmten Tellern anrichten oder in den kleinen Pfannen servieren. Vor dem Auftragen mit fein geschnittenem Schnittlauch bestreuen.

Eierspeise mit Zwiebeln und Kernöl

ZUTATEN FÜR 2 PORTIONEN
4 Eier · Butter zum Andünsten · 1 fein gehackte Zwiebel · Salz, Pfeffer
frisch gehackter Schnittlauch · Kürbiskernöl

ZUBEREITUNG
Die Eier in eine Schüssel schlagen und mit Salz sowie Pfeffer würzen. Mit einer Gabel verschlagen. In einer Pfanne Butter erhitzen und die gehackte Zwiebel darin glasig anschwitzen. Die verschlagenen Eier hineingießen. Die stockenden Eier mit einer Gabel von allen Seiten vorsichtig immer wieder zur Mitte ziehen, bis sie cremig gestockt sind. Eierspeise auf vorgewärmten Tellern anrichten. Mit fein geschnittenem Schnittlauch bestreuen und mit Kernöl beträufeln.

Breakfast – fast and healthy

*Obst ist beim Frühstück nicht nur in Sekundenschnelle aufgetischt, sondern es enthält auch die für uns so wichtigen Vitamine A, C und E. Als Faustregel gilt: Wer täglich rotes, grünes und gelbes Obst isst, versorgt sich mit der ganzen Vitaminpalette. Bananen sind reich an Vitamin B und Folsäure und daher vor allem für jene empfehlenswert, die viel Zeit am Schreibtisch verbringen. Immerhin ist Vitamin B, das auch in Vollkornprodukten reichlich enthalten ist, einer der Hauptenergielieferanten für Hirn und Nerven.
Auch Orangensaft (am besten gemischt mit Grapefruitsaft) sollte – Stichwort Vitamin C und Eisen – auf keinem Frühstückstisch fehlen. Frisch gepresst schmeckt er nicht nur besser, sondern ist auch gesünder. Das Auspressen lässt sich, wenn man morgens Zeit sparen will, auch vor dem Schlafengehen besorgen.
WICHTIG: im Kühlschrank aufbewahren und vor dem Genuss gründlich aufschütteln oder durchrühren.*

Räucherlachs-palatschinke

ZUTATEN FÜR 2 PORTIONEN
150 g Räucherlachs · 1 Ei · 3 EL glattes Mehl · 125 ml Milch · Salz, Pfeffer · etwas frisch gehackte Dille · 125 g Sauerrahm · 1 TL Senf · etwas Honig · Öl zum Backen

ZUBEREITUNG
Mehl, Milch und Ei mit einem Schneebesen zu einem glatten Teig verrühren. Mit Salz und etwas gehackter Dille würzen. In einer (am besten beschichteten) Pfanne etwas Öl erhitzen. Die Hälfte des Teiges eingießen, gleichmäßig verteilen und unter einmaligem Wenden eine dünne Palatschinke goldgelb backen. Die zweite Palatschinke ebenso backen.

Für die Senfsauce den Sauerrahm zunächst glatt rühren, dann Senf sowie Honig dazugeben und pikant würzen. Die Palatschinken mit Räucherlachs belegen und jeweils einrollen. Auf vorgewärmten Tellern in dekorative Stücke schneiden und mit der Senfsauce anrichten. Die Palatschinken warm auftragen.

FAST BREAKFAST

Kalte **Köstlichkeiten** und **Rohkost**

Beef Tatar „Toni M."

ZUTATEN FÜR 2 PORTIONEN
200 g Rindsfilet (Lungenbraten)
1 fein gehackte Essiggurke · 1 fein gehackte Schalotte · 1 TL Dijonsenf
2 TL Tomatenketchup · 4 EL Olivenöl
5 Tropfen Tabascosauce · 1 Spritzer Worcestershiresauce ·
1 TL gehackte Petersilie · Salz, Pfeffer · 1 Eidotter nach Belieben

VORBEREITUNG
Das gut zugeputzte Rindsfilet mit einem scharfen Messer ganz fein hacken.

FÜR BESONDERS EILIGE
Rindslungenbraten möglichst unmittelbar vor der Zubereitung durch den Fleischwolf drehen oder gleich vom Fleischer faschieren lassen. Diese Variante entspricht zwar nicht dem Originalrezept, geht aber um einiges schneller.

ZUBEREITUNG
Das Fleisch mit sämtlichen Zutaten, am besten mit einer Gabel, vermengen. Nach Wunsch das rohe Eidotter einrühren. Pikant abschmecken und auf gekühlten Tellern dekorativ anrichten. Nach Belieben mit dem Gabelrücken Karo- oder Linienmuster hineindrücken.
GARNITUREMPFEHLUNG: getoastetes oder frisches, knuspriges Weißbrot mit Butter

Veggie-Sticks mit Thunfisch-Dipsauce

ZUTATEN FÜR 2 PORTIONEN
Je nach Jahreszeit und Appetit: Karotten · Kohlrabi · Salatgurke · Radieschen
Paprikaschoten · Zucchini · Kirschtomaten

FÜR DIE THUNFISCH-DIPSAUCE
1 Eidotter · 2 EL Essiggurkerlwasser · 2 TL weißer Balsamicoessig · 1 Msp. Dijonsenf
1 EL gehackte Kapern · 100 g grob zerkleinerte Thunfischstücke (aus der Dose)
80 ml Olivenöl · ca. 4 Basilikumblätter · Salz, Pfeffer · 1 kleine Knoblauchzehe

ZUBEREITUNG
Gemüse waschen, putzen, bei Bedarf schälen und in mundgerechte längliche Stifte schneiden. Die Stifte dekorativ, eventuell farblich geordnet, auf Tellern anrichten. Für die Dipsauce Eidotter, Essiggurkerlwasser, Balsamicoessig, Senf, Kapern, Thunfischstücke, Basilikumblätter, Knoblauch und Olivenöl zu einer sämigen Sauce aufmixen. Die Sauce durch ein Sieb passieren und mit Salz sowie Pfeffer würzen. In kleinen Schälchen zu den Gemüsesticks servieren.

Tomaten-Kohlrabi-Rohkost

ZUTATEN FÜR 2 PORTIONEN
1 Kohlrabi · 2 Tomaten · 80 g Sauerrahm · 1 TL gehackte Minze · Salz, Pfeffer
etwas Zitronensaft · 1/2 grüne Paprikaschote zum Garnieren

ZUBEREITUNG
Kohlrabi schälen und in Stifte schneiden. Tomaten halbieren und in Scheiben schneiden. Den Sauerrahm mit der gehackten Minze glatt rühren und das geschnittene Gemüse unterheben. Mit Salz, Pfeffer und Zitronensaft würzen. Auf kleinen Tellern oder in Schalen anrichten und mit in Streifen geschnittenem Paprika garnieren.
BEILAGENEMPFEHLUNG:
knuspriges Weiß- oder Vollkornbrot

TIPP
Die Tomatenscheiben können auch als „Sockel" angerichtet werden, worauf man dann den Kohlrabi-Rahm platziert.

Chicoréesalat mit Äpfeln

ZUTATEN FÜR 2 PORTIONEN
2 Chicorée · 60 g Sauerrahm · 1 TL Honig · Saft von 1/2 Zitrone gemahlener Ingwer · 2 EL Distelöl · 1/2 würfelig geschnittener Apfel frisch gehackter Schnittlauch · Karottenstreifen als Garnitur

ZUBEREITUNG
Für die Marinade den Sauerrahm mit Honig, Zitronensaft, etwas gemahlenem Ingwer und Distelöl verrühren.
Chicorée in einzelne Blätter teilen, kurz in lauwarmem Wasser, danach in kaltem Wasser waschen. Pro Teller 3 „Chicorée-Schiffchen" anrichten. Restlichen Chicorée in Streifen schneiden und auf die Schiffchen verteilen.
Apfelwürfel in die Rahmmarinade einrühren und diese über den Chicorée träufeln. Mit frisch gehacktem Schnittlauch bestreuen. Mit darüber gelegten Karottenstreifen dekorativ garnieren.

KALTE KÖSTLICHKEITEN UND ROHKOST

Matjesfilet mit Erbsenschoten

ZUTATEN FÜR 2 PORTIONEN
2 Matjesheringsfilets · 100 g Erbsenschoten · Dille zum Garnieren

FÜR DIE MARINADE
3 EL Nussöl · 3 EL Olivenöl · 2 EL Sherryessig · 1 Msp. Dijonsenf
1 Prise Zucker · Salz, Pfeffer

FÜR DEN APFEL-SCHALOTTEN-RAHM
1 feinwürfelig geschnittene Schalotte · 1/2 würfelig geschnittener Apfel
1 EL Mayonnaise · 2 EL Sauerrahm · Salz, Pfeffer

ZUBEREITUNG
Die Erbsenschoten kurz in Salzwasser bissfest blanchieren und in eiskaltem Wasser abschrecken. Sämtliche Zutaten für die Marinade verrühren. Für den Apfel-Schalotten-Rahm ebenfalls alle Zutaten miteinander vermengen. Die Erbsenschoten mit der Marinade abmachen. Mit Salz sowie Pfeffer würzen und jeweils in der Mitte des Tellers anrichten. Je ein Matjesfilet darauf platzieren. Den Apfel-Schalotten-Rahm darüber träufeln und mit Dille garnieren.
BEILAGENEMPFEHLUNG: frisches, dunkles Vollkornbrot

Kohlrabisalat mit Joghurt und Kräutern

ZUTATEN FÜR 2 PORTIONEN
200 g Kohlrabi · 100 g Joghurt
Saft von 1 Zitrone · 1 TL geriebener Kren · 2 TL gehackter Kerbel
1 TL gehackte Petersilie · Salz, Pfeffer · Radieschenscheiben und Salatblätter zum Garnieren

ZUBEREITUNG
Geschälten Kohlrabi in Streifen oder Stifte schneiden. Joghurt mit Zitronensaft, Kren, Kerbel und Petersilie gut vermischen. Mit Salz und Pfeffer würzen. Die Kohlrabistreifen untermengen. In tiefen Tellern oder passenden Schalen anrichten und mit Salatblättern und in Scheiben geschnittenen Radieschen garnieren.

FAST BREAKFAST

Das schnellste Frühstück heißt Joghurt

Die „Zubereitungszeit" von Joghurt dauert genau jene zwei Sekunden, die man braucht, um die Folie vom Becher zu reißen. Dafür liefert ein solcher Becher Joghurt dem Körper genügend Kalzium für einen ganzen Tag sowie andere wertvolle Stoffe von Phosphor über Milchzucker bis Eiweiß. In jedem Fall gilt: Lieber ganz normales Joghurt selbst mit ein paar Früchten oder Getreide vermischen, als gezuckerte und künstlich eingedickte industrielle Joghurtzubereitungen verwenden. Übrigens: Je mehr frische Früchte im Joghurt sind, desto überflüssiger wird es, zu teuren probiotischen Marken zu greifen.

Ein besonders heißer Frühstückstipp ist Schafjoghurt: Das Schaf ist nämlich – sowohl was den Fett- als auch den Eiweißgehalt betrifft – mit seiner Milch doppelt so freigiebig wie die Kuh. Zudem ist Schafmilch noch besser verdaulich als Kuhmilch. Kein Wunder also, dass bulgarische Schafhirten so überdurchschnittlich häufig bei bester Gesundheit ihren Hunderter feiern …

Appetizer für Streicher

Paprikatopfen

ZUTATEN FÜR 2–3 PORTIONEN
Je 1/2 rote und 1/2 grüne Paprikaschote · 1/2 Schalotte · 1/2 Bund Schnittlauch · 250 g Topfen
50 g Kapern · Salz, Pfeffer · etwas edelsüßes Paprikapulver

ZUBEREITUNG
Die Paprikaschoten waschen, halbieren, entkernen und danach feinwürfelig schneiden. Schalotte und Kapern fein hacken. Den Schnittlauch in Röllchen schneiden. Den Topfen glatt rühren und mit allen Zutaten gut vermengen. Mit Salz, Pfeffer und Paprikapulver pikant abschmecken. In einer Schale anrichten und mit frischem Brot oder Gebäck auftragen.

Avocadopüree mit Eiern und Sprossen

ZUTATEN FÜR 2 PORTIONEN
1 Avocado · 100 g Joghurt · Saft von 1 Zitrone · Salz, Pfeffer
3 hart gekochte Eier · einige Salatblätter · 100 g Sprossen nach Wahl

ZUBEREITUNG
Die hart gekochten Eier mit kaltem Wasser abschrecken, schälen und der Länge nach halbieren. Die Avocado halbieren, entkernen, Fruchtfleisch mit einem Kaffeelöffel herauslösen und klein schneiden. Sofort mit Joghurt und Zitronensaft im Mixer pürieren (damit sich das Fruchtfleisch nicht braun verfärbt). Durch ein Sieb streichen und mit Salz und Pfeffer würzen. Gewaschene, abgetropfte Salatblätter auf Teller legen, das Avocadopüree darauf anrichten und mit jeweils 3 Eierhälften belegen. Mit den Sprossen bestreuen.
BEILAGENEMPFEHLUNG: getoastetes oder frisches, knuspriges Weißbrot

Kräuter-Eier-Aufstrich

ZUTATEN FÜR 2 PORTIONEN
2 Eier · 1 Tomate · je 1 EL Petersilie und Basilikum, gehackt (oder andere Kräuter nach Wahl) · 100 g Topfen
1 TL Senf · Salz, Pfeffer
Salatblätter zum Anrichten

VORBEREITUNG
Eier hart kochen und kalt abschrecken. Tomate einige Sekunden in kochendes Wasser tauchen, herausheben, eiskalt abschrecken, schälen und kleinwürfelig schneiden.

FÜR BESONDERS EILIGE
Verwenden Sie bereits gekochte Eier, die im Lebensmittelhandel angeboten werden. Verzichten Sie auf das Schälen der Tomate oder verarbeiten Sie gut abgetropfte geschälte Tomaten aus der Dose.

ZUBEREITUNG
Die gekochten Eier schälen und klein hacken. Geschälte Tomate entkernen und würfelig schneiden. Den Topfen mit Senf und den fein gehackten Kräutern gut verrühren. Gehackte Eier sowie Tomatenwürfel untermengen und mit Salz und Pfeffer pikant abschmecken. Salatblätter auf einem Teller rosettenartig anrichten, den Aufstrich darauf platzieren und mit frischem Gebäck servieren.

FAST BREAKFAST

Müsli und Shakes

Beerenmüsli

ZUTATEN FÜR 2 PORTIONEN
3 EL Vollkorn-Früchte-Müslimischung · 50 ml Milch · 125 g Joghurt
1 Banane · 150 g gemischte Beeren (Himbeeren, Erdbeeren, Blaubeeren)
1 Pfirsich · Saft von 1 Zitrone · 1 EL Honig · Mandelsplitter zum Garnieren

ZUBEREITUNG
Müslimischung mit der Milch bedecken und leicht quellen lassen. Währenddessen den Pfirsich (nach Belieben) schälen und in Spalten schneiden. Dann nacheinander Joghurt, Honig, die zerdrückte Banane, Pfirsichspalten und Zitronensaft unter das Müsli mischen. Müsli in tiefen Tellern anrichten und mit Beeren belegen. Mandelsplitter darüber streuen und servieren.

Haferbrei macht sexy

Diese vom britischen Filmkomiker Marty Feldmann schon in den 70ern des 20. Jahrhunderts verbreitete Weisheit geht in Wahrheit auf den Schweizer Arzt Maximilian Oskar Bircher-Benner zurück. Auch er hat das Müsli jedoch nicht erfunden, sondern sein Rezept in Wahrheit lediglich den Schweizer Sennern abgeschaut, denen ein aus Getreide und Wasser angerührtes „Mues", in Österreich auch Melkermus genannt, als kräftigende Alltagsnahrung für den harten Job auf der Alm diente. Bircher-Benner erkannte schon um 1900 den diätetischen Stellenwert dieses Gerichts und verordnete es abnehmwilligen Patienten im Rahmen einer Vollwertdiät. Seither hat es als (in der Schweizer Verkleinerungsform) Müsli die Frühstückstische der Welt erobert.

Das Originalrezept des Schweizer Doktors eignet sich übrigens besonders gut für eilige Frühstücker, denn wirklich entfalten kann das Müsli seine Nährstoffe nur, wenn man es bereits am Vorabend ansetzt. In der Früh genießt man dann in Ruhe das fertige Müsli.

Der „Klassiker" unter den Müslis geht so: Einen gestrichenen Esslöffel Haferflocken mit 3 Esslöffeln Wasser 12 Stunden lang einweichen. 1 Esslöffel Zitronensaft und 1 Esslöffel gezuckerte Kondensmilch hinzufügen und alles gut durchmischen. 200 g möglichst säuerliche Äpfel unmittelbar vor dem Servieren mit der (gut gewaschenen) Schale darüber raffeln und dabei öfters umrühren, damit das Apfelfleisch nicht braun wird. Zum Schluss noch einen Esslöffel geriebene Haselnüsse oder Mandeln darüber streuen.

Das klingt zugegebenermaßen etwas frugal – umso mehr ist dabei die Phantasie jedes Einzelnen angesprochen, sein „ganz persönliches" Müsli mit Getreideflocken und Körnern aller Art, vielerlei Obst oder Dörrobst, Milch, Joghurt oder Fruchtsaft individuell zu komponieren.

Länger als 15 Minuten dauert das, bei aller Anstrengung, keinesfalls.

Flockenmüsli

ZUTATEN FÜR 2 PORTIONEN
6 EL Hafer- oder andere Getreideflocken · 1 Apfel · 1 Banane · 50 g gemischte Beeren, frisch oder tiefgekühlt · 2 EL gehackte Walnüsse · Saft von 1 Zitrone
2 EL geschlagenes Obers · Honig nach Belieben

ZUBEREITUNG
Die Getreideflocken in Wasser quellen lassen und dabei nur so viel Wasser zugeben, wie das Getreide aufnimmt. Währenddessen die Banane zerdrücken und den Apfel reiben. Nach dem Aufquellen Banane, Apfel und Beeren mit den Getreideflocken vermengen. Mit Zitronensaft aromatisieren und mit den gehackten Nüssen sowie geschlagenem Obers verfeinern. Nach Belieben mit etwas Honig süßen. In zwei Schalen füllen und servieren.

Hafermüsli

ZUTATEN FÜR 2 PORTIONEN
200 g geschroteter Hafer · Saft von 2 Orangen · Saft von 1 Zitrone · 2 Äpfel
50 g Joghurt · 200 g gemischte Früchte nach Belieben · 2 EL Honig

VORBEREITUNG
Den Hafer 1 Stunde vor der Zubereitung in Orangen- und Zitronensaft einweichen.

FÜR BESONDERS EILIGE
Verwenden Sie eine Müslimischung, die nur kurz quellen muss.

ZUBEREITUNG
Die Äpfel reiben und mit Joghurt und Hafer vermengen. Müsli mit Honig abschmecken. Den Großteil der Früchte unterrühren, den Rest als Garnitur zur Seite legen. Müsli in zwei Schalen füllen und mit den restlichen Früchten dekorativ garnieren.

Bananenmilch (HIMBEER- UND ERDBEERMILCH)

ZUTATEN FÜR 2 PORTIONEN
2 Bananen · 1 cl Zitronensaft · etwas Zucker · 400 ml Milch

VARIANTE HIMBEERMILCH
200 g Himbeeren · etwas Zucker · 400 ml Milch

VARIANTE ERDBEERMILCH
200 g Erdbeeren · etwas Zucker · 1 cl Zitronensaft · 400 ml Milch

ZUBEREITUNG
Für die Bananenmilch die Bananen pürieren und mit Zitronensaft sowie Zucker abschmecken. Unter ständigem Rühren die gekühlte Milch einfließen lassen. In Gläser füllen und mit einem Trinkhalm servieren.
Für Himbeer- oder Erdbeermilch die Beeren (auch Tiefkühlware ist möglich) pürieren und mit den angegebenen Zutaten vermengen.

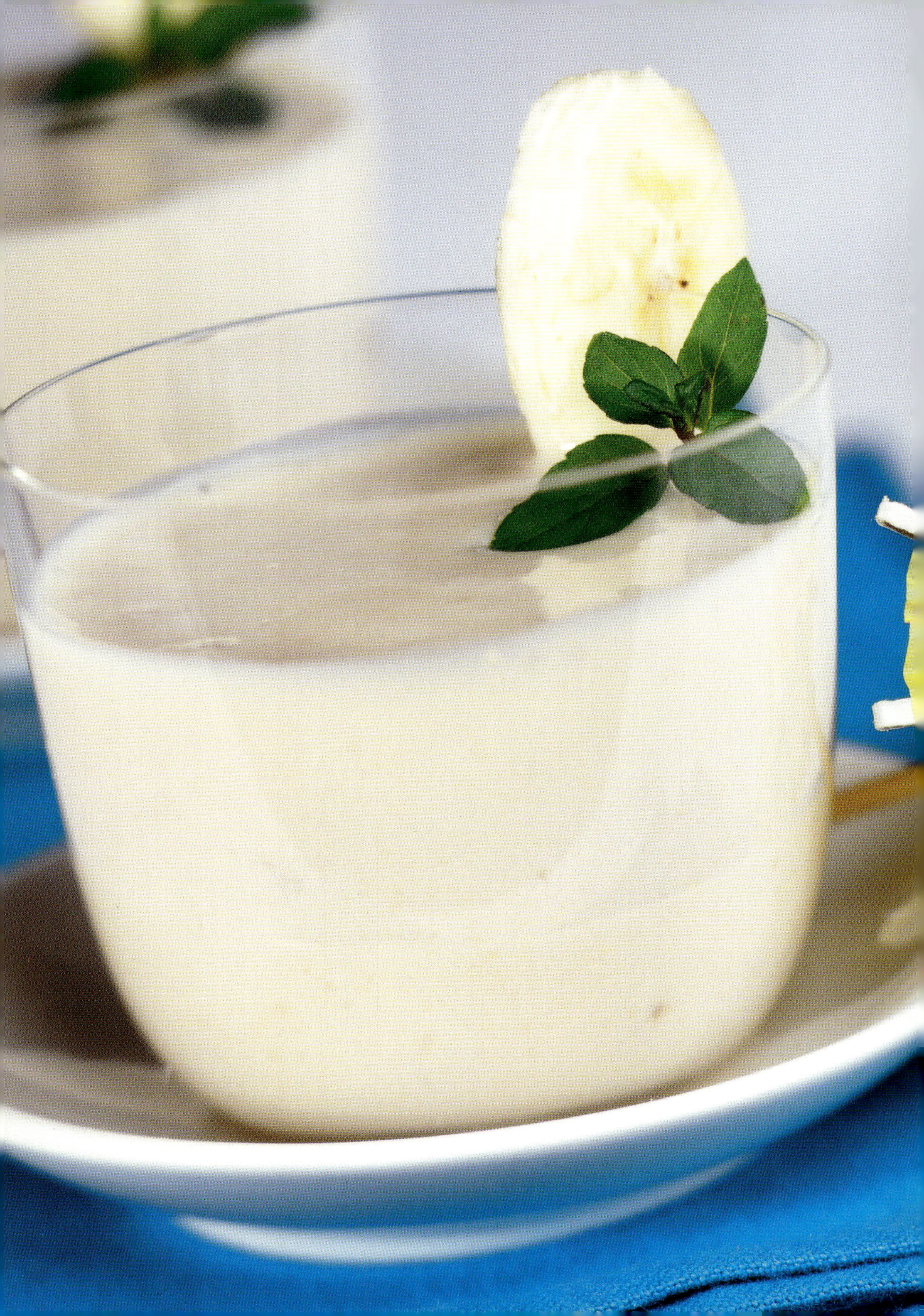

Zehn rasante Frühstücksideen aus aller Welt

■ **SKANDINAVISCHES FRÜHSTÜCK** Vollkorn- oder Knäckebrot wie beim Smörgåsbord (schwedisches Butterbrotbuffet) mit Butter bestreichen und nach Lust und Laune mit Krabben, Räucherlachs, mariniertem Hering, Räucherhering, gehacktem Eigelb, Radieschen und Schnittlauch, Räucheraal, Rührei oder auch mit Leberpastete und Senfgurken belegen.
■ **IRISCHES FRÜHSTÜCK** Nieren, Hühnerleber oder andere Innereien in Butter braten und mit Rührei servieren. Dazu passt neben Tee auch Guiness.
■ **BLOODY MARY** Ideal gegen den morgendlichen Kater: eisgekühlter Wodka mit eisgekühltem Tomatensaft, je einem Spritzer Worcestershiresauce, Tabascosauce und Selleriesalz.
■ **WELSH RAREBIT** Toastbrotscheiben mit einer Masse aus scharfem Senf, einem Schuss Bier, Worcestershire- und Tabascosauce und geschmolzenem Cheddar (Edamer, Gouda etc.) bestreichen und im heißen Rohr goldbraun überbacken, bis der Käse Blasen wirft.
■ **JAPANISCHES FRÜHSTÜCK** Lachsscheiben beidseitig 2–3 Minuten braten und vor dem Servieren mit ewas Sojasauce ablöschen. Unterdessen Misosuppe aus Wasser, Misopaste und Bonitopulver aufkochen und eventuell mit Tofustückchen, Algenblättern und Shiitakepilzen verfeinern. Bei Bedarf auch Reis vom Vortag in einem Bambuskörbchen aufdämpfen.
■ **CHINESISCHES DIM-SUM-FRÜHSTÜCK** Pro Person drei Dim-Sum-Happen (tiefgekühlt aus dem Asia-Shop) im Bambuskörbchen aufdämpfen, mit Chili- und Sojasauce servieren und dazu in Orangensaft marinierte Früchte reichen.
■ **OBERÖSTERREICHISCHES SPECKLIPPERL** Vollkornweckerl dick mit Liptauer bestreichen, mit Frühstücksspeckstreifen belegen und bei hoher Hitze überbacken, bis der Speck knusprig ist.
■ **STRAMMER MAX** Für diese Version eines deutschen Frühstücks wird eine getoastete Schwarzbrotscheibe mit Schinken belegt, mit Schnittlauch bestreut und obenauf ein gebratenes Spiegelei drapiert.
■ **RUSSISCHE BLINI** Germküchlein aus Buchweizenteig (gibt's auch als Fertigprodukt) mit Lachs und/oder Kaviar sowie einem Häubchen Sauerrahm oder Crème fraîche; bedürfen zur vollen Entfaltung ihrer Wirkung Champagner, Sekt, Prosecco & Co.
■ **KLEINES GULASCH** Sollte man, in kleinen, schnell auftaubaren Portionen, immer vorrätig haben. Macht, gemeinsam mit einem Pfiff Bier und einem knusprigen Salzstangerl, erschöpfte Lebensgeister wieder munter. Kann auch mit Spiegelei und Gurkerln verfeinert werden. Einziger Nachteil: Es erhöht nicht unbedingt die Arbeitsfreude.

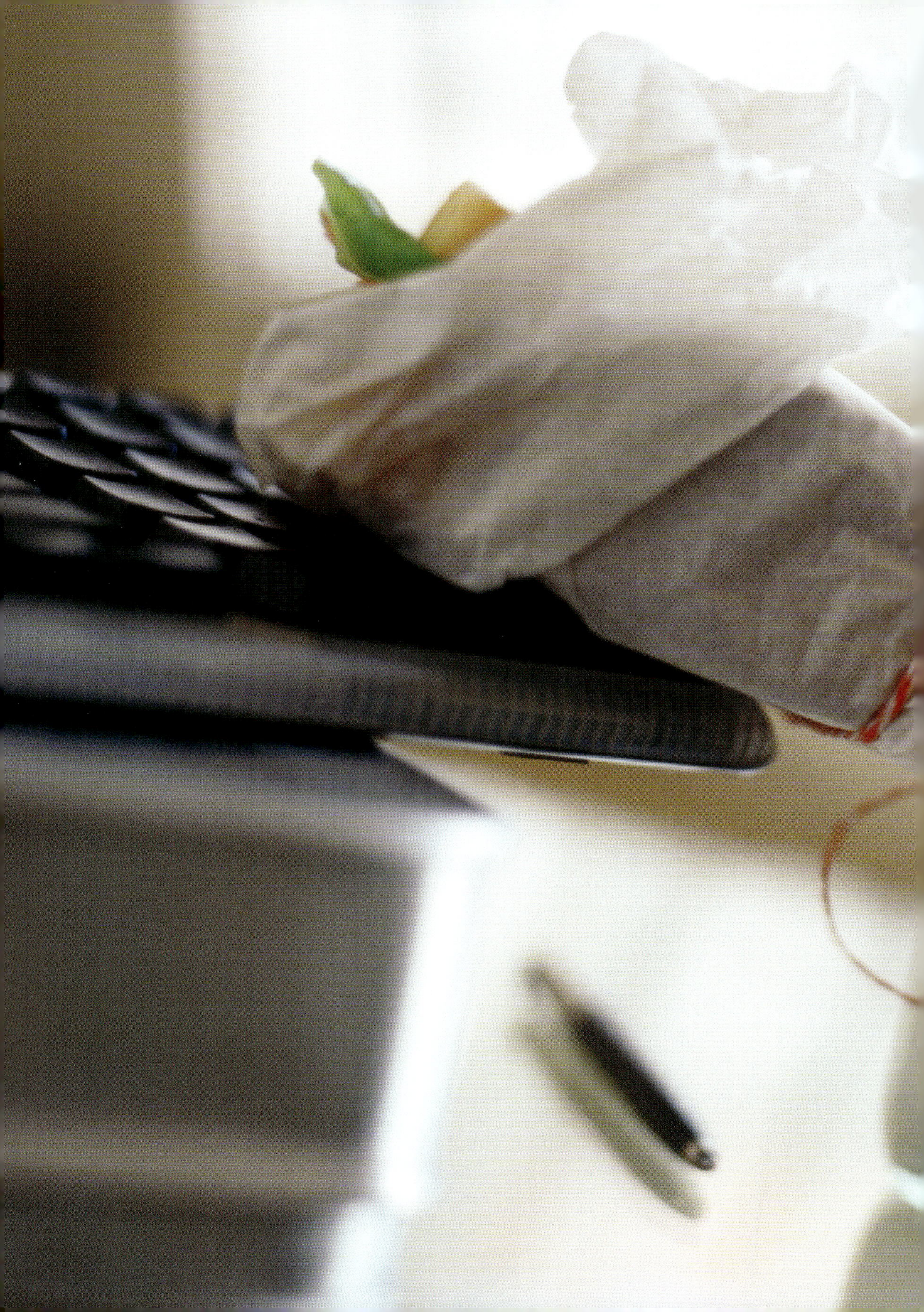

Powerlunch im Büro

WAS SICH ZWISCHEN SCHREIBTISCH UND TEEKÜCHE
MIT EINFACHEN MITTELN UND VIEL PHANTASIE „ZAUBERN" LÄSST

Salate wie im Nu

Bunter Bürosalat

ZUTATEN FÜR 2–3 PORTIONEN
100 g Karfiolröschen · 2 Tomaten · 200 g Gurke · 100 g Karotten · je 1 rote und gelbe Paprikaschote · 1 Schalotte (oder 1/2 kleine Zwiebel) · 1 fein geschnittene Knoblauchzehe · frisch geschnittene Kräuter nach Belieben (etwa Petersilie, Schnittlauch etc.) · schwarze Oliven zum Garnieren · Salz, Pfeffer · 2 EL Olivenöl
2 EL Obstessig

VORBEREITUNG ZU HAUSE
Karfiolröschen in Salzwasser bissfest kochen, kalt abschrecken, abseihen und in einer Frischhaltedose kühl lagern. Die Tomaten kurz in siedendes Wasser tauchen, schälen und in kleine Stücke schneiden. Tomaten mit Olivenöl, Essig, Salz und Pfeffer fein pürieren. In ein Einmachglas füllen und kühl lagern.

ZUBEREITUNG
Paprikaschoten halbieren, entkernen und in Streifen schneiden. Schalotte feinwürfelig, Karotten in Scheiben, Gurke in Stifte schneiden. Nun das Gemüse in einer Schüssel gut mit der vorbereiteten Tomatensauce vermengen. Schalotten- und Knoblauchstücke zugeben und mit den frisch gehackten Kräutern sowie Salz und Pfeffer abschmecken. Sanft durchmengen und mit den Oliven garnieren.

Mango-Gurken-Salat mit Sprossen

ZUTATEN FÜR 1–2 PORTIONEN
ca. 200 g Mango, Gurken, Karotten und Sprossen, in beliebigem Verhältnis gemischt · Minze zum Garnieren

FÜR DIE MARINADE
1 cl Balsamicoessig · 1 cl Zitronensaft · 1 cl Zuckersirup · 1 Msp. Knoblauch
2 cl Olivenöl · 1 EL scharfe Chilisauce · 1/2 EL Honig

VORBEREITUNG ZU HAUSE
Für die Marinade alle Zutaten mit einem Schuss Wasser gut miteinander verrühren. Kühl stellen und ziehen lassen. In ein Einmachglas umfüllen und gut verschließen.

ZUBEREITUNG
Die Gurke (je nach Wunsch geschält oder ungeschält) ebenso wie die geschälten Karotten und das Mangofleisch in feine Streifen schneiden. Mit den Sprossen vermengen und mit der vorbereiteten Marinade zart durchmischen. Mit Minze garnieren.

Orangensalat mit San-Daniele-Schinken

ZUTATEN FÜR 2 PORTIONEN
2 Orangen · 1 kleine Zwiebel · 2 Hand voll Feldsalat · 150 g San-Daniele-Schinken (oder anderer Rohschinken) · 1 TL rosa Pfeffer, grob gehackt

FÜR DIE MARINADE
4 EL frisch gepresster Orangensaft · 2 EL weißer Balsamicoessig · 1 Msp. Dijonsenf Salz, Pfeffer · Prise Zucker · 5 EL Olivenöl

VORBEREITUNG ZU HAUSE
Für die Marinade den Orangensaft mit Essig, Senf, Salz, Pfeffer und Zucker gründlich verrühren, bis sich der Zucker aufgelöst hat. Abschließend das Olivenöl einrühren. In ein Einmachglas füllen und kühl lagern.

ZUBEREITUNG
Orangen schälen und in etwa 5 mm dicke Scheiben schneiden. Zwiebel schälen und in feine Ringe schneiden. Feldsalat putzen, gründlich waschen und sehr gut abtropfen lassen. Orangenscheiben mit Zwiebelringen und Feldsalat auf Tellern anrichten, Schinken dekorativ dazulegen und alles mit der vorbereiteten Marinade beträufeln. Mit rosa Pfeffer bestreuen.

POWERLUNCH IM BÜRO

Häuptelsalat mit Sprossen und Prosciutto

ZUTATEN FÜR 2 PORTIONEN
6 Scheiben Prosciutto di Parma (oder anderer Rohschinken) · 100 g Sprossen, nach Belieben gemischt · 1 kleiner Kopfsalat (Häuptelsalat) · 4 cl Sherryessig etwas Staubzucker · 1/2 TL Estragonsenf · 1 gepresste Knoblauchzehe 8 cl Rapsöl · Salz, Pfeffer · Kräuter zum Garnieren

VORBEREITUNG ZU HAUSE
Für die Salatmarinade Sherryessig, 4 cl Wasser, Staubzucker, Senf, Knoblauch und Rapsöl gut miteinander verrühren. Mit Salz und Pfeffer abschmecken. In ein verschließbares Glas füllen und kühl stellen.

ZUBEREITUNG
Den Kopfsalat zerteilen, in mundgerechte Stücke zupfen und waschen. Gut trockenschleudern. Den Salat und die Sprossen in einer Schüssel mit dem vorbereiteten Dressing marinieren. Auf Tellern anrichten und mit den Prosciuttoscheiben belegen. Mit den frischen Kräutern garnieren.

Pennesalat mit Gorgonzola

ZUTATEN FÜR 2 PORTIONEN
**125 g Penne (oder eine andere Nudelsorte) · 100 g Burgunder- oder Beinschinken
80 g Gorgonzola · ca. 100 g gelbe Paprikaschoten · ca. 50 g Erbsenschoten
100 g Kirsch- oder Cherrytomaten · 50 g Jungzwiebeln · Salz**

FÜR DIE SCHNITTLAUCH-MAYONNAISE
3 EL Mayonnaise · 1 EL Senf · 2 EL Joghurt · Salz, Cayennepfeffer · 1 EL frisch geschnittener Schnittlauch

VORBEREITUNG ZU HAUSE
Die Penne in Salzwasser bissfest kochen, eiskalt abschrecken und gut abtropfen lassen. In eine Frischhaltedose füllen und kühl stellen. Erbsenschoten in Salzwasser 3 Minuten knackig blanchieren (überbrühen), kalt abschrecken und abtropfen lassen. Ebenfalls in eine Frischhaltedose füllen.

ZUBEREITUNG
Schinken und Gorgonzola in etwa 1 cm große Würfel schneiden. Erbsen- und Paprikaschoten in Streifen schneiden, die Tomaten halbieren. Jungzwiebeln fein hacken. Für die Schnittlauch-Mayonnaise alle Zutaten mit-einander verrühren und abschließend den Schnittlauch zugeben. Die gekochten Penne mit Schinken, Gorgonzola sowie allen anderen Zutaten vermengen und mit der Schnittlauch-Mayonnaise übergießen. Sanft durchmengen und auf Tellern anrichten.

Nudelsalat mit Crevetten

ZUTATEN FÜR 2 PORTIONEN
**250 g schmale, grüne Bandnudeln · 200 g gekochte und ausgelöste Crevetten
1 Karotte · Chicoréeblätter · Salz**

FÜR DAS DRESSING
**4 cl Sherryessig · 8 cl Nussöl · 1 TL Dijonsenf · 1 fein gehackte Schalotte
1 EL gehackte Petersilie · Salz, Pfeffer · 1 Prise Zucker**

VORBEREITUNG ZU HAUSE
Die Nudeln in Salzwasser bissfest kochen, eiskalt abschrecken und abseihen. In eine Frischhaltedose füllen und kühl stellen. Für das Dressing den Sherryessig mit Nussöl, Dijonsenf, Schalotte, Petersilie, Salz, Pfeffer und einer Prise Zucker gut verrühren. In ein verschließbares Glas füllen und kühl lagern.

ZUBEREITUNG
Die geputzte Karotte in feine Streifen schneiden. Die gekochten Nudeln mit den Crevetten und Karottenstreifen vermengen. Mit dem vorbereiteten Dressing marinieren und auf einigen Chicoréeblättern anrichten.

Panzanella (TOSKANISCHER BROTSALAT)

ZUTATEN FÜR 2 PORTIONEN
12 Scheiben Ciabatta (ital. Weißbrot), dünn geschnitten · 1/2 Knoblauchzehe einige frische Oreganozweige · 2 Tomaten · 2 Schalotten · 1 rote Zwiebel ca. 100 g Gurke · 4 eingelegte Sardellenfilets · Olivenöl · Salz, Pfeffer · Basilikum und/oder Rucola zum Garnieren

VORBEREITUNG ZU HAUSE
Ciabattascheiben mit der halbierten Knoblauchzehe einreiben. In einer Pfanne Olivenöl erhitzen, Oreganozweige zugeben und die Brotscheiben beidseitig goldbraun braten. Herausnehmen, auf Küchenpapier abtropfen lassen und salzen. Schalotten sowie Zwiebel in Spalten schneiden und ebenfalls in Olivenöl andünsten. Gurke schälen, in Würfel schneiden und leicht salzen. Tomaten in Scheiben schneiden und abwechselnd mit den Gurken, am besten gleich in einer Frischhaltedose, übereinander schichten. Einige Brotscheiben darüber legen. Danach Zwiebeln und Schalotten einschichten und wiederum Brotscheiben darauf legen. Mit etwas Olivenöl begießen und einige Stunden ziehen lassen.

ZUBEREITUNG
Panzanella auf Tellern anrichten. Sardellenfilets darauf legen und dekorativ mit Basilikum garnieren. Nach Belieben mit etwas Rucola umlegen. Mit Pfeffer kräftig würzen und nochmals etwas Olivenöl darüber träufeln.

POWERLUNCH IM BÜRO

Brainfood – Schnelle Happen für Kopfarbeiter

Ob Nahrung tatsächlich in der Lage ist, jemanden klüger oder dümmer zu machen, darüber scheiden sich die Geister. Darüber, ob der Genuss von Kohlehydraten die Konzentration, Milch die Aufmerksamkeit, Tofu die Merkfähigkeit und Schokolade die gute Laune hebt, lässt sich immerhin diskutieren. Die Vorstellung, dass man sich seinen IQ auch „anessen" kann, ist allerdings mit Sicherheit eine zu verstiegene Behauptung. Keine Frage ist indessen, dass sich die Art der Ernährungsweise auf Konzentration, Gedächtnisleistung sowie auf die Balance von Physis und Psyche auswirkt.

Ohne große wissenschaftliche Feldstudien haben das schon unsere Vorfahren erkannt, wenn sie ihre Studiosi mit so genanntem „Studentenfutter" versorgten, das aus Trockenfrüchten, Nüssen und Mandeln bestand – heute nicht zufällig als „Brain Food" bezeichnet und jedem guten Müsli beigemengt. Hafer, Dinkel, Soja, Äpfel und Nüsse liegen in den Brain-Food-Charts der Ernährungsphysiologen heute generell in der Pole-Position und haben dem klassischen Hirnwecker Koffein längst den Rang abgelaufen. Übrigens: Auch der Genuss von Käse stärkt dank des hohen darin enthaltenen Kalziumanteils die Nervenfunktion. Wer am Nachmittag einem schwierigen Geschäftspartner gegenübertreten muss, der hat bestimmt einen Startvorteil, wenn er sich zu Mittag eine kleine Käseplatte mit Vollkornbrot vergönnt, die obendrein im Nu zubereitet ist.

Herzhafte Energizer

Rindersaftschinken mit Melone

ZUTATEN FÜR 2 PORTIONEN

**200 g in Scheiben geschnittener Rindersaftschinken · 1/2 Melone (ca. 400 g)
1 Jungzwiebel · Saft und Schale von 1 Zitrone · Salz, grob gemahlener Pfeffer
3 EL Olivenöl · 6 schwarze Oliven · Vogerl- und Friséesalat**

ZUBEREITUNG

Aus der halbierten Melone mit einem Löffel die Kerne entfernen, aus dem Fruchtfleisch mit einem Kugelausstecher Kugeln formen (oder in Würfel schneiden). Die Jungzwiebel in feine Ringe, Oliven klein schneiden. Zitronensaft mit der in dünne Streifen geschnittenen Zitronenschale sowie mit Salz und Pfeffer verrühren. Das Olivenöl einrühren. Melonenkugeln, Zwiebelringe und Olivenstücke in die Zitronensauce einmengen.

Rindersaftschinken auf Tellern anrichten. Vogerl- und Friséesalat in der Mitte platzieren. Marinierte Melonenkugeln, Olivenstücke und Zwiebelringe über den Schinken verteilen und mit der restlichen Zitronensauce die Salatblätter marinieren.

Geräucherte Entenbrust mit Ananas

ZUTATEN FÜR 2 PORTIONEN
1/2 geräucherte Entenbrust (ca. 160 g) · 1/2 Ananas · Chilisauce · 1 Jungzwiebel
Chilifäden · Schnittlauch

ZUBEREITUNG
Die Ananas schälen, in Würfel schneiden und je nach gewünschter Schärfe mit mehr oder weniger Chilisauce marinieren. Die Jungzwiebel in feine Ringe schneiden und unter den Ananassalat mengen. Die raumtemperierte (nicht direkt aus dem Kühlschrank!) geräucherte Entenbrust in Scheiben schneiden. Den Ananassalat auf Tellern anrichten, die Entenbrust darauf platzieren. Mit Chilifäden und gehacktem Schnittlauch bestreuen.

TIPP
Weniger als Büroimbiss geeignet, dafür eine umso eindrucksvollere, rasch zubereitete Vorspeise ist rosa gebratene Entenbrust, die ebenso auf Ananassalat angerichtet wird. Die Entenbrust dafür kreuzweise einschneiden, in etwas Öl auf der Hautseite kross braten, salzen und pfeffern, wenden. Danach wieder auf die Hautseite legen und bei 180 °C im Backrohr ca. 7 Minuten rosa braten. Etwa 5 Minuten warm rasten lassen. Noch warm aufschneiden.

Fleischlaberl mit Rahm-Gurkensalat

ZUTATEN FÜR 2 PORTIONEN
ca. 250 g **Faschiertes (vorzugsweise vom Rind)** · 1/2 kleine, fein gehackte Zwiebel
1 Knoblauchzehe · 1 EL gehackte Petersilie · 1 Msp. Senf · 1 Ei · **Salz, Pfeffer,
Cayennepfeffer** · Öl und Butter zum Anrösten

FÜR DEN RAHM-GURKENSALAT
1/2 **Gurke** · 100 g **Sauerrahm** · 1 EL **Mayonnaise** · **Salz, Pfeffer** · etwas **Zitronensaft**
gehackte Dille

VORBEREITUNG ZU HAUSE
Gehackte Zwiebeln gemeinsam mit dem gepressten Knoblauch und der Petersilie in etwas Butter anschwitzen. Herausnehmen und in einer Schüssel mit dem Faschierten, Ei und Senf vermischen. Mit Salz, Pfeffer und etwas Cayennepfeffer würzen. Aus der Masse kleine Laibchen formen (je ca. 40 g), diese in einer Pfanne in heißem Öl und Butter bei mittlerer Hitze beidseitig knusprig braun braten. Herausheben, auf Küchenkrepp abtropfen und auskühlen lassen.

ZUBEREITUNG
Für den Rahm-Gurkensalat die (nach Belieben geschälte) Gurke zuerst in etwa 2 mm dicke Scheiben, dann in feine Streifen schneiden. Sauerrahm, Mayonnaise, Zitronensaft und Dille

HERZHAFTE ENERGIZER

verrühren und die Gurkenstreifen unterheben. Mit Salz und Pfeffer würzen. Den Gurkensalat auf Tellern anrichten und die nach Wunsch kalten oder wieder erwärmten Fleischlaberl darauf setzen.

GARNITUREMPFEHLUNG: Schnittlauch und Radieschen

TIPP
Besteht die Möglichkeit, die Laibchen im Büro zu braten, so kann die Masse auch zu Hause vorbereitet und erst in der Mittagspause weiterverarbeitet werden.

Schinkenrollen

ZUTATEN FÜR 2 PORTIONEN
2 große Scheiben nicht zu dünn geschnittener Pressschinken · Blattsalate nach Belieben zum Dekorieren

FÜLLE 1: **FRANZÖSISCHER SALAT**
200 g Mischgemüsewürfel (Tiefkühlware) oder 1/2 Karotte, 1 Kartoffel, 2 EL Erbsen, 50 g Bohnen – alles gekocht · 1 EL Sauerrahm · 1 Msp. Dijonsenf · 3 EL Mayonnaise 1 Spritzer Worcestershiresauce · Salz, Pfeffer · Tabascosauce

FÜLLE 2: **KRÄUTERTOPFEN**
180 g Topfen · 1 guter EL Sauerrahm · 1/2 EL Estragonsenf · Salz, Pfeffer
2 Knoblauchzehen · 1 EL gehackte Petersilie · 1 EL fein geschnittener Schnittlauch

FÜLLE 3: **EIER-SCHINKENCREME**
2 Scheiben Schinken · 4 Eier · 2 EL Mayonnaise · 1 TL Dijonsenf · 1 TL gehackte Kapern · Salz, Pfeffer · Worcestershiresauce

FÜLLE 4: **EIERSCHWAMMERLMASSE**
ca. 100 g Eierschwammerl · 100 g Cottage Cheese (Frischkäse) · 1/2 Zwiebel
1 EL Butter · Salz, Pfeffer · Petersilie

VORBEREITUNG ZU HAUSE

FÜLLE 1
Mischgemüse in Salzwasser bissfest blanchieren, abgießen, kalt abschrecken und abtropfen lassen (frisch gekochtes Gemüse kleinwürfelig schneiden). Gemüse, Mayonnaise und Sauerrahm gut miteinander vermischen. Danach mit Senf, Worcestershiresauce, Tabascosauce, Salz und Pfeffer abschmecken. Eine Klarsichtfolie auflegen, ein Schinkenblatt darauf platzieren und die Mayonnaisefülle auftragen. Mit Hilfe der Folie einrollen. Zweites Schinkenblatt ebenso füllen. Schinkenrollen in Folie gehüllt kalt stellen.

FÜLLE 2
Topfen mit Sauerrahm und Senf glatt rühren. Knoblauchzehen hineinpressen, mit Salz und Pfeffer gut würzen. Die gehackten Kräuter unterheben. Eine Klarsichtfolie auflegen, das Schinkenblatt darauf legen und die vorbereitete Fülle auftragen. Mit Hilfe der Folie einrollen. Zweites Schinkenblatt ebenso füllen. Schinkenrollen in Folie gehüllt kalt stellen.

FÜLLE 3
Eier ca. 8 Minuten kochen und mit reichlich kaltem Wasser abschrecken. Schälen, passieren und mit der Mayonnaise gut verrühren. Mit den gehackten Kapern, Senf, Worcestershiresauce, Salz und Pfeffer abschmecken. Schinken in Würfel schneiden und unter den Eieraufstrich rühren. Eine Klarsichtfolie auflegen, das Schinkenblatt darauf legen und die Creme auftragen. Mit Hilfe der Folie einrollen. Zweites Schinkenblatt ebenso füllen. Schinkenrollen in Folie gehüllt kalt stellen.

FÜLLE 4
Eierschwammerl putzen und größere Stücke halbieren. Zwiebel klein schneiden. In einer Pfanne etwas Butter aufschäumen, die geschnittene Zwiebel darin farblos andünsten, dann die Eierschwammerl hinzufügen. Mit Salz und Pfeffer würzen. Fein gehackte Petersilie dazu, alles durchrösten und anschließend überkühlen lassen. Die überkühlten Eierschwammerl abseihen und mit dem Frischkäse vermengen. Eine Klarsichtfolie auflegen, das Schinkenblatt darauf legen und die Schwammerlfülle auftragen. Mit Hilfe der Folie einrollen. Zweites Schinkenblatt ebenso füllen. Schinkenrollen in Folie gehüllt kalt stellen.

VOLLENDUNG
Schinkenrollen aus der Folie wickeln und nach Belieben mit mariniertem Blattsalat dekorativ anrichten.
GARNITUREMPFEHLUNG: gefüllte Oliven, Wachteleierscheiben, französische Petersilie, Schnittlauch, Cherrytomaten, eingelegte Maiskolben oder Perlzwiebeln, Essiggurkerlfächer usw.

Süße Muntermacher

Apfel-Bananen-Creme

ZUTATEN FÜR 2–3 PORTIONEN
2 Äpfel · 1 Banane (schön reif)
Saft von 1/2 Zitrone
3–4 EL geriebene Mandeln
Honig

ZUBEREITUNG
Äpfel schälen, fein reiben und sofort mit Zitronensaft vermischen. Banane mit dem Gabelrücken zerdrücken oder pürieren. Bananenpüree mit der Apfelmasse vermengen, die geriebenen Mandeln einrühren und mit Honig abschmecken.

Joghurtcreme mit Früchten

ZUTATEN FÜR 1–2 PORTIONEN
**250 g Joghurt · ca. 2 EL Staubzucker · Saft von 1 Zitrone · 2 Gelatineblätter
ca. 120 g geschlagenes Obers (im Büro am einfachsten aus der Dose)
100 g Beeren · 1 Kiwi · 1 Apfel**

ZUBEREITUNG
Gelatineblätter in kaltem Wasser einweichen. Joghurt mit Zitronensaft und Zucker glatt rühren. Etwa 2 Esslöffel der Joghurtmasse in einem kleinen Topf leicht erwärmen, die ausgedrückte Gelatine darin auflösen und unter die Joghurtmasse rühren. Das geschlagene Obers unterheben. In tiefe Teller oder Gläser füllen und im Tiefkühlfach kurz überkühlen lassen. Kiwi schälen und in Scheiben schneiden. Apfel nach Belieben schälen und in Spalten schneiden. Die Beeren und Früchte dekorativ auf der Creme verteilen.
TIPP
Wird die Creme in einer Kühltasche mit Kühlpatronen transportiert, so kann sie auch zu Hause zubereitet und erst im Büro mit den Früchten garniert werden.

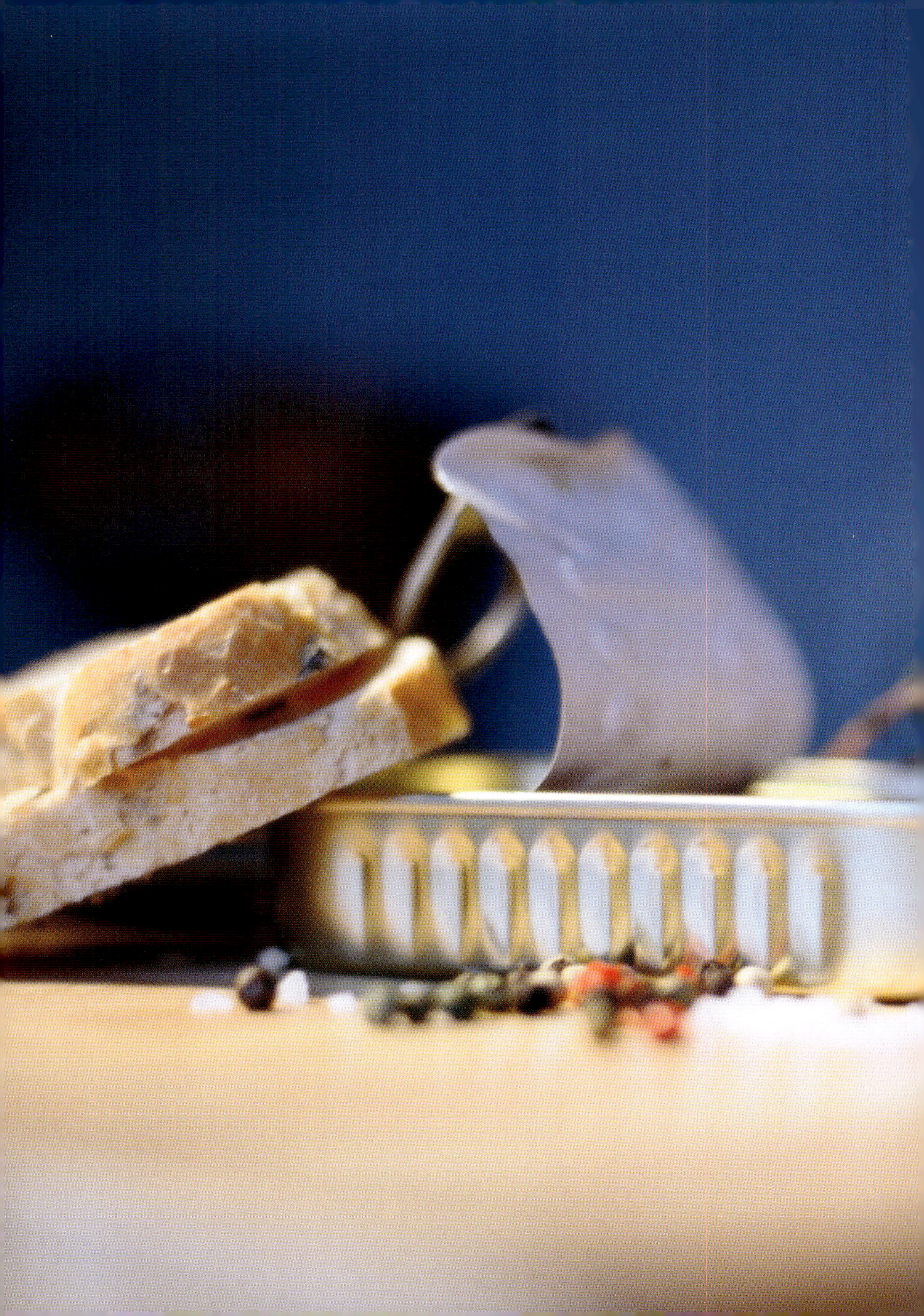

Der kleine Hunger zwischendurch

KLEINE APPETIZER UND SCHNELLE SATTMACHER,
DIE DAS GLEICHGEWICHT VON KÖRPER UND SEELE
SCHNELL WIEDER HERSTELLEN

DER KLEINE HUNGER ZWISCHENDURCH

Schnelle kalte **Sattmacher**

Thunfischtatar

ZUTATEN FÜR 2 PORTIONEN
ca. 150 g frischer Thunfisch, Topqualität
1 EL gehackte Kapern · **1 EL gehackte Essiggurkerl** · Saft von 1/2 Zitrone
2 EL Olivenöl · 5 Blätter frisches Basilikum
Salz, Pfeffer · Weißbrot als Beilage

ZUBEREITUNG
Den Thunfisch mit einem scharfen Messer fein hacken. Mit gehackten Kapern und Essiggurkerln vermengen, mit Zitronensaft und Öl sanft durchmischen. Basilikum in feine Streifen schneiden und ebenfalls unterheben. Mit Salz und Pfeffer pikant abschmecken.
Auf 2 Tellern anrichten und mit knusprigem Weißbrot servieren.

Apfel-Curry-Kaltschale

ZUTATEN FÜR 2 PORTIONEN
**2 Äpfel · Schuss Zitronensaft · ca. 60 g Lauch · 100 g Joghurt · 100 ml Apfelsaft
Salz, Pfeffer · 1/2 KL Curry · Kresse zum Garnieren**

ZUBEREITUNG
Äpfel entkernen und in kleinere Stücke schneiden. Apfelstücke mit Zitronensaft, Lauch, Joghurt und Apfelsaft fein pürieren.
Mit Salz, Pfeffer und Curry pikant würzen. Durch ein Sieb seihen. Nochmals aufmixen und in tiefe Teller gießen. Mit Kresse garnieren.
GARNITUREMPFEHLUNG: knusprige Grissini oder Baguette

DER KLEINE HUNGER ZWISCHENDURCH

Räucherlachs-Rollmops mit Fenchel

ZUTATEN FÜR 2 PORTIONEN
**100 g Scheiben vom Räucherlachs · 1/4 Fenchelknolle · Olivenöl
Salz, Pfeffer · Zitronensaft**

ZUBEREITUNG
Den Fenchel mit einem Gemüsehobel in feine Streifen hobeln. Salzen, pfeffern und mit Olivenöl sowie Zitronensaft marinieren. Den Fenchelsalat zu kleinen Bündeln formen, auf die Räucherlachsscheiben auflegen und darin einrollen. Jeweils mit einem Zahnstocher fixieren und servieren.
BEILAGENEMPFEHLUNG: knusprige Salzstangerl und frisches Gebäck

Tramezzini

Tramezzini mit Schinken und Gorgonzola

ZUTATEN FÜR 2 TRAMEZZINI

2 Scheiben Tramezzinibrot (weiches Weißbrot ohne Rinde)
80–100 g in Scheiben geschnittener Beinschinken · 50 g Gorgonzola
1 Tomate · etwas geschroteter Pfeffer

ZUBEREITUNG

Ein Tramezzinibrot mit der Hälfte des Schinkens belegen. Die Tomate in Scheiben schneiden und darauf legen. Gorgonzola mit einer groben Reibe direkt darauf reiben und gleichmäßig verteilen. Mit geschrotetem Pfeffer würzen. Mit dem restlichen Schinken belegen und mit der zweiten Brotscheibe abdecken. Mit einem scharfen Messer diagonal in zwei Dreiecke schneiden. Sofort servieren oder in Klarsichtfolie eingeschlagen kühl lagern, damit das saftige Weißbrot nicht austrocknet.

Foto oben links

Tramezzini mit Dillrahm-Shrimps

ZUTATEN FÜR 2 TRAMEZZINI

2 Scheiben Tramezzinibrot (weiches Weißbrot ohne Rinde)
80–100 g eingelegte Shrimps · 1 EL Sauerrahm · 1 EL gehackte Dille
Salz, Pfeffer · Tabascosauce

ZUBEREITUNG

Den Sauerrahm mit gehackter Dille, Salz, Pfeffer und je nach gewünschter Schärfe mehr oder weniger Tabascosauce verrühren. Gut abgetropfte Shrimps einmengen und sanft durchmischen. Eine Brotscheibe auflegen, die Shrimps auftragen und mit der zweiten Brotscheibe abdecken. Mit einem scharfen Messer diagonal in zwei Dreiecke schneiden. Sofort servieren oder in Klarsichtfolie eingeschlagen kühl lagern.

Foto oben rechts

DER KLEINE HUNGER ZWISCHENDURCH

Tramezzini mit Salami und Oliven

ZUTATEN FÜR 2 TRAMEZZINI
**2 Scheiben Tramezzinibrot (weiches Weißbrot ohne Rinde)
50–80 g aufgeschnittene Salami · 1 EL Mayonnaise · 1 EL geschnittene
Jungzwiebeln · 40 g schwarze Oliven, ohne Kerne · Salz, Pfeffer**

ZUBEREITUNG
Die Mayonnaise mit den fein geschnittenen Jungzwiebeln verrühren und mit Salz sowie Pfeffer würzen. Auf ein Tramezzinibrot streichen. Die entkernten Oliven in Scheiben schneiden und auf dem Brot verteilen. Mit Salamischeiben belegen und mit der zweiten Brotscheibe abdecken. Mit einem scharfen Messer diagonal in zwei Dreiecke schneiden. Tramezzini entweder sofort servieren oder in ein leicht angefeuchtetes Küchentuch oder eine Klarsichtfolie eingeschlagen kühl lagern, um ein Austrocknen zu verhindern.

Tipps und Tricks für Tramezzini

■ *Da das italienische Wort "tramezzino" nichts anderes bedeutet als „dazwischen schieben", bedarf es in Sachen Tramezzinikultur nur zweier Brotscheiben – und etwas kulinarischer Phantasie, die weit über die klassischen Zutaten wie Lachs, Thunfisch, Shrimps, Prosciutto, Artischocken, Mozzarella, Sardellen, Eier und Tomaten hinausreichen kann.*

■ *Ideal ist es, beim Broteinkauf nach echtem (meist allerdings leider nicht billigem) italienischem Tramezzinibrot Ausschau zu halten, das dichtporig, feucht und rindenlos ist. Tramezzini gelingen aber auch mit American Toasts oder ganz normalem Toastbrot. Entrinden sollte man das Brot jedoch auf jeden Fall. Sonst könnte es sein, dass man Tramezzini essen möchte und plötzlich ein Sandwich in der Hand hat.*

■ *Der perfekte Tramezzino wird, fertig belegt, gefüllt oder bestrichen, mit einem scharfen Messer einmal diagonal durchgeschnitten und damit in zwei wesentlich leichter zu essende Dreiecke geteilt. Aber Achtung beim Durchschneiden: Wer nicht wirklich schnell schneidet, sondern sein – womöglich auch noch stumpfes – Messer durch das Brot hindurchdrückt, der darf sich nicht wundern, wenn die Tramezzini-Füllung auf allen Seiten herausquillt.*

■ *Tramezzini sollten, damit sie außen nicht vertrocknen, möglichst gleich nach der Zubereitung serviert werden. Noch besser ist es allerdings, wenn die Tramezzini, gut in Klarsichtfolie verpackt, durchziehen können, bevor sie verspeist werden. Deshalb eignen sie sich auch so gut als Bürosnack. Am besten, man bereitet die Tramezzini am Vorabend zu, wickelt sie in Frischhaltefolie und lässt sie im Kühlschrank übernachten. Um die Lunch-Qualität am nächsten Tag braucht man sich dann keine Sorgen zu machen.*

Kleine Köstlichkeiten,
die das Herz erwärmen

Käsemelange

ZUTATEN FÜR 2 PORTIONEN
100 g Dolce Bianca (ersatzweise milder Blauschimmelkäse) · 100 g Gorgonzola (ersatzweise Österkron) · 125 ml Milch
125 ml Schlagobers · Cayennepfeffer
2 cl Cognac · Schwarzbrotcroûtons als Einlage

ZUBEREITUNG
Den Käse in kleine Stücke schneiden und in einem Topf mit Milch sowie Schlagobers kurz aufkochen lassen. Mit Cayennepfeffer würzen und mit Cognac abschmecken. Noch etwa 2 Minuten köcheln lassen. Dann mit dem Stabmixer aufmixen. In heiß ausgespülte Suppentassen füllen und mit Schwarzbrotcroûtons servieren.

Prosciuttopflaumen mit Salbei

ZUTATEN FÜR 2 PORTIONEN
6 getrocknete Pflaumen · 2 Scheiben Ciabatta (ital. Weißbrot) · 6 Mandeln
6 frische Salbeiblätter · 6 Scheiben Prosciutto di Parma (oder anderer Rohschinken)
1 KL gehackte Walnüsse · 1 KL gehackte Pinienkerne · Rucolasalat nach Belieben
1 EL Balsamicoessig · 2 EL Olivenöl zum Marinieren · Olivenöl zum Braten · Salz, Pfeffer

ZUBEREITUNG
Die Weißbrotscheiben in etwas Olivenöl beidseitig goldbraun braten und auf einem Küchenpapier abtropfen lassen. Die Pflaumen entsteinen und stattdessen jeweils mit einer Mandel füllen. Jede Pflaume mit einem Salbeiblatt belegen und in ein Schinkenblatt einrollen. Bei Bedarf mit einem Zahnstocher fixieren. Olivenöl in einer Pfanne erhitzen und die eingewickelten Pflaumen darin rundum knusprig braten. Herausheben und auf Küchenpapier abtropfen lassen. Die gehackten Nüsse und Pinienkerne im verbliebenen Bratfett anrösten. Den Rucolasalat mit Balsamicoessig und Olivenöl marinieren, salzen, pfeffern und auf Tellern anrichten. Die Pflaumen dekorativ darauf gruppieren. Ciabattascheiben dazugeben und schließlich die Nüsse und Pinienkerne darüber streuen.

Gebackene Rohschinkenröllchen mit Apfel-Lauch-Salat

FÜR 2 PORTIONEN
6 Scheiben Rohschinken · ca. 80 g Käse (Bergkäse, Edamer oder Emmentaler) Mehl · 1 Ei · 2 EL Milch · Semmelbrösel · 2 Äpfel (am besten Golden Delicious) 1 Stange Lauch · Salz, Pfeffer · 100 g Joghurt · Saft von 1/2 Zitrone · 1 EL Apfelbalsamessig · Öl zum Herausbacken · Kresse, Kerbel oder Petersilie zum Garnieren

ZUBEREITUNG
Den Käse in 6 Stifte schneiden. Rohschinkenscheiben auflegen, mit je einem Käsestift belegen und einrollen. (Eventuell mit Zahnstochern fixieren.) Röllchen zuerst in Mehl, dann in mit Milch verschlagenem Ei wenden und zuletzt leicht in Semmelbröseln wälzen. In heißem Öl schwimmend goldbraun backen. Herausheben und auf Küchenkrepp abtropfen lassen. Zahnstocher gegebenenfalls entfernen.
Für den Salat die Äpfel waschen, vierteln, Kerngehäuse ausschneiden und Äpfel in Stifte (ca. 2 cm lang und 3 mm stark) schneiden. Lauch putzen, halbieren und in etwa 3 mm dicke schräge Streifen schneiden. Joghurt mit Salz, Pfeffer, Zitronensaft sowie Apfelbalsamessig verrühren und die Lauch- und Apfelstreifen damit marinieren. Apfel-Lauch-Salat auf Tellern anrichten, Rohschinkenröllchen darauf setzen und mit Kresse, Kerbel oder Petersilie garnieren.

KLEINE KÖSTLICHKEITEN

Andalusische Gambas

ZUTATEN FÜR 2 PORTIONEN
**150–200 g Garnelen ohne Schale
2 Tomaten · 1/2 Zwiebel
6 Oliven ohne Kerne · 1 EL gehackte
Petersilie · Salz, Pfeffer
Weißwein zum Aufgießen · Olivenöl zum
Anschwitzen**

ZUBEREITUNG
Tomaten und Zwiebel in feine Würfel schneiden. Beides in Olivenöl anschwitzen. Oliven und gehackte Petersilie beimengen und mit Salz sowie Pfeffer würzen. Die Garnelen einlegen und 3 Minuten ziehen lassen. Mit Weißwein abschrecken, ganz kurz heiß werden lassen und auftragen.
BEILAGENEMPFEHLUNG:
Weißbrot oder Reis

Safranäpfel mit Blauschimmelkäse überbacken

ZUTATEN FÜR 2 PORTIONEN
**1 Apfel · 150 g Blauschimmelkäse · 125 ml Apfelsaft · 4 cl Süßwein
ca. 4 Safranfäden · 2 EL Kristallzucker · Pfeffer**

VORBEREITUNG
Das Backrohr auf 200 °C vorheizen.

ZUBEREITUNG
Den Apfel in Spalten schneiden und das Kerngehäuse entfernen. In einem Topf den Zucker erhitzen und hellbraun karamellisieren lassen. Mit Apfelsaft und Süßwein ablöschen. Safran zugeben und den Zucker unter wiederholtem Rühren auflösen. Mit Pfeffer würzen, Apfelspalten zugeben und diese etwa 3 Minuten im Sud ziehen lassen.
Apfelspalten auf 2 feuerfeste Teller verteilen, den Saft darüber träufeln und den Käse darüber legen. Teller ins Backrohr schieben und bei 200 °C kurz überbacken, bis der Käse schön geschmolzen ist.
BEILAGENEMPFEHLUNG: knuspriges Schwarz- oder Weißbrot

Kartoffelchips auf Ratatouille

ZUTATEN FÜR 2 PORTIONEN
1 kleine Zucchini · ca. 70 g Auberginenwürfel · 1/2 gelbe Paprikaschote
1 kleine Tomate · 2 Champignons · 2 Schalotten · 2 Knoblauchzehen · 1 EL Butter
1 EL Balsamicoessig · Salz, Pfeffer · 1 große mehlige Kartoffel · Öl zum Frittieren

ZUBEREITUNG
Gemüse würfelig schneiden und Knoblauchzehen zerdrücken. Butter erhitzen und das Gemüse gemeinsam mit dem Knoblauch darin anschwitzen. Mit Balsamicoessig ablöschen. Mit Salz sowie Pfeffer würzen, kurz durchschwenken und dann beiseite stellen.
Die gewaschene Kartoffel schälen und in hauchdünne Scheiben hobeln. Kurz in lauwarmes Wasser legen, herausnehmen und auf einem Tuch abtrocknen. In einer Pfanne Öl erhitzen und die Kartoffelscheiben darin schwimmend goldbraun frittieren. Mit einem Schaumlöffel herausheben und auf Küchenkrepp abtropfen lassen. Salzen. Ratatouille in vorgewärmten tiefen Tellern anrichten und mit den Chips garnieren.

Albondigas (FASCHIERTE BÄLLCHEN)

ZUTATEN FÜR 2 PORTIONEN
ca. 350 g Faschiertes vom Rind · 1 KL Pinienkerne · 2 Knoblauchzehen
1 Ei · 1 Scheibe Baguette · 1 Zwiebel · 1 EL Tomatenmark · 50 ml Weißwein
1 Thymianzweig · 1 EL gehackte Petersilie · Mehl zum Wenden
Öl zum Braten · Salz, Pfeffer

ZUBEREITUNG
Die Baguettescheibe kleinwürfelig schneiden und in etwas Wasser einweichen. Das Faschierte mit Pinienkernen, gepresstem Knoblauch, Ei und Brotwürfeln durchkneten. Mit Salz sowie Pfeffer würzen und zu kleinen Bällchen bzw. Knödeln formen. In Mehl wenden und in Öl rundum anbraten.
Währenddessen die Zwiebel in Streifen schneiden und in einem Topf in etwas heißem Öl anschwitzen. Tomatenmark einrühren, mit Weißwein und 100 ml Wasser ablöschen. Thymianzweig, Petersilie, Salz und Pfeffer zugeben. Die Bällchen einlegen und etwa 5 Minuten köcheln lassen.
BEILAGENEMPFEHLUNG: knusprig-frisches Weißbrot

Crostini

Crostini mit Radieschen und Thunfisch

ZUTATEN FÜR 2 CROSTINI
2 Scheiben Toskanabrot (ital. Weißbrot, ersatzweise 4 Scheiben Baguette)
1–2 Eier · 100 g frisches Thunfischfilet · 2 Radieschen · 1 kleines Stück fein geschnittener Ingwer · etwas fein geschnittene Minze · 1 EL Sojasauce · 1 EL Honig
1 EL Olivenöl · etwas gehackter Schnittlauch · Olivenöl zum Anrösten

VORBEREITUNG
Die Eier hart kochen, abschrecken und schälen.

FÜR BESONDERS EILIGE
Bereits gekochte Eier kaufen, schälen und weiterverarbeiten.

ZUBEREITUNG
Die Brotscheiben in etwas Olivenöl beidseitig goldbraun braten. Herausheben, auf einem Küchenpapier abtropfen lassen und warm halten.
Den Thunfisch in Würfel, die Radieschen in dünne Scheiben schneiden. Die Sojasauce mit Honig und Olivenöl verrühren. Ingwer und fein geschnittene Minze einmengen und den Thunfisch damit marinieren. Die gekochten Eier schälen und direkt auf die Brotscheiben reiben (oder in Scheiben schneiden und auflegen). Thunfisch und Radieschen darauf setzen und mit etwas Schnittlauch garnieren.

Foto Seite 53/2

Crostini mit Jungzwiebeln und Rohschinken

ZUTATEN FÜR 2 CROSTINI
2 Scheiben Toskanabrot (ital. Weißbrot, ersatzweise 4 Scheiben Baguette)
2 Jungzwiebeln · 1 EL geriebener Parmesan · Tabascosauce · 1/2 Knoblauchzehe
4 Scheiben Rohschinken (am besten Prosciutto di Parma) · 4 schwarze Oliven ohne Kerne · Olivenöl

VORBEREITUNG
Backrohr auf 200 °C Oberhitze vorheizen.

ZUBEREITUNG
Die Brotscheiben in etwas Olivenöl beidseitig goldbraun braten. Herausheben, auf einem Küchenpapier abtropfen lassen und warm halten.
Die Jungzwiebeln in feine Scheiben schneiden und mit dem geriebenen Parmesan, etwas Tabascosauce sowie dem gepressten Knoblauch vermischen. Die Zwiebelmasse auf die gerösteten Brotscheiben streichen und etwa 2 Minuten im Backrohr überbacken. Danach herausnehmen und mit Prosciutto und Oliven garnieren.

Foto Seite 53/1

Crostini mit gedünsteten Salatherzen und Prosciutto di Parma

ZUTATEN FÜR 2 CROSTINI
2 Scheiben Toskanabrot (ital. Weißbrot, ersatzweise 4 Scheiben Baguette)
4 Salatherzen · 1 Knoblauchzehe · ca. 50 g Prosciutto di Parma (oder anderer Rohschinken), in Scheiben geschnitten · Schuss Süßwein · Balsamicoessig
Salz, Pfeffer · Butter und Olivenöl zum Braten

ZUBEREITUNG
Die Brotscheiben in etwas Olivenöl beidseitig goldbraun braten. Herausheben, auf einem Küchenpapier abtropfen lassen und warm halten.
Die Salatherzen halbieren, Knoblauch blättrig schneiden. In einer Pfanne etwa 1 Esslöffel Butter erhitzen und den Knoblauch darin kurz anschwitzen. Die Salatherzen mit der Schnittfläche nach unten einlegen, Süßwein zugießen und etwa 2 Minuten zugedeckt dünsten lassen. Mit Salz, Pfeffer und Balsamicoessig abschmecken. Die noch warmen Brotscheiben auf vorgewärmte Teller legen. Die Salatherzen darauf anrichten und die Schinkenscheiben dekorativ dazulegen.

1

2

3

4

5

6

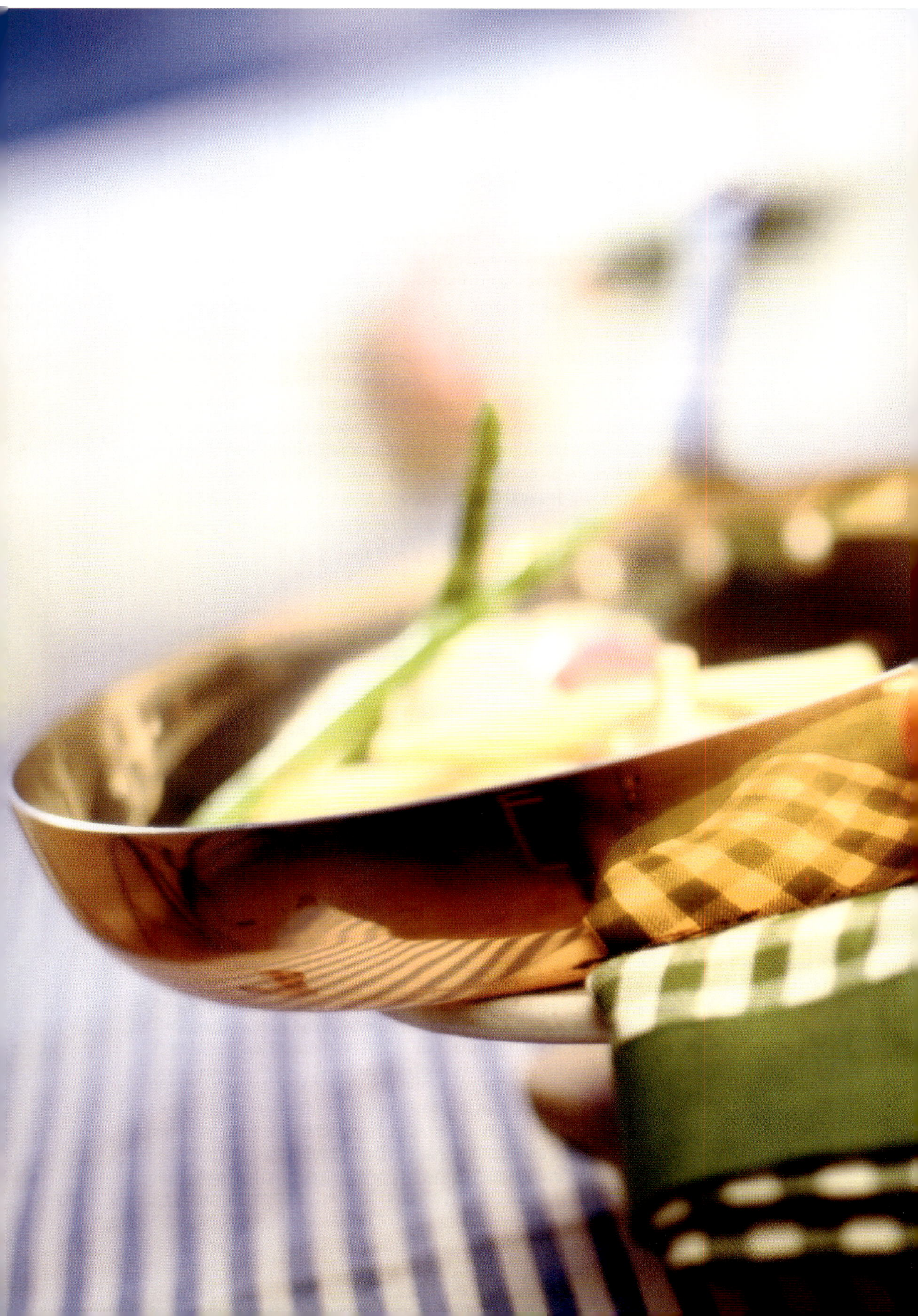

1

2

3

4

5

6

DER KLEINE HUNGER ZWISCHENDURCH

Die Zwillinge des Crossen

Sie sind so knusprig wie aromatisch und so sättigend wie saftig. Bruschette und Crostini sind das Erfolgs-Duo der italienischen Osteria-Küche. Und wie es sich für echte Shooting Stars gehört, kamen sie keineswegs gefeiert und berühmt auf die Welt, sondern dienten ursprünglich, ähnlich wie die ersten Pizze, den ärmsten Bevölkerungsschichten als Tellerersatz. Als Bruschette (von ital. "bruciare": rösten, brennen) bezeichnet man heute einen aus Mittel- und Süditalien stammenden Imbiss aus größeren Scheiben von knusprigem, aber lockerteigigem Weiß-, Kasten- oder Vollkornbrot, das noch vor dem Überbacken mit Knoblauch eingerieben und mit Olivenöl getränkt wird. Die ebenfalls gerösteten und in Olivenöl beidseitig gebratenen toskanischen Crostini können hingegen ruhig vom Vortag stammen, sollten dafür aber eher klein und dichtteigig-kompakt sein. Die Crostini haben ihren Namen vom Wort "crostare" (knusprig überbacken) und waren schon im 19. Jahrhundert nicht nur erklärte Lieblinge des einfachen Volkes, sondern auch der vornehmen Belle-Époque-Gesellschaft.

Crostini mit Schweinsleber und Preiselbeeren

ZUTATEN FÜR 2 CROSTINI
**2 Scheiben Toskanabrot (ital. Weißbrot, ersatzweise 4 Scheiben Baguette)
ca. 100 g Schweinsleber · 1 EL eingemachte Preiselbeeren · Olivenöl · 1 EL Honig
Salz, Pfeffer**

ZUBEREITUNG
Die Brotscheiben in etwas Olivenöl beidseitig goldbraun braten. Herausheben, auf einem Küchenpapier abtropfen lassen und warm halten.
Die Leber in sehr feine Scheiben schneiden. Salzen, pfeffern und in einer beschichteten Pfanne in etwa 1 Esslöffel Olivenöl kurz, aber scharf rundum anbraten. Honig einrühren und vom Feuer nehmen. Die Leber auf die noch warmen Brotscheiben auftragen und mit Preiselbeeren garnieren.

TIPP
Noch feiner schmecken diese Crostini, wenn Sie statt Schweins- eine Kalbsleber verwenden. In beiden Fällen sollte die Leber aber keinesfalls zu lange gebraten werden, damit sie schön zart und saftig bleibt.

Foto Seite 53/4

Crostini mit Garnelen, Gurke und Melone

ZUTATEN FÜR 2 CROSTINI
2 Scheiben Toskanabrot (ital. Weißbrot, ersatzweise 4 Scheiben Baguette)
4 Garnelen · 1/4 Gurke · 1/8 Honigmelone · Saft von 1/2 Zitrone · 4 Minzeblätter
1 EL Joghurt · 1 TL weißer Balsamicoessig · Olivenöl · Cayennepfeffer · Salz, Pfeffer

ZUBEREITUNG
Die Brotscheiben in etwas Olivenöl beidseitig goldbraun braten. Herausheben, auf einem Küchenpapier abtropfen lassen und warm halten. Die Honigmelone entkernen und in kleine Stücke schneiden. Gurke schälen, entkernen und in kleine Scheiben schneiden.
Beides in eine Schüssel geben und mit Balsamicoessig, Joghurt, Salz, Pfeffer sowie etwas Olivenöl marinieren. Mit Cayennepfeffer und Zitronensaft abschmecken. Die Garnelen putzen, salzen, pfeffern und in etwas Olivenöl insgesamt 4 Minuten rundum braten. Den Melonen-Gurken-Salat auf die noch warmen Brotscheiben auftragen und die Garnelen darauf gruppieren. Die Minze in Streifen schneiden und darüber streuen. *Foto Seite 53/6*

Crostini mit Kräuter-Frischkäse

ZUTATEN FÜR 2 CROSTINI
2 Scheiben Toskanabrot (ital. Weißbrot, ersatzweise 4 Scheiben Baguette)
200 g Frischkäse · 1 EL Mascarino · 4 cl Olivenöl · Petersilie, Kresse und Basilikum nach Belieben · Salz, Pfeffer · Saft von 1/2 Zitrone · Tabascosauce · Radieschen zum Garnieren · Olivenöl zum Braten

ZUBEREITUNG
Die Brotscheiben in etwas Olivenöl beidseitig goldbraun braten. Herausheben, auf einem Küchenpapier abtropfen lassen und warm halten. Die Kräuter mit dem Olivenöl in einer Küchenmaschine oder mit dem Stabmixer pürieren. Den Frischkäse gemeinsam mit Mascarino einrühren. Mit Salz, Pfeffer, Zitronensaft und Tabascosauce nach Geschmack würzen. Den Kräuter-Frischkäse auf die warmen Brotscheiben streichen und mit in Spalten oder Scheiben geschnittenen Radieschen garnieren. *Foto Seite 53/3*

Crostini mit Thunfisch und Apfelkren

ZUTATEN FÜR 2 CROSTINI
2 Scheiben Toskanabrot (ital. Weißbrot, ersatzweise 4 Scheiben Baguette)
100 g frisches Thunfischfilet · 3 Basilikumblätter · 1 Msp. gemahlener Ingwer
Salz, Pfeffer · 1 EL Olivenöl · 1/2 geriebener Apfel (Granny Smith), ersatzweise
1 EL Apfelmus · 1 TL geriebener Kren · 4 Kirschtomaten · Olivenöl zum Anrösten

ZUBEREITUNG
Die Brotscheiben in etwas Olivenöl beidseitig goldbraun braten. Herausheben, auf einem Küchenpapier abtropfen lassen und warm halten. Die Basilikumblätter in feine Streifen schneiden. Mit Olivenöl, Ingwer, Salz und Pfeffer verrühren. Das Thunfischfilet in feine Scheiben schneiden und mit dem Basilikum-Öl-Gemisch marinieren. Den geriebenen Apfel mit Kren vermengen. Den marinierten Thunfisch auf die warmen Brote auftragen. Mit Apfelkren und den halbierten Tomaten dekorativ garnieren. *Foto Seite 53/5*

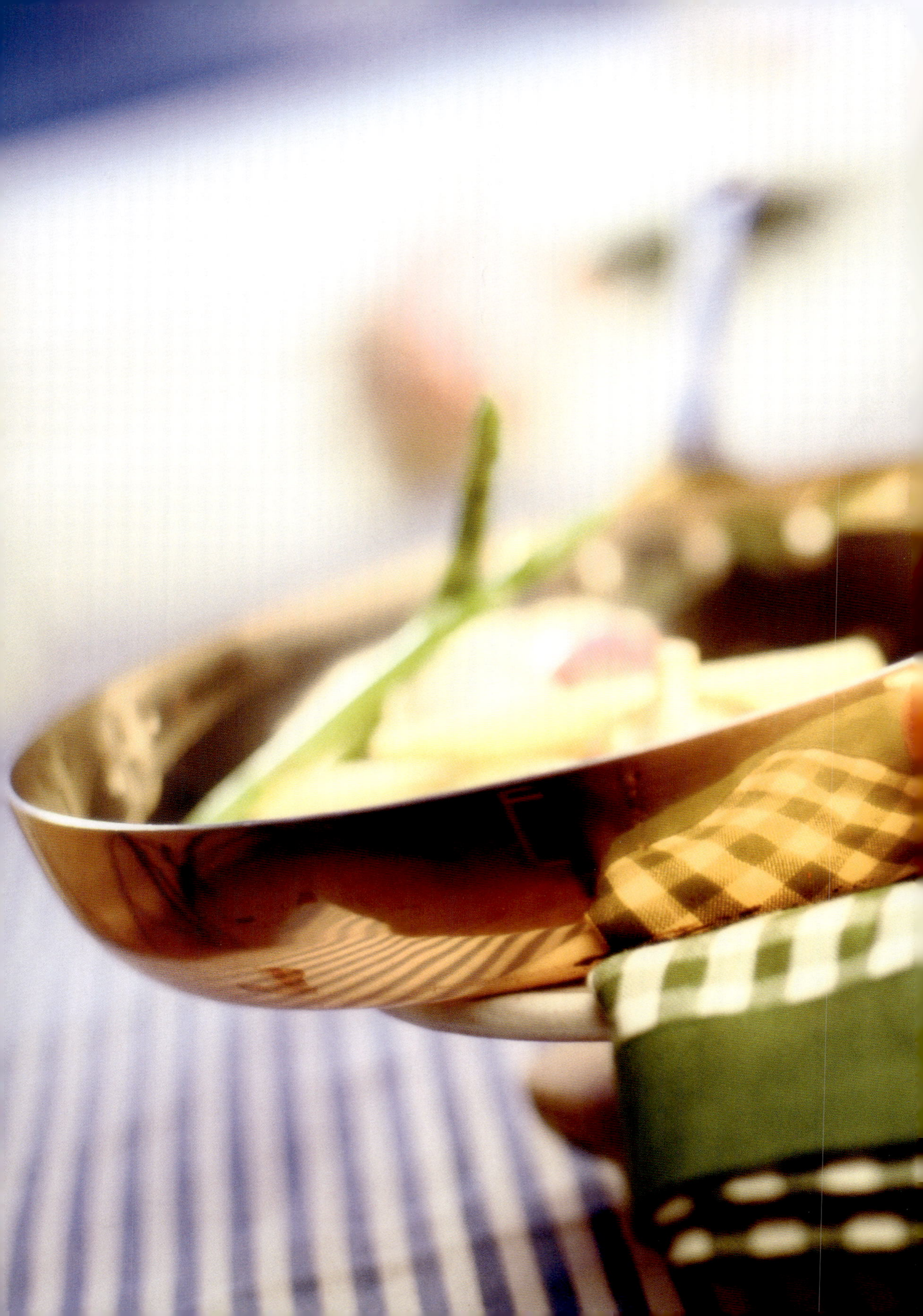

Die schnelle Single-Küche

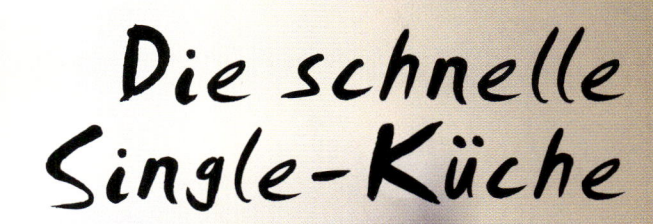

IM NU ZUBEREITETE GAUMENFREUDEN,
DIE DAFÜR SORGEN, DASS MAN SICH AUCH
IM EIN-FRAU- ODER EIN-MANN-HAUSHALT
NIEMALS GANZ ALLEIN FÜHLT

DIE SCHNELLE SINGLE-KÜCHE

„Mood Food" als Antidepressivum

Immer mehr Menschen leben in Single-Haushalten, und immer mehr Menschen leiden an Depressionen. Gleichgültig, ob diese beiden von Demographen wiederholt festgestellten Strömungen etwas miteinander zu tun haben – die moderne Ernährungswissenschaft weiß eine Antwort darauf: Sie heißt „Mood Food" und ist eine Kampfansage an die Gleichförmigkeit des Alltags.

Gutes, zuträgliches Essen soll Langeweile ebenso vertreiben wie Depressionen. Das hat etwa auch die führende österreichische Ernährungswissenschaftlerin Hanni Rützler erforscht: „Essen wird zunehmend als Regulativ für die eigenen Stimmungslagen eingesetzt: Ist uns langweilig, greifen wir zu Snacks, die eine knackige akustische Stimulanz versprechen. Fühlen wir uns ausgelaugt, so brauchen wir etwas Stärkendes, Weiches, Einlullendes. Exotische und luxuriöse Speisen dienen als Belohnung für erbrachte Leistungen oder als Waffe gegen die eigene Frustration."

Ganz besonders gilt das für das Leben im Single-Haushalt, wo man sich vor depressiven Phasen am besten schützt, indem man sich das Leben „all in one" auch kulinarisch erträglich macht. Wichtigste Regel: Gönnen Sie sich etwas wirklich Gutes, und verfallen Sie nicht in den Irrtum zu glauben, dass sich der Aufwand „nur wegen einer Person" nicht lohne.

Das Gegenteil ist der Fall. Der Aufwand lohnt sich, da Sie diese Person sind und es um Ihre gute Laune und Ihr Wohlgefühl geht. „Mood Food" kann hier wertvolle Hilfe leisten. Einige Tipps:

■ *Wählen Sie Gerichte, mit denen Sie sich in Gedanken leicht in eine von Ihnen geliebte Landschaft – etwa in mediterrane oder fernöstliche Gefilde – versetzen können.*

■ *Decken Sie Ihren Tisch so sorgfältig, wie Sie es auch für zwei tun würden, nämlich mit Liebe. Sie verwöhnen sich schließlich selbst.*

■ *Kochen Sie etwas, womit Ihnen buchstäblich „warm ums Herz" wird. Besonders mollige, hocharomatische Suppen haben häufig antidepressiven Charakter.*

■ *Achten Sie auf gesunde Kohlehydrate (Vollwertprodukte!) und verzichten Sie auf unnötige Kalorienbomben, die letztlich nur wieder müde und schwermütig machen.*

■ *Gönnen Sie sich ruhig ein gutes Gläschen Wein zum und etwas Schokolade oder ein feines Bonbon nach dem Essen. Denn dass Wein beschwingt und Schokolade glücklich macht (beides natürlich in Maßen und nicht in Massen genossen), das konnte bis dato noch keine Ernährungsstudie widerlegen.*

Ein-malige **Salate & Snacks**

Steirischer Bauernsalat mit Schafkäse

ZUTATEN FÜR 1 PORTION
ca. 100 g Blattsalat (Bummerlsalat, Lollo Rosso etc.) · 1 kleines Stück Salatgurke
1 Tomate · 50 g Schafkäse · 2 TL Kürbiskernöl · 1 EL Weinessig · 1–2 EL Kürbiskerne
gehackte Petersilie und Basilikum · Salz, Pfeffer

ZUBEREITUNG
Die gewaschenen Salate in mundgerechte Stücke teilen. Gurke in etwa 3 cm lange Stücke schneiden und leicht salzen. Die Tomate waschen und in Scheiben, den Schafkäse in Würfel schneiden. Salat in eine Schüssel geben. Salzen und pfeffern. Die Kürbiskerne in einer beschichteten Pfanne ohne Fett rösten, bis sie schön prall sind, und gemeinsam mit den Tomaten, Kräutern sowie Gurken beigeben. Mit Weinessig sowie Kürbiskernöl marinieren und alles sanft durchmischen. Den Schafkäse über den Salat streuen.

DIE SCHNELLE SINGLE-KÜCHE

Sommerlicher Wurstsalat

ZUTATEN FÜR 1 PORTION
100 g Wurstscheiben (feine Extra- oder Schinkenwurst) · 3 EL Weißweinessig
3 EL Olivenöl · Radieschen, Jungzwiebeln und Eichblattsalat nach Belieben
1/2 rote Zwiebel · Salz, Pfeffer aus der Mühle · gehackte Kräuter zum Garnieren

ZUBEREITUNG
Etwa ein Drittel der Wurstscheiben in Streifen schneiden. Die restlichen Wurstscheiben auf einen Teller legen. Aus Essig, Salz, frisch gemahlenem Pfeffer und Olivenöl eine Marinade anrühren. (Sollte der Essig zu sauer sein, mit etwas Zucker süßen, wobei die Marinade allerdings ruhig etwas säuerlicher sein sollte.) Den Eichblattsalat putzen, Radieschen und Jungzwiebeln in feine Scheiben schneiden. Alles mit einem Teil der Marinade vermengen und auf den Wurstscheiben anrichten. Restliche Marinade über die Wurst verteilen. Wurststreifen über den Salat streuen. Mit frisch gemahlenem Pfeffer bestreuen. Rote Zwiebel in feine Scheiben schneiden und den Wurstsalat damit garnieren. Mit gehackten Kräutern dekorieren.

Frühlingssalat mit Sprossen und Kernen

ZUTATEN FÜR 1 PORTION
50 g Sprossen nach Wahl (Mungobohnen-, Soja-, Linsen- oder Rettichsprossen)
100 g gemischte Blattsalate (Frisée-, Eichlaub-, Rucola- oder Vogerlsalat)
Pinien- und Sonnenblumenkerne nach Belieben

FÜR DIE SALATSAUCE
1 EL Balsamicoessig · 3 EL Nussöl · Salz, Pfeffer · Staubzucker

ZUBEREITUNG
Salate putzen, waschen und in mundgerechte Stücke teilen. Für die Marinade den Balsamicoessig mit dem Nussöl, Salz, Pfeffer und wenig Staubzucker verrühren. Die Pinien- und Sonnenblumenkerne in einer beschichteten Pfanne ohne Fett anrösten. Salate und Sprossen auf einem Teller anrichten, die gerösteten Kerne darüber streuen und mit der vorbereiteten Salatsauce abmachen.

Carpaccio vom Rind mit Senfsauce

ZUTATEN FÜR 1 PORTION

ca. 70–100 g Rindslungenbraten, gut zugeputzt und beste Qualität · 1 EL Olivenöl
1 KL Dijonsenf · Spritzer Zitronensaft · Salz, Pfeffer · Olivenöl für die Folie nach Bedarf · junger Parmesan zum Hobeln · marinierter Rucola oder Friséesalat zum Garnieren

FÜR DIE SENFSAUCE
1 EL leichte Mayonnaise · 1 TL Dijonsenf

VORBEREITUNG
Den Rindslungenbraten straff in eine Folie wickeln, leicht anfrieren und vor dem Servieren mit einer Schneidemaschine dünn aufschneiden.

FÜR BESONDERS EILIGE
Das Rindsfilet je nach Größe nochmals der Breite nach teilen, zwischen zwei mit Olivenöl bestrichenen Folien legen und mit dem Plattiereisen hauchdünn klopfen.

ZUBEREITUNG
Olivenöl und Dijonsenf auf einem Teller kreisförmig auftragen. Salz, frisch gemahlenen Pfeffer und einen Spritzer Zitronensaft darauf streuen bzw. träufeln. Dann die dünnen Filetscheiben dekorativ auf die gewürzten Teller legen. Für die Senfsauce die Mayonnaise mit dem Senf glatt rühren. In ein Stanitzel (mit feiner Öffnung) aus Butterbrotpapier füllen und dekorativ auf das Carpaccio aufspritzen. Den Parmesan darüber hobeln. Mit etwas mariniertem Rucola- oder Friséesalat garnieren.
BEILAGENEMPFEHLUNG: frisches Weißbrot oder Toasts

DIE SCHNELLE SINGLE-KÜCHE

Salatkunde auf die Schnelle

Die schnellsten Blattsalate ...

... sind stets jene, die möglichst wenig Arbeit machen. Viele Supermärkte bieten heute vorgewaschene und speziell verpackte Salate an, die man nur noch marinieren muss. Kauft man unverpackte Salate, so ist es sinnvoll, vor allem solche Sorten zu wählen, die sich im Gemüsefach auch länger halten und daher auch in mehreren Portionen verspeist werden können. Besonders für die schnelle Single-Küche geeignet sind etwa:

■ **EISSALAT** (auch Krachsalat genannt) ist ein besonders fester, frischgrüner und daher relativ lange knackig bleibender Salat, der für viele Zubereitungen geeignet ist.

■ **KOCHSALAT** (auch Römersalat) verdankt seinen Namen der Tatsache, dass er wegen seiner extremen Knackigkeit auch gerne gekocht und für Suppen verwendet wird.

■ **LOLLO ROSSO** Der dunkelrot bis violett geränderte Salat, der wie Eis- und Kochsalat ebenfalls aus der Gruppe der Schnitt- und Pflücksalate (Lactuca Sativa) stammt, hält sich länger als andere Salate frisch und kann auch im Gemüsefach des Kühlschranks aufbewahrt werden. Dabei sollten welke Blätter jedoch laufend entfernt werden. Ein Tipp: Lollo Rosso niemals neben Obst legen, da er durch Äthyleneinwirkung schnell verdirbt.

■ **ENDIVIE** (Cichorium endivia latifolium, auch Escariol oder Glatte Endivie genannt), ist der klassische Wintersalat aus der Zichorienfamilie. Er ist mit dem Friséesalat (Krause Endivie) zwar verwandt, aber länger haltbar und zeichnet sich durch ein harmonisch-zartbitteres Aroma aus.

■ **RADICCHIO** Der rote Chicorée zählt ebenfalls zur Zichorienfamilie, heißt aber auch Rote Endivie und ist aus botanischer Sicht eigentlich gar keine Salatpflanze. Seine Saison reicht etwa von Oktober bis Mai. Radicchio, der im Kühlschrank auch länger haltbar ist, erfreut sich als Salatgemüse aufgrund seiner knackigen Blätter großer Beliebtheit, kann aber auch – wie etwa der berühmte Radicchio di Treviso – gedünstet oder gegrillt werden.

Salatzubereitung auf die Schnelle

■ Bereiten Sie immer größere Mengen von Dressing zu, die sich im Kühlschrank in gut verschlossenen Gläsern bequem mehrere Tage aufbewahren lassen.

■ Setzen Sie Ihrer Phantasie keine Grenzen. Als bewährte Faustregel gilt: 1 Teil Essig, 2 Teile Öl sowie Kräuter, Zwiebeln, Knoblauch und je nach Geschmack Gewürze von Curry bis Kreuzkümmel, verschiedene Senfsorten, Blau- oder Grünschimmelkäse, Schaffrischkäse, Joghurt und vieles mehr. Wichtig: Alle Zutaten müssen dieselbe Temperatur haben.

- Verwenden Sie nach dem Waschen der Salatblätter eine Salatschleuder zum Trocknen. Das geht nicht nur schneller, sondern funktioniert auch gründlicher und materialschonender als das händische „Auswinden" des Salats.

- Marinieren und zerkleinern Sie den Salat immer erst unmittelbar vor dem Auftragen. Nur so bleibt er knackig und fällt nicht in sich zusammen.

Frische oder getrocknete Salatkräuter?

Dass frische Kräuter in der Salatküche (und keineswegs nur in dieser) getrockneten vorzuziehen sind, ist eine kulinarische Binsenweisheit. Ebenso selbstverständlich ist es allerdings auch, dass sich mit getrockneten Kräutern schneller arbeiten lässt, weil man sich das Verlesen, Hacken oder Schneiden erspart. Immerhin können auch getrocknete Kräuter durchaus Salatfreude bereiten. Wichtig ist nur, sie dunkel zu lagern, da Lichteinwirkung mittelfristig stets auch Aromaverlust bedeutet.

Das Aroma von Trockenkräutern lässt sich zusätzlich steigern, wenn man sie beim Würzen zwischen den Fingern zerreibt. Und noch etwas: Getrocknete Kräuter halten nicht ewig. Erneuern Sie Ihre Bestände also möglichst jährlich.

Auch Frischkräuter müssen nicht – obwohl das wünschenswert wäre – in jedem Fall unmittelbar nach dem Pflücken bzw. dem Einkauf verwendet werden. Im Kühlschrank erhalten frische Kräuter ihr Aroma am längsten, wenn man sie in feuchtes Küchenkrepp einschlägt und zusätzlich mit atmungsaktiver Frischhaltefolie umwickelt, damit im Kühlschrank keine Wasserpfützen entstehen.

Apropos Wasser: Frischkräuter sollte man niemals feucht verarbeiten, weil sie sich dann schlechter schneiden lassen und an Aroma verlieren.

Flotte Kräuter für feine Salate

- **PETERSILIE**, das weltweit wohl beliebteste Küchenkraut, sollte man niemals zu fein hacken. Andernfalls bleibt das Aroma am Schneidbrett, und die Petersilie selbst schmeckt nur noch langweilig grasig. Dies gilt übrigens auch für alle anderen in der Küche verwendeten Kräuter. Aromaschonender ist es stets, wenn man nicht mit einer Kräuterwiege, sondern mit einem scharfen Messer arbeitet.

- **BASILIKUM** wird mit Recht auch als Königsbalsam bezeichnet. Es verbindet sich hervorragend mit Tomaten- und anderen Gemüsesalaten und vermag vor allem in Verbindung mit Rosmarin und Knoblauch fein-mediterrane Aromen zu erzeugen. Wichtig: Basilikum niemals hacken, sondern nur in grobe Streifen schneiden. Dies tut man am besten mit einer Schere. So verfärbt sich die Schnittstelle nicht.

■ **KERBEL** *ist ein der Petersilie verwandtes Suppenkraut, das sich aufgrund seines frischen Aromas auch hervorragend als bestimmende Geschmackskomponente in Kräuterdressings eignet und obendrein ohne Probleme eingefroren werden kann.*

■ **KRESSE** *gilt mit Recht als eines der duftigsten, erfrischendsten und gesündesten Salatkräuter. Sie ist in kleinen Pappendeckel-Boxen im Supermarkt erhältlich, lässt sich jedoch auch ganz leicht daheim in Schalen oder tiefen Tellern ziehen. Weichen Sie dafür das Saatgut eine Nacht vor der Aussaat in lauwarmem Wasser ein und verteilen Sie dieses dann dicht und gleichmäßig auf der Oberfläche des Substrats (sandige Erde, dicke Watte oder mehrere Schichten Papierservietten). Wichtig ist, dass der Behälter immer feucht ist und an einem hellen Ort steht. Wer stets frische Kresse zur Verfügung haben möchte, muss sie alle 14 Tage neu aussäen. Sie gedeiht zu jeder Jahreszeit.*

■ **SALBEI** *ist nicht nur als Gewürzkraut beliebt, sondern spielt auch in der Heilkräuterkunde („Iss Salbei im Mai, und du wirst ewig leben!") eine große Rolle. Salbei vermag vielen Salaten eine spannende Geschmackskomponente zu verleihen, sollte jedoch wegen seiner Intensität nur sparsam verwendet werden.*

Häuptelsalat mit Kohlrabi-Apfel-Rohkost

ZUTATEN FÜR 1 PORTION
1/2 Kohlrabi · 1/2 Apfel · 1 EL Pinienkerne · 1/2 Häuptelsalat · 50 g Joghurt Salz, Pfeffer · Zitronensaft · Kresse zum Garnieren

FÜR DIE SALATSAUCE
1 EL weißer Balsamicoessig · Salz, Pfeffer · 2 EL Walnussöl

ZUBEREITUNG
Den Kohlrabi schälen und in Stifte, den ungeschälten Apfel in Scheiben schneiden. Den Häuptelsalat in mundgerechte Stücke zerpflücken und waschen. Für die Salatsauce den Balsamicoessig mit Walnussöl, Salz und Pfeffer verrühren. Den Häuptelsalat mit den Kohlrabistiften und Apfelscheiben vermengen und das Ganze mit der Marinade abmachen. Joghurt mit Salz, Pfeffer und Zitronensaft verrühren und über den Salat träufeln. Die Pinienkerne in einer beschichteten Pfanne ohne Fett anrösten und über den Salat streuen. Mit Kresse garnieren.

Melonen-Gurken-Salat mit Garnelen

ZUTATEN FÜR 1 PORTION
3 ausgelöste Garnelen · 1/4 Honigmelone · 50 g Wassermelone (ohne Kerne)
1/4 Salatgurke · etwas frische Minze · 1 EL weißer Balsamicoessig · Salz, Pfeffer
2 EL Olivenöl · 50 g Joghurt · Cayennepfeffer · Schuss Zitronensaft · Olivenöl zum Braten

ZUBEREITUNG
Honigmelone entkernen und das Fruchtfleisch mit einem Kugelausstecher oder kleinen Löffel herauslösen. Die ebenfalls entkernte Wassermelone in Würfel schneiden. Beides in eine Schüssel geben. Die Salatgurke der Länge nach vierteln und die Kerne entfernen. Gurke in Streifen schneiden und unter die Melonenstücke mengen. Minze in Streifen schneiden und ebenfalls dazugeben. Balsamicoessig mit Salz, Pfeffer und Olivenöl verrühren und den Melonensalat damit marinieren. Joghurt mit etwas Cayennepfeffer und Zitronensaft verrühren. Etwas Olivenöl in einer Pfanne erhitzen und die Garnelen bei mittlerer Hitze darin kurz beidseitig braten, bis sie gerade durch, aber noch saftig sind. Mit Salz und Pfeffer würzen. Den Melonensalat auf einem Teller anrichten, die Garnelen darauf setzen und mit dem gewürzten Joghurt beträufeln. Mit einigen Minzeblättern garnieren.

Salat mit Ziegenkäse und Sardellen

ZUTATEN FÜR 1 PORTION
50 g eingelegte Sardellen · 50 g Ziegenkäse · 1 Hand voll Rucola · etwas Eisbergsalat · 100 g Tomaten · ein paar schwarze Oliven (ohne Kerne) · Salz, Pfeffer
etwas Zitronensaft · 1–2 EL Olivenöl

ZUBEREITUNG
Den Eisbergsalat in breite Streifen, Tomaten in Spalten schneiden. Eisbergsalat, Rucola und Tomaten in eine Schüssel geben. Den Ziegenkäse würfelig schneiden und gemeinsam mit den entkernten Oliven dazugeben. Salz, Pfeffer, Zitronensaft und Olivenöl in einer Schüssel verrühren. Den Salat anrichten, die Salatsauce darüber verteilen und die Sardellen obenauf legen.
BEILAGENEMPFEHLUNG: frisches Gebäck

Griechischer Salat

ZUTATEN FÜR 1 PORTION
1/4 ungeschälte Salatgurke · 1 Tomate · 1/2 grüne Paprikaschote · 1 Jungzwiebel
Basilikum und Schnittlauch · 100 g Feta oder anderer schnittfester Schafkäse

FÜR DIE MARINADE
1 EL Weinessig · Salz, Pfeffer · 2–3 EL Olivenöl

ZUBEREITUNG
Die ungeschälte Gurke gut waschen und in Stifte, die Tomate in Spalten schneiden. Die Paprikaschote entkernen und in Streifen schneiden. Die Jungzwiebel in Ringe, Basilikum und Schnittlauch fein schneiden. Alle Zutaten in einer Schüssel sanft vermischen.
Für die Marinade alle Zutaten verrühren und den Salat damit abmachen. Den Salat anrichten, Feta in Würfel schneiden und darüber streuen.
BEILAGENEMPFEHLUNG: resches Weißbrot

Sing(u)l(är)e-Suppen

Knoblauchcremesuppe mit Nussbrotcroûtons

ZUTATEN FÜR 1 PORTION
1/2 kleine, fein gehackte Zwiebel · Butter zum Anschwitzen · 1 KL Vollkornmehl
200 ml Gemüsefond oder Rindsuppe · 2 zerdrückte Knoblauchzehen
40 ml Schlagobers · Salz, Pfeffer · 1 EL Schlagobers (geschlagen)
Olivenöl für die Croûtons · Nussbrot zum Rösten (ersatzweise Schwarzbrot)

ZUBEREITUNG
Die fein gehackten Zwiebeln mit den zerdrückten Knoblauchzehen in etwas geschmolzener Butter anschwitzen. Vollkornmehl einrühren und kurz mitdünsten. Mit Gemüsefond oder Rindsuppe aufgießen und aufkochen lassen. Obers zugießen und noch einige Minuten kochen lassen. Währenddessen das Nussbrot in hauchdünne Scheiben oder Würfel schneiden und in heißem Olivenöl knusprig rösten. Die Suppe mit Salz sowie Pfeffer würzen und mit dem Stabmixer pürieren. Durch ein feines Sieb passieren und mit dem geschlagenen Obers aufmixen. In eine heiß ausgespülte Tasse füllen und die knusprigen Croûtons darüber streuen.

Foto Seite 68/1

Fast Soups: Aus eins mach zehn!

Wer jemals einen Kochkurs belegt oder ein Grundkochbuch gelesen hat, weiß: Wirklich gute Suppen können niemals schnell zubereitet werden. Ganz im Gegenteil: Es bedarf erst der „Erfindung der Langsamkeit", um einer Suppe in oft mehrstündiger Prozedur zu jenem Aroma zu verhelfen, das sie wirklich verdient.

Dennoch eignen sich Suppen geradezu ideal für die schnelle Single-Küche, da man das Grundprodukt dafür – eine gute Rind-, Hühner- oder Gemüsesuppe – bequem in 250 ml-Behältern portionieren und tiefkühlen kann. Wer sich also die Mühe macht – etwa an einem langen Schlechtwetter-Wochenende –, zweieinhalb Liter Suppe zuzubereiten (die im Grunde auch kaum Zeit, sondern nur Geduld braucht), der darf sich in den Tagen darauf auf zehn(!) schnelle, köstliche Suppenmahlzeiten freuen.

Selbstverständlich können Sie viele von den hier angeführten Suppen auch in größeren Mengen zubereiten und diese portionsweise einfrieren. Das Auftauen und die Fertigstellung ist dann oft nur noch Minutensache!

Tomatensuppe für Einsame

ZUTATEN FÜR 1 PORTION
1 Schalotte oder 1/2 Zwiebel · 2 Tomaten · Tomatenmark · 200 ml Rindsuppe
Schuss Weißwein · Butter zum Anschwitzen · 2 EL geschlagenes Obers
Salz, Pfeffer

ZUBEREITUNG
Die Schalotte oder Zwiebel feinwürfelig, die Tomaten in Scheiben schneiden. Etwas Butter in einem Topf schmelzen lassen und die Schalotte darin anschwitzen. Tomatenscheiben und etwas Tomatenmark zugeben und alles kurz durchrösten. Mit Weißwein ablöschen, mit Rindsuppe aufgießen und etwa 8 Minuten köcheln lassen. Dann mit dem Stabmixer pürieren. Mit Salz und Pfeffer abschmecken. Suppe durch ein Sieb passieren. Mit geschlagenem Obers aufmixen und in einem vorgewärmten Teller oder einer Suppentasse anrichten.
Foto Seite 69/6

Polenta-Lauch-Suppe

ZUTATEN FÜR 1 PORTION
1 EL Polenta (Maisgrieß) · 1/2 Stange Lauch · Butter zum Anschwitzen
200 ml Rindsuppe · 50 ml Schlagobers · Salz, Pfeffer · gemahlene Muskatnuss
Kernöl und gehackte Petersilie zum Garnieren

ZUBEREITUNG
Den Lauch in feine Scheiben schneiden, waschen und abtropfen lassen. Etwas Butter in einem Topf erhitzen und den Lauch darin anschwitzen. Polenta einrühren, kurz anschwitzen und mit Suppe und Obers aufgießen. Bei kleiner Flamme etwa 5 Minuten köcheln lassen. Mit Salz, Pfeffer und Muskatnuss abschmecken. In einem vorgewärmten tiefen Teller anrichten, mit etwas Kernöl beträufeln und gehackte Petersilie darüber streuen.   *Foto Seite 68-69/5*

Karottensuppe

ZUTATEN FÜR 1 PORTION
2 Karotten · 1/2 Zwiebel · Salz, Pfeffer · 1 Knoblauchzehe · 250 ml Gemüsefond
1/2 EL Sauerrahm · 1 EL Semmelwürfel · Butter zum Anrösten · gehackte Petersilie

ZUBEREITUNG
Die Zwiebel feinwürfelig schneiden und in etwas Butter anschwitzen. Die Karotten grob reißen und zu den Zwiebeln geben. Mit Salz, Pfeffer und zerdrücktem Knoblauch würzen. Mit Gemüsefond aufgießen und etwa 5 Minuten köcheln lassen. Den Sauerrahm einrühren, Suppe vom Herd nehmen und mit dem Stabmixer pürieren.
In einer Pfanne die Semmelwürfel in etwas Butter bräunen. Die Karottensuppe in einen vorgewärmten tiefen Teller gießen, mit den knusprigen Weißbrotwürfeln sowie gehackter Petersilie bestreuen und servieren.   *Foto Seite 68/7*

1

4

7

2

3

5

6

8

9

DIE SCHNELLE SINGLE-KÜCHE

Fenchelsuppe

ZUTATEN FÜR 1 PORTION
120 g Fenchel · Butter zum Anschwitzen · 1 kräftiger Schuss Weißwein
2 cl Pernod · 250 ml Gemüsesuppe · 60 ml Schlagobers · Salz, Pfeffer

ZUBEREITUNG
Den gut geputzten Fenchel teilen und in Streifen schneiden. Die Fenchelstreifen in etwas Butter anschwitzen. Mit einem kräftigen Schuss Weißwein ablöschen, mit Gemüsesuppe aufgießen und den Fenchel weich dünsten. Obers zugießen, nochmals kurz aufkochen und dann die Suppe mit dem Stabmixer pürieren. Suppe durch ein Sieb passieren. Mit Pernod, Salz und Pfeffer abschmecken. In eine heiß ausgespülte Tasse füllen und servieren.
GARNITUREMPFEHLUNG: knusprige Weiß- oder Schwarzbrotcroûtons   *Foto Seite 68-69/2*

Kräutercremesuppe

ZUTATEN FÜR 1 PORTION
70 ml Schlagobers · 1/2 EL Butter · ca. 30 g gehackte Petersilie, Basilikum, Schnittlauch etc.

FÜR DEN GEMÜSEFOND
250 ml Wasser · Salz, Pfeffer · 1 Hand voll Kräuter (Petersilie, Basilikum) nach Belieben · 1/2 Karotte

ZUBEREITUNG
Für den Gemüsefond die Karotte in grobe Würfel schneiden. Wasser mit den Karottenstückchen, Salz, Pfeffer sowie Kräutern aufkochen und 5 Minuten köcheln lassen. Diesen Gemüsefond abseihen, Schlagobers zugießen und abermals aufkochen lassen. Mit den gehackten Kräutern fein mixen. Butter zugeben, nochmals aufmixen und in einer heiß ausgespülten Suppentasse servieren.   *Foto Seite 68/4*

Gelbe Zucchinisuppe

ZUTATEN FÜR 1 PORTION
1/2 gelbe Zucchini · Butter zum Anschwitzen · 250 ml Geflügelfond (ersatzweise Gemüse- oder Rindsuppe) · 60 ml Schlagobers · Salz, Pfeffer etwas gemahlener Koriander

ZUBEREITUNG
Die Zucchini gut waschen und in Scheiben schneiden. In einer Kasserolle etwas Butter erhitzen und die Zucchini darin anschwitzen. Mit Geflügelfond ablöschen und 5 Minuten köcheln lassen. Schlagobers zugeben, aufkochen und mit Salz, Pfeffer sowie Koriander würzen. Mit dem Stabmixer pürieren und durch ein feines Sieb seihen. Vor dem Servieren nochmals rasch aufmixen und in einen heiß ausgespülten Teller oder eine Suppentasse füllen.
GARNITUREMPFEHLUNG: knusprige Weiß- oder Schwarzbrotcroûtons   *Foto Seite 68-69/8*

Kartoffelsuppe mit Steinpilzen

ZUTATEN FÜR 2 PORTIONEN
400 ml Geflügelsuppe · 100 g Steinpilze · 1 EL gehackte Speckwürfel
2–3 EL entrindete Weißbrotwürfel · 1 kleines Stück Lauch (ca. 50 g)
150 g mehlig kochende Kartoffeln · 1/2 Zwiebel · 1 EL Butter · Salz, Pfeffer
Muskatnuss · 1 EL Schlagobers · 1 EL gehackte Petersilie · Öl zum Anrösten

ZUBEREITUNG
Den geputzten Lauch ebenso wie die geputzten Steinpilze in Stücke schneiden. Dabei etwas von den Steinpilzen für die Einlage in feine Scheiben schneiden und zur Seite legen. Die Kartoffeln schälen und in feine Würfel schneiden. Die Zwiebel ebenfalls in feine Würfel schneiden und in Butter glasig andünsten. Lauch, Steinpilze und Kartoffeln zugeben und kurz mitdünsten. Dann mit Suppe aufgießen und alles zugedeckt ca. 10–12 Minuten köcheln lassen. Inzwischen für die Einlage in einer Pfanne etwas Öl erhitzen. Die Speckwürfel und Steinpilze zugeben und darin andünsten. Die Brotwürfel hinzugeben und goldgelb rösten. Alles herausnehmen und auf Küchenkrepp kurz abtropfen lassen. Anschließend mit gehackter Petersilie mischen und zugedeckt warm stellen. Nun die Suppe mit dem Mixstab fein pürieren und durch ein Sieb passieren. Schlagobers unterrühren und alles mit dem Pürierstab noch einmal schaumig aufmixen. Zuletzt mit Salz, Pfeffer und Muskatnuss abschmecken. Die Suppe auf heiße Teller verteilen und die vorbereitete Einlage hineingeben.

TIPP: Besonders köstlich mundet diese Suppe, wenn man sie mit Trüffeln verfeinert.

Ein-spänner und andere warme Gerichte

Berner Einspänner

ZUTATEN FÜR 1 PORTION
1 Frankfurter Würstel oder 1 Bockwurst · 30 g Hartkäse (Emmentaler, Bergkäse, Gouda etc.) · 2–3 Scheiben dünn geschnittener Frühstücksspeck · 1 KL Öl
Senf und/oder Ketchup · 1 Semmel

ZUBEREITUNG
Die Wurst mit einem scharfen Messer der Länge nach aufschneiden, ohne sie dabei aber ganz durchzuschneiden. Den Hartkäse so zurechtschneiden, dass die Wurst damit gefüllt werden kann. Zusammenklappen und die Wurst von einem Ende zum anderen dicht mit Speckscheiben umwickeln. (Der Käse soll beim Braten nicht ausfließen können.) Wurst und Speck bei Bedarf mit zwei Zahnstochern zusammenstecken. Eine beschichtete Pfanne mit wenig Öl ausstreichen und den Einspänner darin rundum braten, bis der Speck goldbraun und der Käse darunter geschmolzen ist. Mit Senf und/oder Ketchup und einer Semmel servieren.

DIE SCHNELLE SINGLE-KÜCHE

Tagliatelle mit Räucherlachs und Dille

ZUTATEN FÜR 1 PORTION
100 g Tagliatelle (oder andere Bandnudeln mit kurzer Kochdauer)
ca. 80 g Räucherlachs · 1/2 kleine gehackte Zwiebel · 3 halbierte Kirschtomaten · 1 Schuss Weinbrand · 1 kräftiger Schuss Weißwein · 4 cl Schlagobers
Butter zum Anschwitzen · Salz, Pfeffer · etwas gehackte Dille
Parmesan zum Bestreuen

ZUBEREITUNG
Die Tagliatelle in Salzwasser al dente kochen. Währenddessen die gehackte Zwiebel in etwas Butter glasig anschwitzen. Die halbierten Tomaten hinzufügen. Mit Weinbrand, einem kräftigen Schuss Weißwein und Schlagobers aufgießen und alles aufkochen lassen. Mit Salz sowie Pfeffer würzen und die Sauce mit einem Schneebesen glatt rühren.
Den Räucherlachs in Streifen schneiden, in die heiße Sauce einmengen und vom Herd nehmen. Die Nudeln abgießen, abtropfen lassen und in die Räucherlachssauce einmengen. Die gehackte Dille einrühren und in einem vorgewärmten Teller anrichten. Mit frisch geriebenem Parmesan bestreuen.
BEILAGENEMPFEHLUNG: Rucolasalat

Gemüsepuffer mit Basilikumcreme

ZUTATEN FÜR 1 PORTION
50 g Vollkornmehl · 1 Ei · 1 EL Schlagobers · 1/2 Zucchini · 1 kl. Stück Lauch
1 Schalotte (oder 1/2 Zwiebel) · 70 g Topfen · 2 EL Sauerrahm · frische Basilikumblätter · Salz, Pfeffer · Zitronensaft · frisch gehobelter Parmesan Butter zum Andünsten · Pflanzenöl zum Herausbacken

ZUBEREITUNG
Das Vollkornmehl mit dem Ei, Schlagobers, Salz und Pfeffer zu einem Teig verrühren. Die Zucchini grob reißen, den Lauch in feine Scheiben, die Schalotte in feine Würfel schneiden und das Gemüse in etwas Butter anschwitzen. Vom Herd nehmen und das Gemüse unter den Teig mischen.
Topfen, Sauerrahm und Basilikum im Mixer pürieren. Mit Salz, Pfeffer und Zitronensaft abschmecken. In einer Pfanne Öl erhitzen, die Puffermasse mit einem Löffel ins heiße Öl setzen und auf beiden Seiten goldgelb ausbacken. Herausheben und auf Küchenpapier abtropfen lassen. Puffer auf einen vorgewärmten Teller setzen, mit der vorbereiteten Basilikumcreme anrichten und mit frisch gehobeltem Parmesan bestreuen.
BEILAGENEMPFEHLUNG: Tomaten- oder Blattsalat

Gnocchi mit Eierschwammerln

ZUTATEN FÜR 1 PORTION

100 g fertige Gnocchi · ca. 100 g Eierschwammerl · 1–2 EL fein geschnittener Schnittlauch · 2 EL Rindsuppe (heiß) · 2 EL geschlagenes Obers · ca. 1 EL Butter zum Andünsten · frisch gehobelter Parmesan · Salz, Pfeffer

ZUBEREITUNG

Die Gnocchi nach Anleitung in Salzwasser kochen. Sobald die Gnocchi obenauf schwimmen, noch kurz ziehen lassen. Währenddessen in einer Pfanne Butter schmelzen und die geputzten Eierschwammerl darin anschwitzen. Mit Salz und Pfeffer würzen. Gnocchi aus dem Kochwasser heben, abtropfen lassen und zu den Schwammerln geben. Rindsuppe zugießen und geschlagenes Obers einmengen. Den gehackten Schnittlauch darüber streuen und alles kurz durchschwenken. Nochmals mit Salz und Pfeffer abschmecken. Gnocchi in einem vorgewärmten tiefen Teller anrichten und Parmesan darüber hobeln.

BEILAGENEMPFEHLUNG: Eisberg- oder Tomatensalat

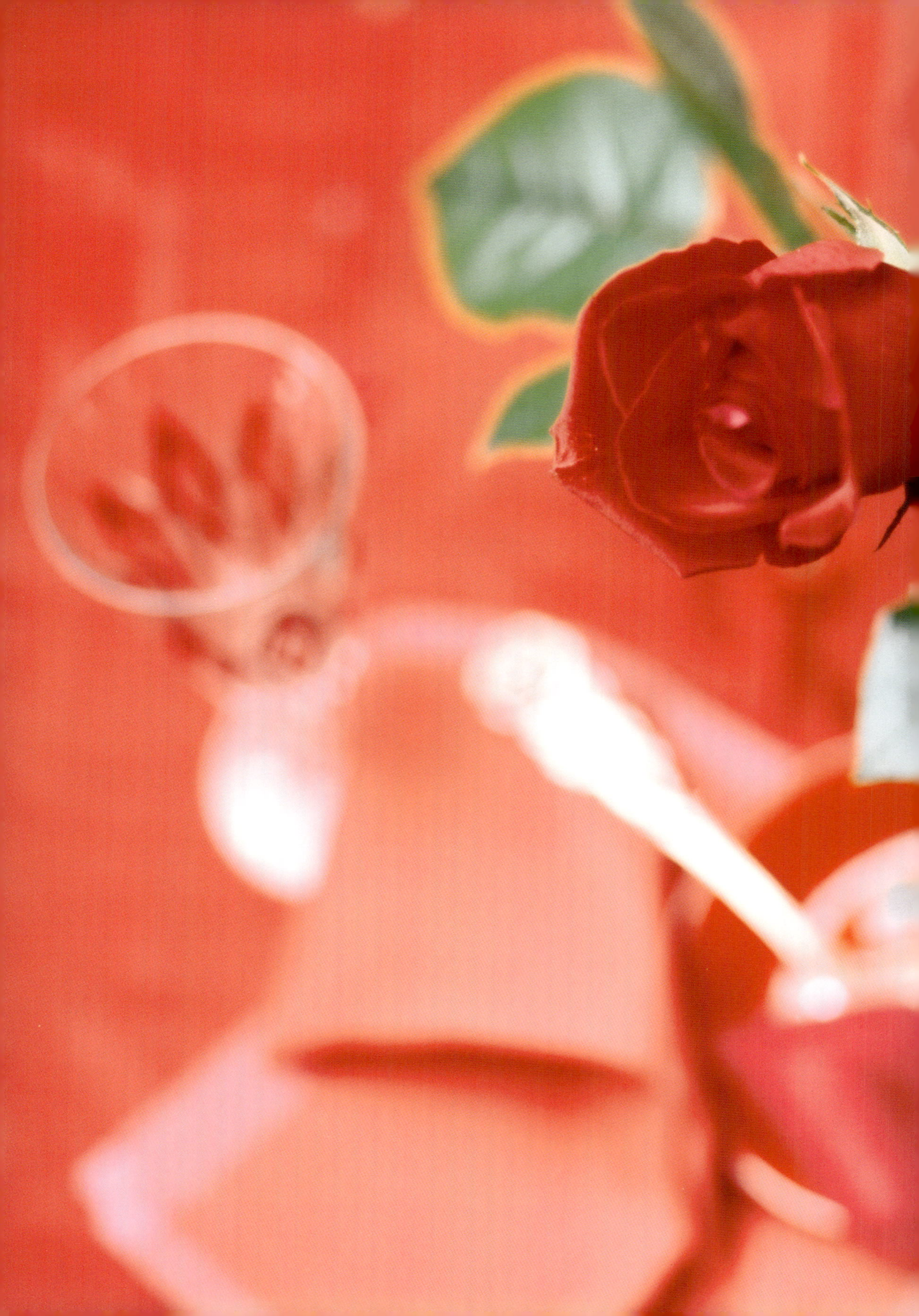

Quickies für zwei

ZÄRTLICHE KULINARISCHE IDEEN FÜR ZWEI,
DIE WICHTIGERES ZU TUN HABEN ALS GROSS AUFZUKOCHEN –
ABER DENNOCH HUNGRIG SIND

QUICKIES FÜR ZWEI

Starters, die schnell abfahren

Eierschwammerl-Eierspeis mit Häuptelsalat

ZUTATEN FÜR 2 PORTIONEN
150 g Eierschwammerl · 2 Jungzwiebeln · 2 EL fein geschnittener Schnittlauch
4 Eier · 60 ml Schlagobers · Salz, Pfeffer · Butter zum Braten · 1/2 Häuptelsalat

FÜR DAS DRESSING
2 EL Weißweinessig · 1 KL Staubzucker · 1 KL Estragonsenf · 4 EL Sonnenblumenöl
Salz, Pfeffer

ZUBEREITUNG
Für das Dressing den Essig mit Staubzucker, Estragonsenf, Salz und Pfeffer verrühren. Das Sonnenblumenöl zugießen und alles zu einem sämigen Dressing verrühren. Den Häuptelsalat mit dem Dressing marinieren.
Die Eierschwammerl putzen, in mundgerechte Stücke teilen, die Jungzwiebeln in feine Ringe schneiden. Die Eier in eine Schüssel schlagen und mit dem Obers verquirlen. Mit Salz und Pfeffer würzen. In einer beschichteten Pfanne etwa einen Esslöffel Butter erhitzen und die Jungzwiebeln mit den Eierschwammerln darin anschwitzen. Wenn die Schwammerl Flüssigkeit verlieren, diese verdampfen lassen. Erst dann die Eiermischung darüber gießen und zu einer cremigen Masse stocken lassen. Dabei ständig mit einem Kochlöffel rühren. Die Eierspeise auf vorgewärmten Tellern anrichten, mit fein geschnittenem Schnittlauch bestreuen und mit dem Salat servieren.
BEILAGENEMPFEHLUNG: resches Schwarzbrot

Thunfisch auf Chicorée

ZUTATEN FÜR 2 PORTIONEN
100 g frisches Thunfischfilet · 70 g Thunfisch aus der Dose · frischer Thymian
2 Chicorée · 2 EL Mayonnaise · Salz, Pfeffer aus der Mühle · Tabascosauce · Olivenöl

ZUBEREITUNG
Vom Chicorée die Enden entfernen und 6 äußere Blätter beiseite legen. Das Innere in feine Streifen schneiden und mit Salz sowie gehacktem Thymian abschmecken. Den Dosenthunfisch abtropfen lassen und mit der Mayonnaise verrühren. Mit Salz, Pfeffer und einem Spritzer Tabascosauce abschmecken.
Das Thunfischfilet in Würfel schneiden. In einer beschichteten Pfanne etwas Olivenöl erhitzen und die Thunfischwürfel darin kurz anbraten, so dass sie innen noch rosa sind. Salzen und mit grob geriebenem Pfeffer bestreuen. Herausheben und auf Küchenpapier abtropfen lassen.
Die Chicoréeblätter sternförmig auf Teller legen, mit dem geschnittenen Chicorée „füllen" und darauf die Thunfischcreme auftragen. Die Thunfischwürfel darüber streuen und mit Thymian garnieren.
BEILAGENEMPFEHLUNG: knuspriges Baguette oder Ciabatta

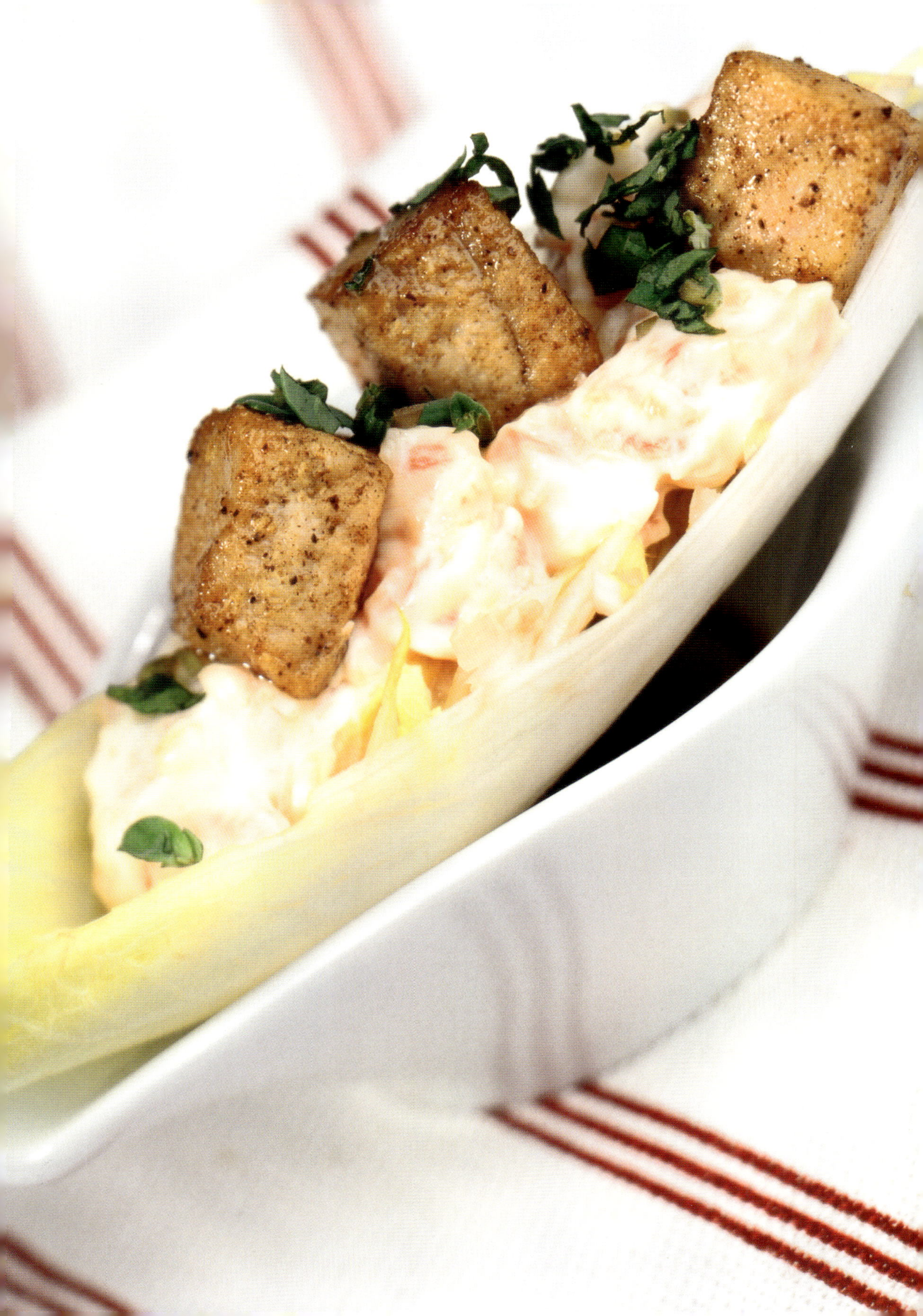

QUICKIES FÜR ZWEI

Fishing for compliments

Saiblingsschnitzerl mit Vogerlsalat

ZUTATEN FÜR 2 PORTIONEN
4 Saiblingsfilets à ca. 80 g · Zitronensaft · Salz, Pfeffer
gehackte Petersilie · Mehl, 2 Eier und Semmelbrösel
zum Panieren · Sonnenblumenöl und Butter zum Braten

FÜR DEN VOGERLSALAT
200 g Vogerlsalat · 1 Schalotte · 3 EL Kürbiskernöl
1 EL Sherryessig · 1 EL Balsamicoessig · Salz, Pfeffer

ZUBEREITUNG
Für das Kernöldressing die Schalotte feinwürfelig schneiden und mit Sherry- sowie Balsamicoessig und Kürbiskernöl vermischen. Mit Salz und Pfeffer würzen. Die Saiblingsfilets mit Salz, Pfeffer, Petersilie und Zitronensaft marinieren. Filets in Mehl wenden, durch die verquirlten Eier ziehen und abschließend in Semmelbröseln wälzen. Öl und Butter in einer Pfanne erhitzen und die Saiblingsschnitzerl darin leicht schwimmend auf beiden Seiten goldgelb braten. Herausheben und auf Küchenpapier abtropfen lassen. Den Vogerlsalat mit dem vorbereiteten Kernöldressing marinieren und mit den Saiblingsschnitzerln servieren.
BEILAGENEMPFEHLUNG: Petersil- oder Dillkartoffeln

Rotbarbenfilet mit Peperonata

ZUTATEN FÜR 2 PORTIONEN
2 Rotbarbenfilets à 100–150 g · **1 kleine Zucchini** · **1 gelbe Paprikaschote** · **1 Tomate**
1 Schalotte (oder kleine Zwiebel) · **1TL Pinienkerne** · **1 TL Balsamicoessig** · **Salz, Pfeffer** · **Olivenöl und Butter zum Braten** · **Basilikum oder Estragon zum Garnieren**

VORBEREITUNG
Tomate kurz blanchieren (überbrühen), Haut abziehen und Tomate würfelig schneiden. Backrohr auf 180 °C vorheizen.

FÜR BESONDERS EILIGE
Die Tomate ungeschält in Würfel schneiden oder bereits geschälte Tomaten aus der Dose verwenden.

ZUBEREITUNG
Schalotte feinwürfelig, Zucchini in etwa 1 cm große Würfel schneiden. Paprikaschote entkernen, Stiel entfernen und ebenfalls würfelig schneiden. In einem Topf etwas Olivenöl erhitzen und darin Paprika, Schalotten und Zucchini anschwitzen. Die gewürfelten Tomaten sowie die Pinienkerne zugeben und mit Balsamicoessig abrunden. Mit Salz und Pfeffer würzen.
Die Rotbarbenfilets salzen und pfeffern. In einer Pfanne etwas Olivenöl mit Butter erhitzen und die Rotbarbenfilets auf der Hautseite rasch anbraten. Ins heiße Backrohr stellen und etwa 3–5 Minuten fertig braten. Die Peperonata auf heißen Tellern anrichten und die Fischfilets darauf setzen. Mit frischen Basilikum- oder Estragonblättern garnieren.
BEILAGENEMPFEHLUNG: Couscous oder Safranreis

TIPP
Die Peperonata alleine kann auch als Vorspeise gereicht werden. In diesem Fall sollte sie allerdings nicht heiß, sondern lauwarm bis zimmertemperiert und mit Rucola-Garnitur serviert werden.

QUICKIES FÜR ZWEI

Lachsforellenfilet in Weinteig mit buntem Salat

ZUTATEN FÜR 2 PORTIONEN
4 kleine Lachsforellenfilets · 125 ml trockener Weißwein · 1 Eidotter
1 Eiklar · ca. 70 g glattes Mehl · Salz, weißer Pfeffer aus der Mühle
Öl zum Herausbacken

FÜR DEN SALAT
1 Tomate · 1/2 Gurke · 100 g Eichblattsalat · 1 EL Nussöl · Balsamicoessig · Salz

VORBEREITUNG
Eiklar steif schlagen.

ZUBEREITUNG
In einer Schüssel aus Weißwein, Eidotter, Mehl, geschlagenem Eiklar und einer Prise Salz einen Backteig anrühren. Die Lachsforellenfilets mit Salz sowie Pfeffer würzen. In einer Pfanne Öl erhitzen. Die Filets durch den Backteig ziehen, ins heiße Öl einlegen und auf beiden Seiten goldgelb backen. Herausheben und auf Küchenkrepp abtropfen lassen.

Für den Salat die Gurke in Scheiben, die Tomate in Spalten schneiden. Eichblattsalat mit Nussöl, Balsamicoessig und Salz marinieren. Gurken und Tomaten untermischen und nochmals abschmecken. Forellenfilets auf vorgewärmten Tellern anrichten und den Salat dazu servieren.

Zanderfilet mit Zucchinischuppen und Sprossengemüse

ZUTATEN FÜR 2 PORTIONEN
**300 g Zanderfilet · 100 g Zucchini · Butter und Olivenöl zum Anbraten
Salz, Pfeffer · Butter zum Bestreichen**

FÜR DAS SPROSSENGEMÜSE
**50 g Sojasprossen · 50 g div. Sprossen nach Belieben · 50 g junge Erbsenschoten
3 Jungzwiebeln · 1 Chilischote · ca. 60 ml Gemüsefond · frisch gehackte Kräuter
Salz · 1 EL Olivenöl**

VORBEREITUNG
Das Backrohr auf 180 °C vorheizen.

ZUBEREITUNG
Das Zanderfilet in 2 Stücke schneiden und mit Salz sowie Pfeffer würzen. In einer beschichteten Pfanne Butter und Olivenöl erhitzen. Die Fischfilets einlegen, auf beiden Seiten rasch anbraten und für ca. 4 Minuten ins heiße Backrohr stellen. Währenddessen die Zucchini in dünne Scheiben schneiden, dann den gebratenen Fisch damit schuppenartig belegen. Mit etwas flüssiger Butter bestreichen und bei großer Oberhitze kurz überbacken. Herausheben, auf vorgewärmte Teller legen und mit dem vorbereiteten Sprossengemüse anrichten.
Für das Sprossengemüse die Erbsenschoten und Jungzwiebeln in Streifen schneiden. Olivenöl in einer Pfanne erhitzen, die Erbsenschoten, Jungzwiebeln und Sprossen darin kurz anschwitzen. Mit dem Gemüsefond aufgießen und kurz köcheln lassen, bis die Schoten bissfest sind. Die Chilischote in feine Streifen schneiden und zugeben. Mit Salz und den frisch gehackten Kräutern abschmecken.
BEILAGENEMPFEHLUNG: Kartoffelpüree oder Reis

QUICKIES FÜR ZWEI

Hühner-Saltimbocca

ZUTATEN FÜR 2 PORTIONEN
2 Hühnerbrüste ohne Haut · frischer Salbei · 2 große bzw. 4 kleine Scheiben Prosciutto di Parma (oder anderer Rohschinken) · 2 EL Olivenöl · 5 EL Marsala oder Sherry · Salz, Pfeffer · Butter zum Braten

ZUBEREITUNG
Hühnerbrüste mit Salz und Pfeffer würzen. Jede Brust mit Salbeiblättern belegen und mit Schinken gut umwickeln. In einer Pfanne Olivenöl erhitzen und das Fleisch beidseitig anbraten. Etwa einen Esslöffel Butter zugeben und unter gelegentlichem Wenden ca. 5 Minuten (je nach Stärke der Hühnerbrüste) fertig braten. Fleisch herausnehmen und warm stellen.
Marsala oder Sherry in die Pfanne gießen, nochmals etwas Butter zugeben und den Bratenrückstand damit lösen. Hühner-Saltimbocca auf heißen Tellern anrichten und mit der Sauce übergießen.
BEILAGENEMPFEHLUNG: Penne oder Reis

Kalbsnaturschnitzel mit Wurzelgemüse

ZUTATEN FÜR 2 PORTIONEN
2 Kalbsschnitzel à 150 g · 1 Schalotte (oder kleine Zwiebel) · 1/2 Bund Wurzelgemüse · 125 ml Rotwein · 1 Knoblauchzehe · 1 TL Honig · Kräuter (wie etwa Kerbel, Thymian oder Bärlauch) · Öl und Butter zum Anbraten · Salz, Pfeffer

VORBEREITUNG
Das Backrohr auf 85 °C vorheizen.

ZUBEREITUNG
Die Kalbsschnitzel zart klopfen. In einer Pfanne etwas Öl und Butter erhitzen und die Schnitzel darin von beiden Seiten kurz anbraten. Mit Salz und Pfeffer würzen. In Alufolie wickeln und im temperierten Backrohr rasten lassen.
Währenddessen das Wurzelgemüse in feine Streifen schneiden, die Schalotte fein hacken und beides im Bratrückstand anbraten. Honig einrühren und das Gemüse karamellisieren lassen. Rotwein zugießen und Wurzelwerk bissfest dünsten. Bei Bedarf etwas Wasser nachgießen. Zum Schluss Knoblauch fein schneiden und mit den gehackten Kräutern dazugeben. Durchschwenken und die Kalbsschnitzel darin noch kurz ziehen lassen.
BEILAGENEMPFEHLUNG: Salzkartoffeln

Kalbsrückensteak mit Kartoffel-Lauch-Ragout

ZUTATEN FÜR 2 PORTIONEN
2 Kalbsrückensteaks à 150 g · 60 ml Kalbsfond · Salz, Pfeffer · Öl und Butter zum Braten · kalte Butter zum Montieren

FÜR DAS KARTOFFEL-LAUCH-RAGOUT
1/2 Stange Lauch · 2 mehlige Kartoffeln · 1 EL Butter · 60 ml Schlagobers 40 ml Gemüsefond · Salz, Pfeffer

VORBEREITUNG
Das Backrohr auf 180 °C vorheizen.

ZUBEREITUNG
In einer Pfanne Öl und Butter erhitzen. Die Kalbsrückensteaks pfeffern und in der Pfanne von beiden Seiten anbraten. Salzen und für ca. 5–7 Minuten, je nach gewünschtem Garungsgrad, ins Backrohr stellen. Dann Temperatur auf 85 °C absenken und weitere 5 Minuten warm stellen. Das Fleisch aus der Pfanne nehmen und in Alufolie wickeln. Den Bratenrückstand mit Kalbsfond ablöschen. Kurz aufkochen, ein nussgroßes Stück kalte Butter einrühren und die Sauce damit montieren (binden), aber nicht mehr kochen. Sauce durch ein Sieb gießen. Für das Kartoffel-Lauch-Ragout den Lauch in Scheiben schneiden und waschen. Die Kartoffeln in 5 mm große Würfel schneiden. In einer Kasserolle die Butter erhitzen und die Kartoffeln darin anschwitzen. Den Lauch zugeben und ebenfalls kurz mitdünsten. Mit Schlagobers und Gemüsefond aufgießen und 5 Minuten köcheln lassen. Mit Salz und Pfeffer abschmecken. Die fertigen Kalbssteaks auf vorgewärmten Tellern anrichten, mit der Sauce überziehen und das Kartoffel-Lauch-Ragout dazugeben.

Schweinsfilet in dunkler Biersauce

ZUTATEN
300 g Schweinsfilet (Schweinslungenbraten) · 250 ml dunkles Bier
1 TL glattes Mehl · 1 TL Kristallzucker · Kümmel nach Belieben · Salz, Pfeffer
2 EL kalte Butter · Öl und Butter zum Braten

ZUBEREITUNG
Schweinsfilet in daumendicke Medaillons schneiden. Mit Salz und Pfeffer würzen. In einer Pfanne Öl und Butter erhitzen und die Medaillons darin beidseitig etwa 4 Minuten braten. Aus der Pfanne heben und in Alufolie gewickelt warm stellen (am besten im auf ca. 80 °C vorgeheizten Backrohr). Kristallzucker in den Bratenrückstand einrühren und leicht karamellisieren lassen. Mehl zugeben, durchrühren und mit Bier ablöschen. Einkochen lassen und dann mit Salz sowie Pfeffer würzen. Abschließend die kalte Butter und den Kümmel einrühren und die Sauce damit binden, aber nicht mehr kochen lassen. Die Schweinsmedaillons auf den vorgewärmten Tellern anrichten und mit der Sauce übergießen.
BEILAGENEMPFEHLUNG: in Butter geschwenkte Nockerl

Schweinsfilet in Parmesan-Kräuter-Panier

ZUTATEN FÜR 2 PORTIONEN
300 g Schweinsfilet (Schweinslungenbraten) · 2 Eier
150 g geriebener Parmesan
Kräuter nach Belieben
(Liebstöckel, Salbei, Petersilie)
Salz, Pfeffer · Mehl zum Wenden
6 EL Öl

ZUBEREITUNG
Gut zugeputztes Schweinsfilet in ca. 1 cm dicke Scheiben schneiden und flach klopfen. Die Eier verschlagen und mit dem geriebenen Parmesan vermischen. Die Kräuter hacken. Die Filetstücke mit Salz sowie Pfeffer würzen und mit den Kräutern bestreuen (diese eventuell leicht andrücken). Fleisch beidseitig in Mehl wenden und dann durch die Ei-Parmesan-Masse ziehen. In einer Pfanne Öl erhitzen und die Schweinsfilets darin auf beiden Seiten goldbraun braten. Herausheben und mit Küchenkrepp leicht abtupfen.
BEILAGENEMPFEHLUNG: Risibisi (mit 10-Minuten-Reis) und Tomaten- oder grüner Blattsalat

Rindsfilet auf Tomaten-Lauch-Tagliatelle

ZUTATEN FÜR 2 PORTIONEN
2 Rindsfilets (Steaks) à 150–180 g · 120 g Tagliatelle · 1/2 Stange Lauch
250 g Tomaten · 1 Schalotte · ca. 60 ml Weißwein · 2 Knoblauchzehen
gehackter Rosmarin · Salz, Pfeffer · Butter und Olivenöl zum Braten
Basilikum zum Garnieren

VORBEREITUNG
Das Backrohr auf 180 °C vorheizen.
Tomaten kurz in siedendem Wasser blanchieren (überbrühen), schälen und in Würfel schneiden.

FÜR BESONDERS EILIGE
Verwenden Sie bereits geschälte Tomaten aus der Dose.

ZUBEREITUNG
Die Schalotte feinwürfelig schneiden und in etwas Olivenöl anschwitzen. Mit Weißwein aufgießen und aufkochen lassen. Tomatenwürfel einmengen und alles mit Salz und Pfeffer würzen. Mit dem Mixstab pürieren, mit Rosmarin und den zerdrückten Knoblauchzehen abschmecken und köcheln lassen.

Schweinsfilet in der Kartoffelkruste

ZUTATEN FÜR 2 PORTIONEN
300 g Schweinsfilet · 5–6 mittlere Kartoffeln · 1 Eidotter · 2 EL gehackte Petersilie Mehl zum Wenden · Sonnenblumenöl zum Braten · Thymian · 1 zerdrückte Knoblauchzehe · Salz, Pfeffer

ZUBEREITUNG
Schweinsfilet in 6 Medaillons schneiden. Salzen, pfeffern und mit Thymian sowie Knoblauch würzen. Die Kartoffeln schälen, raffeln und gut ausdrücken. Kartoffelmasse mit Eidotter vermischen und mit Salz, Pfeffer und Petersilie würzen. Die Schweinsfilets in Mehl wenden und auf jeder Seite eine etwa 3 mm dicke Kartoffelkruste auftragen. Gut anpressen. In einer Pfanne Sonnenblumenöl erhitzen und die Schweinsfilets beidseitig ca. 8 Minuten braten.
BEILAGENEMPFEHLUNG: Kräutersauce und Salate
Die Steaks salzen, pfeffern. In einer Pfanne Butter und Öl erhitzen und die Steaks darin rasch auf beiden Seiten anbraten. In das auf 180 °C vorgeheizte Backrohr stellen und je nach gewünschtem Garungsgrad noch ein paar Minuten braten. Den Lauch in Ringe schneiden und in heißer Butter anschwitzen. Mit Salz sowie Pfeffer würzen. Währenddessen die Tagliatelle in Salzwasser bissfest kochen. Nudeln abseihen, abtropfen lassen und unter die Tomaten-sauce mengen. Die gedünsteten Lauchringe einrühren und alles nochmals abschmecken. Die Tagliatelle auf vorgewärmten Tellern anrichten und die Steaks darauf setzen. Mit Basilikumblättern garnieren.

Lammkoteletts mit Kräutersalat

ZUTATEN FÜR 2 PORTIONEN
6 Lammkoteletts · Thymian · 1 Knoblauchzehe · Öl und Butter zum Braten · Salz, Pfeffer · Friséesalat · Kräuter nach Belieben (Bärlauch, Minze, Zitronenthymian)

FÜR DIE SALATSAUCE
2 EL Himbeeressig · 2 EL Balsamicoessig · 1 KL Zucker · 1 KL Dijonsenf
Salz, Pfeffer · 5 EL Olivenöl

VORBEREITUNG
Das Backrohr auf ca. 80 °C vorheizen.

ZUBEREITUNG
Für die Salatsauce beide Essigsorten mit Zucker, Dijonsenf, Salz und Pfeffer gut verrühren. Olivenöl einmengen und alles zu einem sämigen Dressing verrühren.
Die Lammkoteletts mit Salz und Pfeffer würzen. Öl und Butter in einer Pfanne erhitzen, die Lammkoteletts einlegen und bei großer Hitze auf beiden Seiten kurz anbraten. (Die Koteletts dürfen nicht zu lange gebraten werden, damit sie schön saftig bleiben und nicht zu trocken geraten.) Vom Feuer nehmen. Die Knoblauchzehe in der Schale andrücken und gemeinsam mit etwas Thymian in die Pfanne geben. Lammkoteletts noch etwa 5 Minuten im temperierten Backrohr rasten lassen.
Währenddessen den Friséesalat gemeinsam mit den Kräutern marinieren und auf Tellern anrichten. Die fertig gebratenen Lammkoteletts dazulegen und servieren.
BEILAGENEMPFEHLUNG: Toskana- oder anderes Weißbrot.

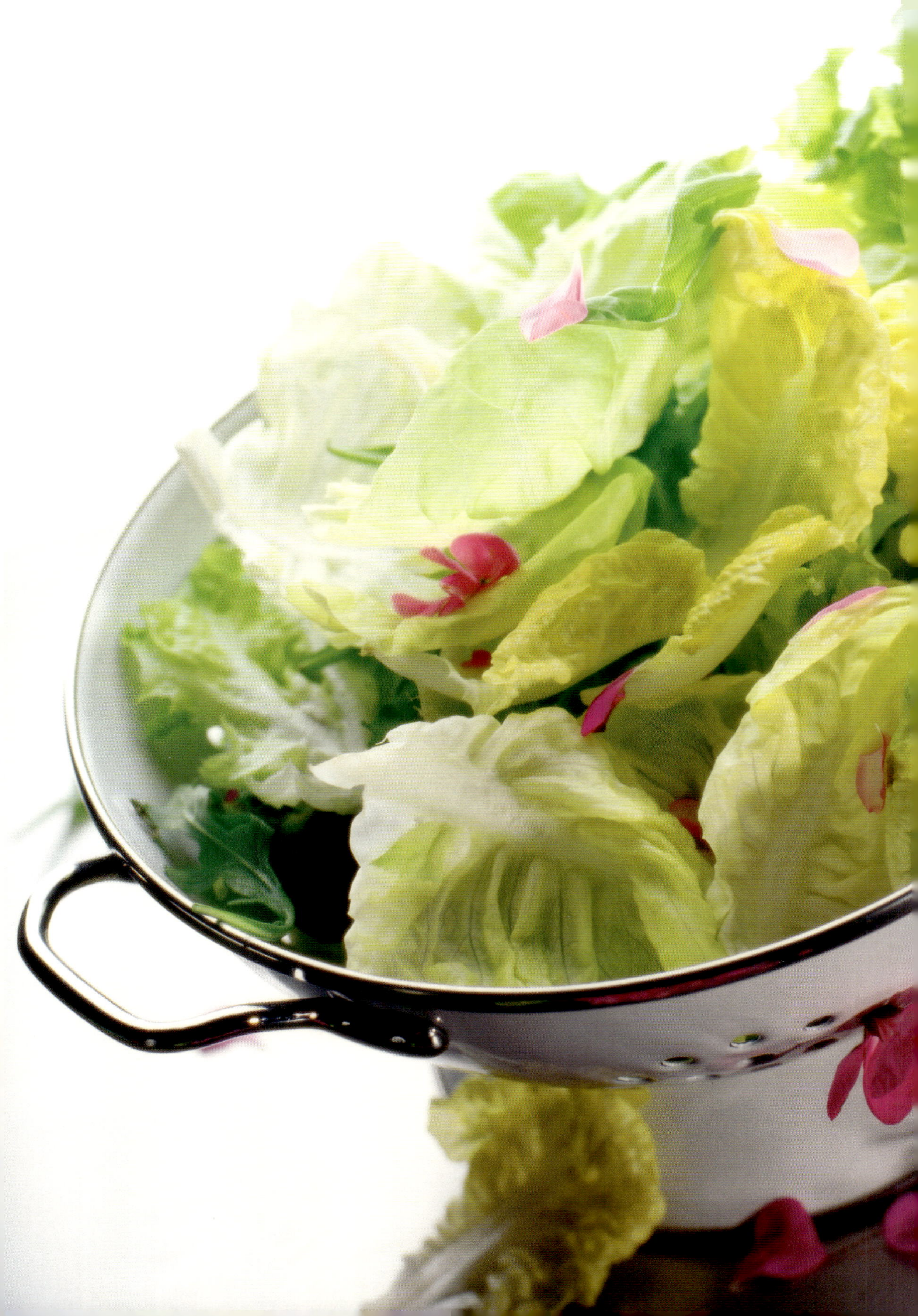

Weiberabend

WENN POWERFRAUEN VIEL ZU BEREDEN HABEN
UND DENNOCH „ETWAS AM TISCH" SEIN SOLL

*Dieses Kapitel wurde unter
wesentlicher Mitarbeit
unserer beiden Lektorinnen
geschrieben.

Die dankbaren Autoren.

WEIBERABEND

Bric-à-Brac

Carpaccio „lachsrosa"

ZUTATEN FÜR 4 PORTIONEN
400 g topfrisches Lachsforellenfilet · Meersalz, Pfeffer aus der Mühle · Blattsalat, Dille und Kräuter zum Garnieren · 1 EL Balsamicoessig · 2–3 EL Olivenöl · 1 Prise Zucker

FÜR DIE PFEFFERMARINADE
1 TL Honig · 8 cl Olivenöl
4 cl Balsamicoessig · Saft von 1 Zitrone · 1 Prise Staubzucker · Salz
1–2 EL rosa Pfeffer · 1/2 TL weißer Pfeffer

VORBEREITUNG
Das Lachsforellenfilet mit einer Küchenpinzette sorgfältig entgräten. Mit der Fingerkuppe zart über das Fischfilet streichen, um auch die letzten kleinen Gräten aufzuspüren.

ZUBEREITUNG
Aus Honig, Olivenöl, Balsamicoessig, Zitronensaft, Staubzucker und Salz eine Marinade anrühren. Rosa Pfeffer fein hacken, weißen Pfeffer mahlen und beides mit der Marinade verrühren und abschmecken. Die Lachsforellenfilets mit einem scharfen Messer in dünne Scheiben schneiden. Für das Dressing den Balsamicoessig mit Olivenöl, einer Prise Zucker, Salz und Pfeffer verrühren. Den gewaschenen und trockengeschleuderten Salat sowie die Kräuter mit dem Dressing marinieren. Die Teller mit der vorbereiteten Pfeffermarinade bepinseln, die Lachsforellenscheiben dekorativ darauf legen und mit frisch gemahlenem Pfeffer sowie Meersalz würzen. Den marinierten Kräutersalat dazu anrichten und mit Dille garnieren.
BEILAGENEMPFEHLUNG: Ciabatta oder getoastete Briochescheiben

TIPP: Statt Lachsforellenfilet lässt sich auch frischer Lachs nach diesem Rezept zubereiten.

Asia-Carpaccio

ZUTATEN FÜR 4–6 PORTIONEN
400 g Thunfischfilet, frisch und beste Qualität · 80 g Jungzwiebeln
2 EL Apfelessig · 3 EL Sesamöl · 1 EL Sojasauce · 2 EL Sesamsamen · Salz, Pfeffer
Sojasprossen als Garnitur · Öl für die Folie

ZUBEREITUNG
Die Jungzwiebeln feinwürfelig schneiden. Den Essig mit Sesamöl, Sojasauce, Salz und Pfeffer zu einer Marinade rühren. Den Thunfisch in feine Scheiben schneiden, jede Scheibe zwischen zwei mit Öl bestrichene Klarsichtfolien legen und flach klopfen. Etwas Marinade auf die Teller streichen. Die Thunfischscheiben darauf dekorativ auflegen und mit der restlichen Marinade beträufeln. Die Sesamsamen in einer beschichteten Pfanne ohne Fett anrösten und über das Carpaccio streuen. Mit Sojasprossen und Jungzwiebeln garnieren.
BEILAGENEMPFEHLUNG: getoastetes Weißbrot

Foto rechte Seite

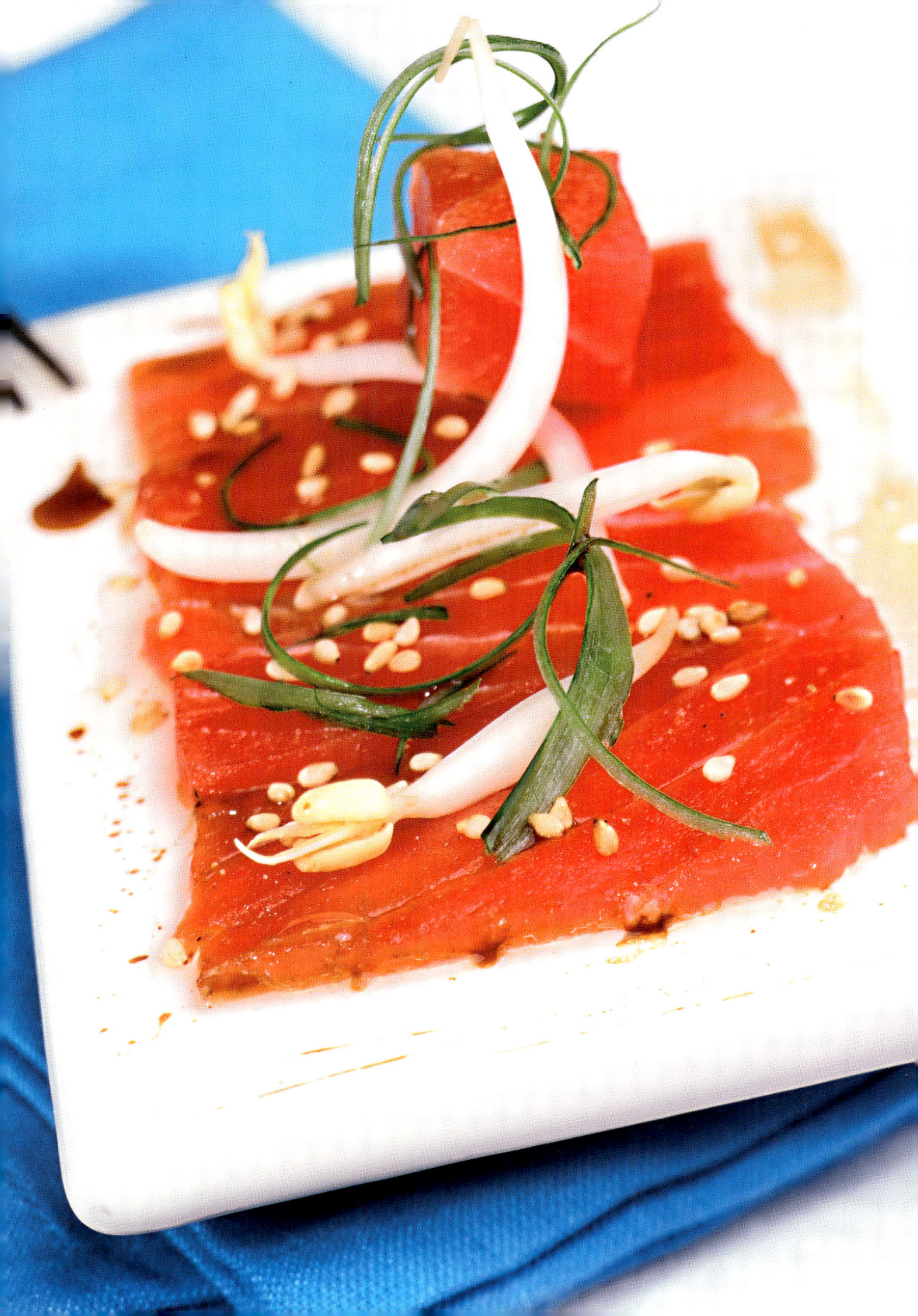

WEIBERABEND

Schnelle Gemüsekunde für lebenskluge Frauen

Während Männer nach wie vor eher als „Fleischtiger" gelten, sind Frauen (zumindest wenn sie für sich selber und nicht für die Männerwelt kochen) schon seit Hildegard von Bingen sensibel für Gemüse-Genüsse gewesen. Ein wohlgefüllter Gemüsekorb erweist sich daher für einen „Weiberabend" auch als wahres kulinarisches Schatzkästlein.

HIER EINIGE TIPPS, WAS SIE BEI EINER „SCHNELLEN GEMÜSEKÜCHE" BEACHTEN SOLLTEN

■ **AVOCADOS** *lassen sich, die richtige Reife vorausgesetzt, in Minutenschnelle zu feinen Aufstrichen oder Füllungen (z. B. mit Shrimps oder Räucherlachs) verarbeiten. Aber Vorsicht: Ist die Avocado einmal geöffnet, so verfärbt sich das gelb-grünliche Fruchtfleisch sehr schnell schwarz. Diesen unschönen optischen Effekt kann man durch das Beträufeln mit Zitronensaft vermeiden. Übrigens: Sollten die Avocados noch nicht ganz reif sein, so reifen sie – in Zeitungspapier eingewickelt – bei Zimmertemperatur rasch nach. Die Avocado besitzt eine optimale Reife, wenn sie bei einem zarten Druck mit dem Finger leicht nachgibt.*

■ **BROKKOLI** *lassen sich in der 15-Minuten-Küche recht bequem einsetzen. Man sollte sie nur vorher teilen: Während die Röschen nämlich nur kurz gedünstet oder blanchiert werden müssen, um bissfest zu sein, bedürfen die Strünke etwas längerer Garung. Will man die Brokkoli dennoch im Ganzen garen, sollte man die Stiele nach dem sorgfältigen Zuputzen kreuzweise einschneiden.*

■ **CHAMPIGNONS** *zählen zu den schnellsten Gemüse-Genüssen. Noch flotter geht die Arbeit von der Hand, wenn man die Champignons mit einem Eierschneider in gleich dicke Scheiben schneidet. Die Champignons müssen in diesem Fall freilich knackig frisch sein. Und noch ein Tipp: Wenn Sie die Champignons mit etwas Zitronensaft beträufeln, behalten sie auch während des Kochens ihre schöne helle Farbe.*

■ **CHICORÉE** *ist gesund, vielseitig verwendbar (marinieren, dünsten, braten), aber leider oft bitter. Daher: Unbedingt kühl und dunkel (am besten in Papier gewickelt) lagern und vor der Weiterverwendung kurz in Wasser (mit einer Semmel) aufkochen oder auch nur in warmes Wasser einlegen. Das entzieht die Bitterstoffe.*

■ **CHINAKOHL** *ist für die schnelle Küche besonders prädestiniert, weil man ihn problemlos roh als Salat essen, aber auch braten kann. Zudem ist seine Lagerfähigkeit optimal: Im Kühlschrank lässt er sich über eine Woche lang problemlos lagern.*

■ **KOHLRABI** *ist eine schnelle und sehr gesunde Rohkost, schmeckt aber auch knackig gekocht oder in mit etwas Obers gebundenen Saucen sehr gut. Werfen Sie die Kohlrabiblätter niemals weg! Sie enthalten besonders viele Vitamine sowie Nährstoffe und können wie Kräuter gehackt und als Würze über das fertige Gericht gestreut werden.*

■ **KARFIOL** gibt, knackig gekocht und mit Butter und Bröseln oder Obers, legiertem Ei und Schinkenstreifen serviert, eine perfekte Beilage ab. Karfiolrosen lassen sich übrigens, nachdem man sie in Salzwasser blanchiert hat, sehr gut tiefkühlen und sind dann, in kochendem Wasser regeneriert, im Nu wieder zur Hand.

■ **LAUCH** macht zwar Suppen trüb, lässt sich aber – besonders in der asiatischen Küche – schnell und bequem einsetzen. Aber niemals zu lange garen lassen, sonst wird er rasch matschig. Apropos: Je größer der Weißanteil des Lauchs, desto besser schmeckt er.

■ **LINSEN** sind im Gegensatz zu Bohnen als Garnitur oder Beilage für die schnelle Küche sehr wohl geeignet, da man etliche Linsensorten nicht einzuweichen braucht. Am besten geeignet sind rote Linsen, die beim Kochen leicht sämig werden, sich bei der Zubereitung gelb färben und im Geschmack milder als jene der grünen Sorte sind.

■ **MANGOLD** eignet sich wegen seiner großen, schönen Blätter perfekt zum „Verpacken" von Fisch- oder etwa auch Hühnerbrustfilets, die anschließend (z. B. im chinesischen Bambuskörbchen) gedämpft werden, was eine ebenso schnelle wie gesunde Mahlzeit ergibt. Von den Stielen sollte man dabei nur die faserigen Teile abschneiden, da der Stiel der eigentliche Sitz des „nussigen" Mangoldaromas ist.

■ **MELANZANI** bilden, in Scheiben geschnitten, eine ideale Grundlage für Gemüsesteaks. Vor der Zubereitung sollte man sie allerdings salzen, damit die darin enthaltenen Bitterstoffe verschwinden. Dann kann man sie beispielsweise mit Schinken und/oder Käse belegen oder nach dem Braten mit Dips und Steaksaucen servieren. Kleine Melanzani schmecken übrigens am besten. Und noch ein Tipp: Melanzani sollten mit möglichst wenig Fett gebraten werden, das sie leicht aufsaugen und dadurch schwer verdaulich werden.

■ **SALATE,** insbesondere Blattsalate, sind mit gutem Grund eine der beliebtesten kulinarischen Grundlagen vieler „Weiberabende". Damit sie auch wirklich frisch auf den Tisch kommen, sollte man sie nach dem Waschen immer gut mit einem Tuch abtrocknen bzw. in einer Salatschleuder trocknen. So verwässert das Salatdressing nicht. Blattsalat wird übrigens besonders knackig, wenn man ihn bis kurz vor der Zubereitung in einem speziell für Gemüse geeigneten Plastiksack im Kühlschrank lagert.

■ **SPARGEL** eignet sich nur in seiner grünen Façon als „schnelles Gemüse", da einerseits das mit der Zubereitung von weißem Spargel verbundene Schälen zu viel Zeit in Anspruch nimmt, dickerer weißer Spargel (Solospargel) andererseits mitunter eine längere Garungszeit benötigt. Grüner Spargel muss im Regelfall nicht geschält, sondern allenfalls von gelegentlichen „Schuppen" befreit werden. Ob die edlen Stangen frisch sind, erkennen Sie an der Schnittfläche: Sie darf nicht vertrocknet oder verfärbt sein. Im Idealfall tritt auf einen festen Fingerdruck noch etwas Flüssigkeit heraus.

Salat vom grünen Spargel und Räucherlachs

ZUTATEN FÜR 4 PORTIONEN
600 g grüner Spargel · 200 g in Scheiben geschnittener Räucherlachs · 80 g Joghurt
1 EL Honig · 1 EL gehackte Dille · 1 EL Apfelessig · Vogerlsalat · 1 EL Balsamicoessig
2 EL Olivenöl · Salz, Pfeffer · Zucker

ZUBEREITUNG
Beim Spargel die holzigen Enden (etwa 3 cm) wegschneiden. In einem großen Topf Wasser zum Kochen bringen. Mit Salz und einer Prise Zucker würzen und den Spargel darin einige Minuten bissfest (aber nicht zu weich) kochen. Herausnehmen und eiskalt abschrecken. Die Spargelspitzen für die Garnitur abschneiden und beiseite legen, den Rest in etwa 1 cm große Stücke schneiden.
Für die Marinade Joghurt mit Honig, Apfelessig und gehackter Dille verrühren. Mit Salz sowie Pfeffer würzen und die Spargelstücke untermengen. Den Spargelsalat auf Tellern anrichten und den Räucherlachs darüber legen. Den Vogerlsalat mit Balsamicoessig, Olivenöl, Salz und Pfeffer marinieren und dekorativ darauf bzw. rundum setzen. Mit den Sargelspitzen garnieren.

TIPP
Steht Ihnen etwas mehr Zeit zum Kochen zur Verfügung, so schmeckt natürlich auch der dicke Solospargel in dieser Kombination ganz vorzüglich!

Rindsfiletstreifen auf Toskana-Art

ZUTATEN FÜR 4 PORTIONEN
300 g Rindsfilet (Rindslungenbraten) · 250–300 g Rucola · 100 g Parmesan
1–2 EL Balsamicoessig · 3–4 EL Olivenöl · Salz, Pfeffer · Olivenöl zum Braten

ZUBEREITUNG
Rucola putzen, waschen und trockenschleudern. Das gut zugeputzte Rindsfilet in dünne Scheiben schneiden. Die Fleischscheiben salzen und pfeffern. In einer Pfanne etwas Olivenöl erhitzen und die Filetstreifen beidseitig rasch braten. Herausnehmen und warm halten.
Für das Dressing den Balsamicoessig mit Salz, Pfeffer und Olivenöl verrühren und den Rucola damit marinieren. Das Fleisch auf die Teller legen und den marinierten Rucola darüber verteilen. Den Parmesan darüber hobeln.
BEILAGENEMPFEHLUNG: knuspriges Stangenbrot

Polpette auf Erbsenschoten-Paprika-Salat

ZUTATEN FÜR 4–6 PORTIONEN
400 g faschiertes Schweinefleisch · 1 kleines Stück Ingwerwurzel · 1 Knoblauchzehe
2–3 Jungzwiebeln · 1 Ei · Öl zum Braten · 1 Hand voll Rucola · 100 g junge Erbsenschoten · 1 rote Paprikaschote · Salz, Pfeffer

FÜR DAS DRESSING
2 EL Sonnenblumenöl · 1 EL Apfelessig
Saft von 1/2 Zitrone · 1 Knoblauchzehe · Salz

ZUBEREITUNG
Für die Fleischbällchen Knoblauchzehe, Ingwer und Jungzwiebeln fein hacken und unter das Faschierte mischen. Das Ei einarbeiten und mit Salz sowie Pfeffer würzen. Aus der Fleischmasse ca. 24 Fleischbällchen mit jeweils etwa 20 Gramm formen und etwas flach drücken. Öl in einer Pfanne erhitzen und die Bällchen darin von beiden Seiten braten.
Für den Salat den Rucola waschen und trockenschleudern. Die Erbsenschoten in Salzwasser etwa 1 Minute blanchieren (überbrühen), herausnehmen und eiskalt abschrecken. Die Paprikaschote vierteln, Kerne und weiße Trennwände entfernen und das Fruchtfleisch in feine Streifen schneiden.
Für das Dressing die Knoblauchzehe in feine Streifen schneiden. Alle anderen Zutaten gut miteinander verrühren und Knoblauch zugeben. Rucola, Erbsenschoten und Paprikastreifen mit dem Dressing marinieren und auf Tellern anrichten. Die fertig gebratenen Bällchen auf dem Salat anrichten.

Hühnerfilets im Kohlrabibett

ZUTATEN FÜR 4 PORTIONEN
2 kleine Kohlrabi · 1 gute Hand voll Rucola · 4 Hühnerfilets à 100 g · Salz, Pfeffer
Öl und Butter zum Braten · Kresse zum Garnieren

FÜR DAS DRESSING
2 EL Sauerrahm · 2 EL weißer Balsamicoessig · 1 KL Dijonsenf · Salz, Pfeffer
Staubzucker · 2 EL Olivenöl

ZUBEREITUNG
Die Hühnerfilets mit Salz und Pfeffer würzen. Öl mit etwas Butter in einer Pfanne erhitzen und die Hühnerfilets darin beidseitig braten. Herausheben und warm halten. Kohlrabi schälen, halbieren und in feine Scheiben schneiden.
Für das Dressing den Sauerrahm mit Balsamicoessig, Olivenöl und Dijonsenf verrühren. Mit Salz, Pfeffer und etwas Staubzucker abschmecken. Rucola und Kohlrabi mit dem Dressing marinieren und auf Teller setzen. Die Hühnerfilets aufschneiden und auf den Salat legen. Mit Kresse bestreuen.

Lachsforellen-Jungzwiebelsalat mit Passionsfruchtdressing

ZUTATEN FÜR 4 PORTIONEN
12 Jungzwiebeln · 8 Radieschen · 4 Lachsforellenfilets (mit Haut) à 100 g
Salz, Pfeffer · Olivenöl zum Braten · Kräuter und marinierte Salate zum Garnieren

FÜR DAS DRESSING
40 ml Passionsfruchtsaft · 1 EL weißer Balsamicoessig · 1 TL Zucker
1 EL Walnussöl · 1 EL Olivenöl · Cayennepfeffer · Salz

ZUBEREITUNG
Für das Dressing den Passionsfruchtsaft mit den restlichen Zutaten verrühren. Die Lachsforellenfilets salzen, pfeffern und in einer Pfanne in heißem Olivenöl auf der Hautseite scharf braten, bis die Filets fast durch, aber noch schön glasig sind. Die Jungzwiebeln in 3 cm große Stücke schneiden und in einer anderen Pfanne in etwas heißem Olivenöl anschwitzen. Die warmen Zwiebeln mit einem Teil des Passionsfruchtdressings marinieren und lauwarm auf die Teller verteilen.
Die Lachsforellenfilets darauf setzen. Die Radieschen fein schneiden und darüber verteilen. Nach Belieben mit Kräutern und marinierten Salaten garnieren. Das restliche Dressing darüber träufeln.
BEILAGENEMPFEHLUNG: Ciabatta

Branzino auf Basilikum-Tomaten-Concassé

ZUTATEN FÜR 4 PORTIONEN

4 Branzinofilets (Wolfsbarsch) à 150 g, mit Haut · 3 EL Pinienkerne · 4 Tomaten
16 schwarze Oliven ohne Kerne · 1 Knoblauchzehe · 6 EL Olivenöl für das Concassé
Zitronensaft · Basilikumblätter · Salz, Pfeffer · Olivenöl zum Braten

VORBEREITUNG
Die Tomaten in kochendem Wasser kurz blanchieren (überbrühen), in Eiswasser abschrecken und die Haut abziehen. Tomaten halbieren, entkernen und in Würfel schneiden.

FÜR BESONDERS EILIGE
Die ungeschälten Tomaten in Würfel schneiden.

ZUBEREITUNG
Die entkernten Oliven halbieren, die Knoblauchzehe fein hacken. Die Tomatenwürfel mit den Olivenhälften, dem Knoblauch, den 6 Esslöffeln Olivenöl sowie dem Zitronensaft vermischen. Basilikumblätter in feine Streifen schneiden und dazugeben. Mit Salz und Pfeffer abschmecken.
Die sorgfältig entgräteten Branzinofilets mit Salz, Pfeffer und Zitronensaft würzen. In einer Pfanne etwas Olivenöl erhitzen und die Fischfilets darin beidseitig anbraten. Auf der Hautseite fertig braten.
Tomatenconcassé auf Tellern anrichten und die gebratenen Fischfilets darauf setzen. Die Pinienkerne kurz in der Fischpfanne anrösten und dann über das Gericht streuen.
BEILAGENEMPFEHLUNG: Blattsalate und getoastetes Weiß- oder Schwarzbrot

WEIBERABEND

Ladies' last orders

Überbackene Mozzarella-Tomaten mit Cremepolenta

ZUTATEN FÜR 4 PORTIONEN
6 Tomaten · frisch gehackte Kräuter nach Belieben · Olivenöl · Salz, Pfeffer
etwas würfelig geschnittener Mozzarella · 2 fein geschnittene Knoblauchzehen
Rucola nach Belieben · Balsamicoessig

FÜR DIE POLENTA
250 ml Gemüsefond · 100 g Polenta (Maisgrieß) · Salz, Pfeffer

VORBEREITUNG
Von den Tomaten den Stielansatz entfernen, kurz in kochendes Wasser tauchen und sofort in eiskaltem Wasser abschrecken. Vier Tomaten schälen und von der Stielseite her mit einem kleinen Löffel vorsichtig aushöhlen, ohne die Außenwand zu verletzen. Ausgelöstes Fruchtfleisch durch ein feines Sieb seihen, klaren Saft auffangen und beiseite stellen. Restliche Tomaten ebenfalls schälen, vierteln, entkernen und in Würfel schneiden.

FÜR BESONDERS EILIGE
Die vier Tomaten ungeschält aushöhlen und für die Füllmasse geschälte Tomaten aus der Dose verwenden.

ZUBEREITUNG
Die Tomatenwürfel gemeinsam mit dem geschnittenen Knoblauch in heißem Olivenöl anschwitzen. Vom Herd nehmen, mit Salz sowie Pfeffer würzen und gehackte Kräuter dazugeben. Würfelig geschnittenen Mozzarella unterrühren und die Masse in die ausgehöhlten Tomaten füllen. Etwas Olivenöl in einer Bratenform erhitzen, die Tomaten nebeneinander hineinstellen und im heißen Backrohr bei 200 °C etwa 12 Minuten garen. Mit dem Tomatensaft nach und nach übergießen.

Währenddessen den Rucola salzen, pfeffern und mit Balsamicoessig sowie Olivenöl marinieren. Für die Polenta den Fond aufkochen lassen, Polenta einstreuen und ca. 3 Minuten köcheln lassen. Mit Salz und Pfeffer abschmecken. Polenta in der Tellermitte anrichten, die Tomaten darauf stellen und mit Rucola garnieren.

LADIES' LAST ORDERS

Melonen-Zucchini-Geschnetzeltes

ZUTATEN FÜR 4 PORTIONEN
1 Honigmelone · 4 Zucchini · 4 Jungzwiebeln · 2 Knoblauchzehen · ca. 120 ml Orangensaft · 1–2 TL Honig · Zitronenmelisse · Cayennepfeffer · Koriander Salz · Olivenöl

ZUBEREITUNG
Die Melone schälen, entkernen und dann das Fruchtfleisch in kleine Stücke schneiden. Zucchini waschen und der Länge nach in Spalten bzw. Streifen schneiden. Die Melisse in feine Streifen, die Jungzwiebeln und Knoblauchzehen in feine Scheiben schneiden.
Nun in einer Kasserolle etwas Olivenöl erhitzen und die Zwiebeln gemeinsam mit dem Knoblauch darin anschwitzen. Zucchini zugeben und alles ein wenig anbraten. Mit Orangensaft aufgießen. Melonenwürfel und Melisse zugeben und mit Salz, Honig, Cayennepfeffer sowie Koriander abschmecken.
BEILAGENEMPFEHLUNG: pochierte oder Spiegeleier

Zucchini-Käse-Gratin

ZUTATEN FÜR 4 PORTIONEN
600 g Zucchini · 300 g tiefgekühlte Erbsen · 150 g geriebener Emmentaler 2 EL Sesamkörner · Salz, Pfeffer · Butter für die Form

VORBEREITUNG
Das Backrohr auf 200 °C vorheizen.

ZUBEREITUNG
Die Erbsen in Salzwasser weich kochen. Abseihen und mit dem Stabmixer pürieren. Salzen und pfeffern. Die Zucchini waschen, halbieren und ebenfalls 3 Minuten in Salzwasser kochen. Anschließend eiskalt abschrecken.
Eine ofenfeste Form mit Butter ausstreichen. Die Zucchinihälften mit der Schnittfläche nach oben nebeneinander hineinlegen und salzen. Das Erbsenpüree auf die Zucchini streichen, den geriebenen Käse darüber streuen und im heißen Backrohr 5 Minuten bei 200 °C überbacken. Währenddessen die Sesamkörner in einer beschichteten Pfanne trocken (ohne Fett) anrösten und vor dem Servieren über die Zucchini streuen.
BEILAGENEMPFEHLUNG: Ciabatta-Toasts

Tagliatelle tonnate

ZUTATEN FÜR 4 PORTIONEN
**350 g Tagliatelle (oder andere Bandnudeln) · 300 g frisches Thunfischfilet
150 ml Schlagobers · 30 ml Olivenöl · 2 Tomaten · Basilikum zum Garnieren
Salz, Pfeffer aus der Mühle**

VORBEREITUNG
Die Tomaten in kochendem Wasser kurz blanchieren (überbrühen), in Eiswasser abschrecken und die Haut abziehen. Tomaten halbieren, entkernen und in Würfel schneiden.

FÜR BESONDERS EILIGE
Die nicht geschälte Tomate in Würfel schneiden, aber in diesem Fall nur 1 Tomate verwenden.

ZUBEREITUNG
Die Tagliatelle nach Anleitung in Salzwasser bissfest kochen. Währenddessen das Thunfischfilet in kleine Würfel schneiden. In einem Topf das Schlagobers gemeinsam mit dem Olivenöl erhitzen. Die Thunfischwürfel zugeben und darin etwa 1 Minute ziehen lassen. Die inzwischen al dente gekochten Tagliatelle abseihen und sofort unter die Thunfischwürfel mengen. Mit Salz und frisch gemahlenem Pfeffer würzen. Auf vorgewärmten Tellern anrichten und mit den Tomatenwürfeln sowie dem geschnittenem Basilikum bestreuen.

TIPP
Dieses aparte Pasta-Rezept lässt sich auch mit frischem Lachsfilet zubereiten.

Lachsforellenfilet mit Kerbelsabayon

ZUTATEN FÜR 4 PORTIONEN
**4 Lachsforellenfilets à 120 g, mit Haut · Salz, Pfeffer · Öl und Butter
Kerbel zum Garnieren**

FÜR DAS KERBELSABAYON
**300 ml Geflügelfond · gehackter Kerbel · 1 EL Butter · 1 mehlige Kartoffel
Salz, Pfeffer · Cayennepfeffer · Muskatnuss · 1 Eidotter · Olivenöl**

VORBEREITUNG
Das Backrohr auf 180 °C vorheizen.

ZUBEREITUNG
Für das Kerbelsabayon die Kartoffel in Scheiben schneiden. Butter erhitzen und die Kartoffelscheiben darin, ohne Farbe nehmen zu lassen, andünsten. Mit Salz, Pfeffer, Cayennepfeffer und Muskatnuss würzen. Mit Geflügelfond aufgießen und ca. 8 Minuten kochen lassen. Mixen und durch ein Sieb passieren.

Währenddessen die Lachsforellenfilets mit Salz sowie Pfeffer würzen. In einer Pfanne Öl und etwas Butter erhitzen und die Filets darin beidseitig anbraten. Auf die Hautseite legen und bei 180 °C im heißen Backrohr ca. 3 bis 4 Minuten fertig garen.

Den Kartoffelfond aufkochen lassen und wieder vom Herd nehmen. Das Eidotter sowie einen Schuss Olivenöl und den gehackten Kerbel einrühren. Mit dem Stabmixer gut durchmixen und aufschäumen. Vor dem Servieren kurz ziehen lassen, aber nicht mehr kochen. Das Kerbelsabayon in tiefe Teller geben. Die Lachsforellenfilets darauf setzen und mit etwas frischem Kerbel garnieren.

BEILAGENEMPFEHLUNG: Butterreis

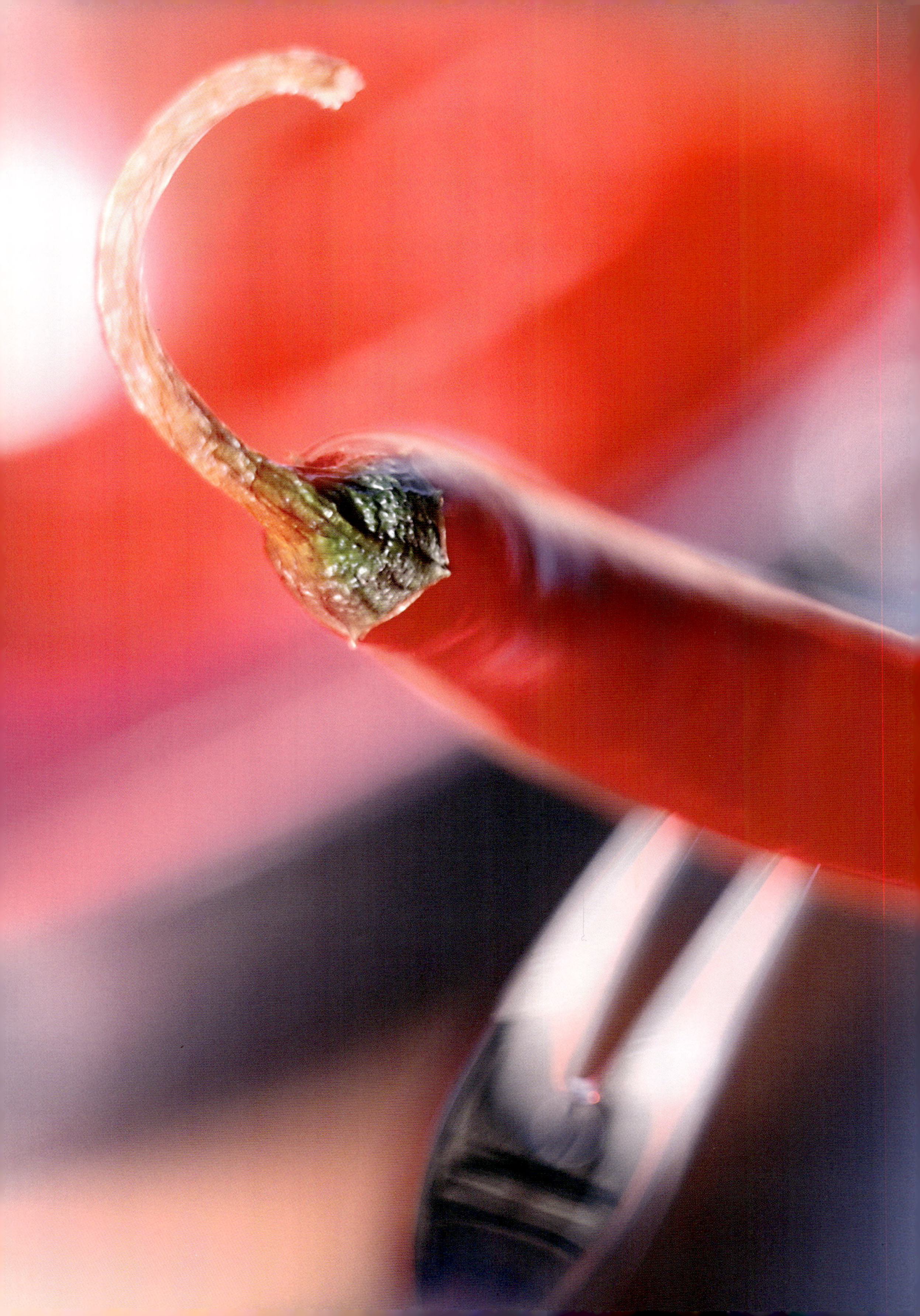

Männer kochen

DIE BESTEN IDEEN FÜR KOCHEN MIT FREUNDEN,
DIE GERN UND SCHNELL ZUPACKEN

Land & Sea

Pasta „monte e mare"

ZUTATEN FÜR 4 PORTIONEN
250 g Farfalle (Schmetterlingspasta in „Mascherlform") · 200 g Steinpilze
200 g ausgelöste Jakobsmuscheln · 4 EL Olivenöl · 1 Zwiebel · 1 EL Tomatenpüree
1 Schuss Wermut · 100 ml Panna (oder Schlagobers) · Meersalz, Pfeffer aus der Mühle

ZUBEREITUNG
Salzwasser zum Kochen bringen und darin die Farfalle „al dente" (bissfest) kochen. Inzwischen die Zwiebel fein schneiden und in heißem Olivenöl andünsten. Geputzte Steinpilze in Scheiben schneiden, kurz mitbraten, salzen und pfeffern. Tomatenpüree unterrühren, Wermut eingießen und kurz weiterköcheln lassen. In Scheiben geschnittene Jakobsmuscheln hinzufügen und ganz kurz ziehen lassen. Panna oder Schlagobers zugießen und gut durchrühren. Die gekochten Farfalle abseihen und unter die Sauce mengen. Mit geschrotetem Pfeffer abschmecken und heiß servieren.

Marinierte Garnelen mit Gurkenspaghetti

ZUTATEN FÜR 4 PORTIONEN
12 mittelgroße Garnelen (ca. 500 g) · 4 EL Olivenöl · 2 Knoblauchzehen
1 EL gehackte Petersilie · 1 EL gehacktes Rosmarin · Salz, Pfeffer

FÜR DEN TOMATENFOND
200 g Tomaten · 2 EL Ketchup · 3 EL Sherryessig · 3 EL Balsamicoessig
80 ml Olivenöl · Salz, Pfeffer, Zucker · Tabascosauce

FÜR DIE GURKENSPAGHETTI
1 Gurke · 1 EL Mayonnaise · 2 EL Sauerrahm · 1 Msp. Senf · Dille · Salz, Pfeffer

ZUBEREITUNG
Das Olivenöl mit den gehackten Knoblauchzehen, der Petersilie und dem Rosmarin verrühren. Garnelen in eine Schüssel geben, salzen, pfeffern, mit dem Kräuteröl übergießen und einige Minuten marinieren lassen.
Währenddessen für die Gurkenspaghetti die geschälte Gurke nudelig schneiden, salzen und abtropfen lassen. Etwas Dille fein hacken und mit Mayonnaise, Sauerrahm und Senf verrühren. Das Dressing unter die Gurken heben und mit Salz sowie Pfeffer abschmecken.
Für den Tomatenfond die Tomaten vierteln. Mit Ketchup, Essig sowie Öl pürieren und dann durch ein Sieb streichen. Mit Salz, Pfeffer, Zucker und Tabascosauce abschmecken.
Eine Pfanne erhitzen und die marinierten Garnelen darin beidseitig 3–4 Minuten braten. Die Gurkenspaghetti auf Tellern anrichten, die Garnelen darauf legen und mit dem Tomatenfond beträufeln.

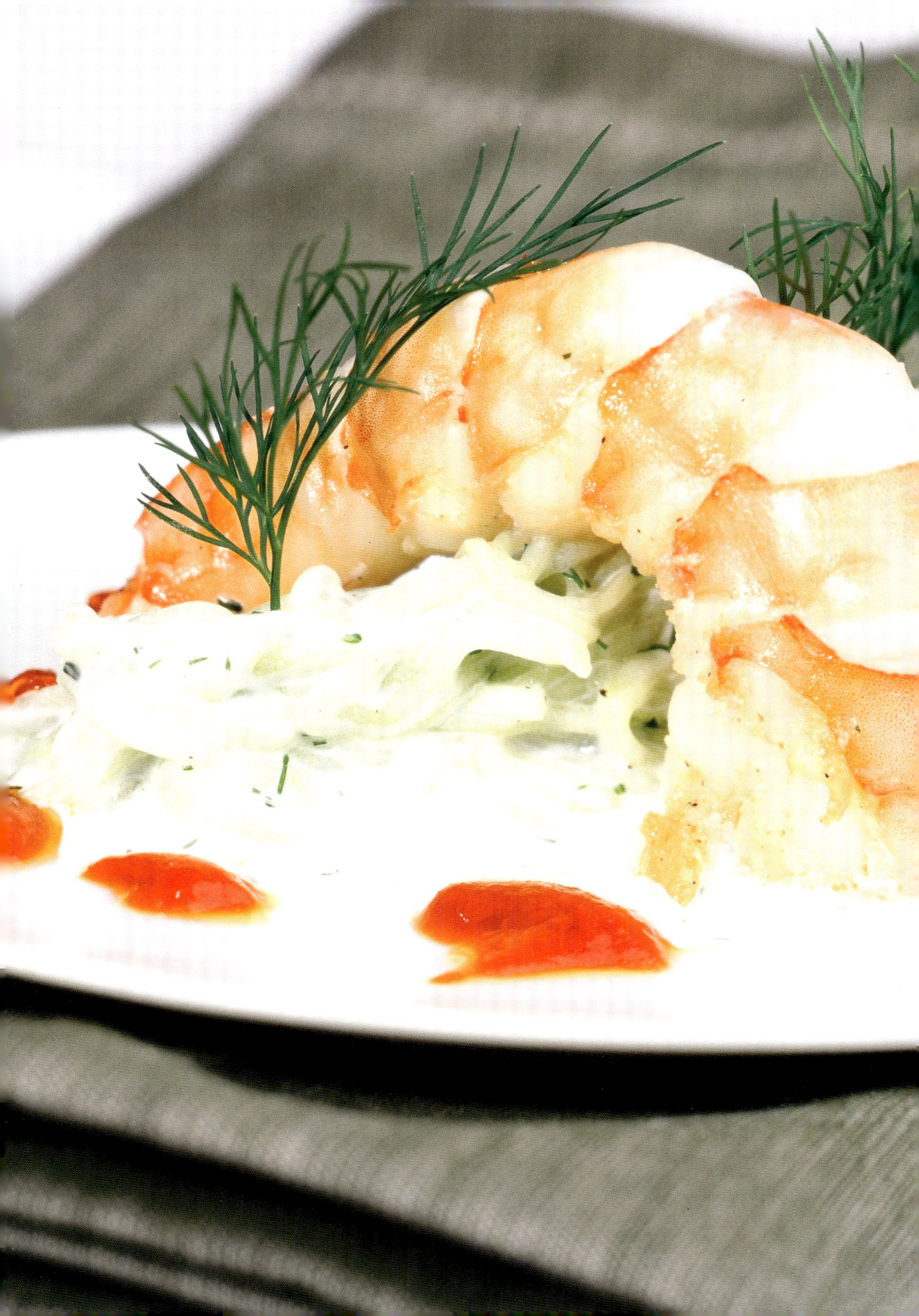

MÄNNER KOCHEN

Sind Sie ein Küchen-Macho?

Ein kleiner Test für Männer, die gerne kochen

Stimmen Sie folgenden zwölf Aussagen zu oder nicht?

Männer kochen völlig anders als Frauen.
❑ Goldrichtig ❑ Richtig ❑ Weiß nicht recht ❑ Falsch

Männer sind kreativ, Frauen brauchen Rezepte.
❑ Goldrichtig ❑ Richtig ❑ Weiß nicht recht ❑ Falsch

Frauen kochen ordentlich, aber brav. Männer machen zwar mehr Mist, aber dafür schmeckt's dann so richtig.
❑ Goldrichtig ❑ Richtig ❑ Weiß nicht recht ❑ Falsch

Frauen würzen vorsichtiger, Männer mögen's scharf.
❑ Goldrichtig ❑ Richtig ❑ Weiß nicht recht ❑ Falsch

Frauen kochen bessere Mehlspeisen, Männer bessere Steaks.
❑ Goldrichtig ❑ Richtig ❑ Weiß nicht recht ❑ Falsch

Frauen kochen konservativer, Männer sind experimentierfreudiger.
❑ Goldrichtig ❑ Richtig ❑ Weiß nicht recht ❑ Falsch

Frauen kochen ehrlicher, Männer sind die besseren Bluffer.
❑ Goldrichtig ❑ Richtig ❑ Weiß nicht recht ❑ Falsch

Frauen haben Angst vor scharfen Messern, Männer nicht.
❑ Goldrichtig ❑ Richtig ❑ Weiß nicht recht ❑ Falsch

Bei Weiberabenden wird weniger gut gekocht und mehr getratscht. Wenn Männer miteinander kochen, stellen sie hingegen jeden Haubenkoch in den Schatten.
❑ Goldrichtig ❑ Richtig ❑ Weiß nicht recht ❑ Falsch

Für Frauen muss Kochen in erster Linie schnell gehen, Männer sind mehr am Endresultat interessiert.
❑ Goldrichtig ❑ Richtig ❑ Weiß nicht recht ❑ Falsch

Frauen, die wirklich gut kochen können, gehören meistens der älteren Generation an.
❑ Goldrichtig ❑ Richtig ❑ Weiß nicht recht ❑ Falsch

Die meisten großen Köche der Welt sind Männer, also müssen Männer ganz einfach besser kochen können.
❑ Goldrichtig ❑ Richtig ❑ Weiß nicht recht ❑ Falsch

Auswertung:

Geben Sie sich für jedes
❑ Goldrichtig 1 Punkt
❑ Richtig 2 Punkte
❑ Weiß nicht recht 3 Punkte
❑ Falsch 4 Punkte

12-20 Punkte: *Sie können entweder wirklich gut kochen oder Sie sind ein echter Angeber. Machen Sie die Probe aufs Exempel und laden Sie bei Ihrer nächsten Männer-Kochrunde für den Abend auch eine Damenrunde zum Kosten ein. Wenn auch die Frauen begeistert sind, dürfen Sie sich getrost Koch-Champion nennen. Aber nachher nicht die Mädels zum Abwaschen einteilen, das wäre schlechter Stil!*

21-30 Punkte: *Sie haben schon einen echten Hang zum Küchen-Macho, und weibliche Wesen, die mit Ihnen einen Haushalt teilen, müssen entweder am Kochen völlig desinteressiert oder sehr verliebt sein (vor allem natürlich in Ihre Kochkünste, versteht sich).*

31-40 Punkte: *Wie es scheint, können Sie gar nicht so schlecht kochen und wissen das auch ganz genau. Andererseits wissen Sie auch weibliche Kochkünste zu schätzen und lassen sich gelegentlich auch gerne verwöhnen. Sicherheitshalber nehmen Sie als kochender Mann den Mund daher nicht so voll wie die zahlreichen Koch-Machos unter Ihren Freunden.*

41-48 Punkte: *Sie können, Sie wollen oder Sie müssen nicht kochen. Sie halten Kochen daher auch für Frauensache und halten sich, wenn Ihnen nach Basteln ist, lieber in der Heimwerkstatt als in der Küche auf.*

Geflügelte Genüsse

Entenbrust mit Gemüsepalatschinken

ZUTATEN FÜR 4 PORTIONEN
2 Entenbrüste · 125 ml Geflügelfond · 125 ml Crème de Cassis (Johannisbeerlikör)
2 EL kalte Butter · Salz, Pfeffer aus der Mühle · Öl zum Braten

FÜR DIE GEMÜSEPALATSCHINKEN
4 Palatschinken (fertig gekauft oder selbst gemacht) · 50 g Sojasprossen
100 g Wurzelgemüse · 1 kleines Stück frischer Ingwer · 1–2 Knoblauchzehen
4 EL Sojasauce · 80 g Shiitake-Pilze · Chilisauce · Pflanzenöl zum Braten

VORBEREITUNG
Das Backrohr auf 180 °C vorheizen.
Palatschinken backen und warm halten oder fertig gekaufte Palatschinken leicht erwärmen (in Alufolie gehüllt im Backrohr oder bei geringer Hitze in der Pfanne).

ZUBEREITUNG
Die gut zugeputzten Entenbrüste salzen, pfeffern und in etwas heißem Öl beidseitig anbraten. Ins heiße Backrohr stellen und bei 180 °C etwa 10 Minuten zartrosa braten. Herausnehmen, in Alufolie hüllen und noch etwas rasten lassen. Den Bratrückstand mit Geflügelfond aufgießen und kräftig einkochen lassen. Abseihen, Crème de Cassis zugießen und alles nochmals kräftig einkochen lassen. Kalte Butter einrühren, die Sauce damit binden, aber nicht mehr kochen lassen. Die Entenbrust aufschneiden, auf vorgewärmten Tellern anrichten und mit der Sauce beträufeln. Die heiße Gemüsepalatschinke dazulegen.
Für die Gemüsepalatschinken das Wurzelgemüse in feine Streifen, Shiitake-Pilze klein schneiden. Knoblauch und Ingwer fein hacken bzw. raspeln und in etwas heißem Öl anschwitzen lassen. Das Wurzelgemüse dazugeben, mit Sojasauce abschmecken und kurz dünsten. Pilze sowie Sprossen zugeben und gerade so lange dünsten, dass alles noch knackig ist. Mit Chilisauce abschmecken. Die warmen Palatschinken aufbreiten, etwas Gemüsefülle auftragen und zusammenrollen.

Hühnerbrust Diavolo

ZUTATEN FÜR 4 PORTIONEN
2 Hühnerbrüste à ca. 400 g (mit Haut) · 1 KL Cayennepfeffer
(oder 1 KL Peperoncino) · 1 Prise frisch geriebene Muskatnuss · 1 Msp. Zimt
4 Knoblauchzehen · 2 Rosmarinzweige · 4 EL Olivenöl · Hühnersuppe zum
Aufgießen · Meersalz aus der Mühle

ZUBEREITUNG
Olivenöl, Meersalz, Cayennepfeffer, Muskatnuss und Zimt zu einer Marinade verrühren und die Hühnerbrüste beidseitig damit bestreichen. Hühnerbrüste mit der Hautseite nach unten in eine erhitzte Pfanne legen und auf mittlerer Hitze so lange braten, bis das Fleisch von unten her weiß (und somit durch) wird. Die leicht angedrückten Knoblauchzehen und Rosmarinzweige in derselben Pfanne zur Aromatisierung mitbraten. Sobald die Brüste fast ganz gar sind, diese umdrehen und noch etwa 1–2 Minuten weiterbraten. Knoblauchzehen und Rosmarin entfernen. Brüste herausheben und in der Mitte durchschneiden. Bratensatz mit etwas Hühnersuppe aufgießen und kurz einkochen lassen. Die Hühnerbrüste auf vorgewärmte Teller setzen und mit Bratensaft um(keinesfalls be-)gießen, damit die Haut resch bleibt.
BEILAGENEMPFEHLUNG: Reis, Wok-Gemüse

Das Schnellste vom Kalb

Wiener Schnitzel vom Kalb mit Häuptelsalat

ZUTATEN FÜR 4 PORTIONEN
4 Kalbsschnitzel à 150 g · 2 Eier · 40 ml Milch · Salz · glattes Mehl · Semmelbrösel
Butterschmalz zum Ausbacken · 1 Kopf Häuptelsalat · Zitronenspalten zum
Garnieren nach Belieben

FÜR DAS DRESSING
2 EL Weißweinessig · Salz, Pfeffer, Staubzucker · 1 KL Estragonsenf
4 EL Sonnenblumenöl

ZUBEREITUNG
Die Kalbsschnitzel (am besten zwischen Klarsichtfolie) auf eine Stärke von ca. 6 mm dünn klopfen. Schnitzel beidseitig gleichmäßig salzen. In einem Teller die Eier mit der Gabel verschlagen und die Milch unterrühren. Die Schnitzel beidseitig in Mehl wenden, durch die Eier ziehen und danach in Semmelbröseln wenden.
In einer großen Pfanne reichlich Butterschmalz (etwa 3 cm hoch) erhitzen. Die Schnitzel in das heiße Fett einlegen und unter wiederholtem Schwingen der Pfanne (so werden die Schnitzel ständig von heißem Fett umspült) bräunen. Wenden und in 3–5 Minuten fertig backen. Herausheben und auf Küchenpapier abtropfen lassen.
Für das Dressing den Weißweinessig mit Estragonsenf, Salz, Pfeffer und einer Prise Zucker verrühren. Sonnenblumenöl zugießen und zu einer sämigen Marinade rühren. Den Häuptelsalat

mit dem Dressing marinieren. Die Schnitzel auf vorgewärmten Tellern anrichten, nach Belieben mit Zitronenspalten garnieren und mit dem marinierten Salat servieren.

TIPP

Auf dieselbe Weise lassen sich auch Schnitzel von Schweine-, Hühner- oder Truthahnfleisch zubereiten.

Die besten Schnitzel-Paniertipps

- Schnitzel beim Klopfen in Klarsichtfolie einschlagen.
- Schnitzelfleisch vor dem Panieren mehrmals anstechen, damit die Panier besser fixiert werden kann.
- Etwas Mineralwasser unter das Ei schlagen.
- Panier vor dem Ausbacken mit dem Gabelrücken kurz andrücken.
- Während des Ausbackens die Schnitzel durch Schwenken der Pfanne ständig in Bewegung halten und immer wieder mit heißem Fett übergießen, damit sie schön soufflieren.
- Falls als Backfett Pflanzenöl verwendet wird: Kurz vor Ende der Backzeit Hitze erhöhen und etwas Butter und Butterschmalz zugeben, um den Schnitzeln einen „nussigen" Geschmack zu verleihen.
- Fertige Schnitzel auf Küchenkrepp gründlich (aber ohne die Panier zu verletzen) trockentupfen.

Saltimbocca alla romana

ZUTATEN FÜR 4 PORTIONEN
**8 kleine Kalbsschnitzel à ca. 60 g (ca. 500 g) · 100 g Butter · 8 Salbeiblätter
8 Scheiben Prosciutto di Parma (oder anderer Rohschinken) · 60 ml Marsala
(ital. Süßwein) · Salz, Pfeffer**

ZUBEREITUNG
Die Kalbsschnitzel (am besten zwischen Klarsichtfolie) vorsichtig flach klopfen. Salzen und pfeffern. Nun auf jedes Schnitzel ein Salbeiblatt legen, mit Prosciutto bedecken und gut festdrücken. Butter in einer Pfanne erhitzen und die Kalbsschnitzel darin etwa 2 Minuten auf jeder Seite behutsam braten. Saltimbocca auf vorgewärmten Tellern anrichten. Den Bratenfond rasch mit Marsala und etwas Wasser loskochen und über die Saltimbocca gießen.
BEILAGENEMPFEHLUNG: Polenta oder Weißbrot und Salat

Naturschnitzel mit Gemüsenudeln

ZUTATEN FÜR 4 PORTIONEN
4 Kalbsschnitzel à 160 g (vom Kaiserteil) · 60 ml Sonnenblumenöl
50 g Butter · 200 ml Kalbsjus oder Rindsuppe · glattes Mehl · Salz

FÜR DIE GEMÜSENUDELN
300 g Tagliatelle (oder andere dünne Bandnudeln) · 1 Karotte
60 g junge Erbsenschoten · 60 g Erbsen (tiefgekühlt) · Butter zum Anbraten · Salz

ZUBEREITUNG
In einem Topf reichlich Salzwasser aufkochen lassen und die Tagliatelle darin bissfest kochen. Die Schnitzel zwischen Klarsichtfolie dünnklopfen. Salzen und beid-seitig in Mehl wenden. In einer Pfanne das Öl erhitzen, die Schnitzel einlegen und rasch auf beiden Seiten braten. Heraus-heben und warm stellen.
Das Bratfett aus der Pfanne abgießen und die Butter schmelzen lassen. Mit Kalbsjus oder Rindsuppe aufgießen, den Bratrückstand lösen und aufkochen lassen. Sauce durch ein Sieb seihen und wieder in die Pfanne geben. Die Schnitzel vor dem Servieren kurz im Saft ziehen, aber nicht mehr kochen lassen.
Währenddessen für die Gemüsenudeln die Karotte sowie die Erbsenschoten in feine Streifen schneiden. Etwas Butter in einer Pfanne oder Kasserolle erhitzen, Gemüsestreifen und Erbsen darin kurz anschwitzen, bis alles bissfest gegart ist. Dann salzen. Die „al dente" gekochten Tagliatelle aus dem Wasser heben, kurz abtropfen lassen und mit dem Gemüse vermengen. Die Gemüsenudeln auf vorgewärmten Tellern anrichten, das Naturschnitzel daneben legen und mit dem Saft übergießen.

Kalbssteak mit Pilzen und Oberspolenta

ZUTATEN FÜR 4 PORTIONEN
4 Kalbssteaks à 160 g · 300 g Pilze (Eierschwammerl oder Steinpilze)
1 EL Balsamicoessig · 80 ml Rindsuppe · Salz, Pfeffer · Öl und Butter zum Braten

FÜR DIE POLENTA
250 ml Milch · 50 g Butter · Salz, Pfeffer, Muskatnuss · Prise Majoran
80 g Polenta (Maisgrieß) · 2 EL geschlagenes Obers

ZUBEREITUNG
Die Kalbssteaks mit Salz und Pfeffer würzen. Die geputzten Pilze in mundgerechte Stücke schneiden. Öl und Butter in einer Pfanne erhitzen und die Kalbssteaks darin beidseitig scharf anbraten. Nach 2 Minuten die Pilze zugeben und mitbraten. Dabei die Hitze kontinuierlich reduzieren und das Fleisch unter mehrfachem Wenden auf den gewünschten Garungsgrad braten. Die Steaks aus der Pfanne nehmen und warm stellen. Die in der Pfanne verbliebenen Pilze mit einem Schuss Balsamicoessig ablöschen. Mit Suppe aufgießen und aufkochen lassen.
Für die Polenta die Milch in einer Kasserolle gemeinsam mit Butter, Salz, Pfeffer und Muskatnuss aufkochen lassen. Die Polenta einstreuen und für einige Minuten köcheln lassen, bis die Polenta aufquillt und schön cremig geworden ist. Geschlagenes Obers einrühren und auf vorgewärmten Tellern anrichten. Steaks darauf setzen und mit den Pilzen und der Sauce vollenden.

DAS SCHNELLSTE VOM KALB

Rudi Rüssels flinke Kumpanen

Schweinsmedaillons mit Schnittlauch-Senf-Sauce

ZUTATEN FÜR 4 PORTIONEN
600 g Schweinslungenbraten (Schweinsfilet) · 1 Bund Schnittlauch · 1 TL Dijonsenf Prise Zucker · 200 ml Schlagobers · Salz, Pfeffer · Butter und Öl zum Braten

ZUBEREITUNG
Den zugeputzten Schweinslungenbraten in kleine Medaillons (dickere Scheiben) schneiden, salzen und pfeffern. In einer Pfanne etwas Öl und Butter erhitzen, die Medaillons einlegen und auf beiden Seiten rasch auf den gewünschten Garungsgrad hin braten. Medaillons aus der Pfanne heben und warm halten.
Senf und eine Prise Zucker in den Bratrückstand einrühren, mit dem Schlagobers aufgießen und die Sauce leicht einkochen lassen. Währenddessen den Schnittlauch sehr fein schneiden. Schnittlauch einrühren und nochmals mit Salz und Pfeffer abschmecken. Die Medaillons auf vorgewärmten Tellern anrichten und mit der Sauce überziehen.
BEILAGENEMPFEHLUNG: mit Knoblauch bestrichenes und in etwas Olivenöl leicht angebratenes Baguette oder Nudeln

Geschnetzeltes mit Madeira-Champignons

ZUTATEN FÜR 4 PORTIONEN
**600 g Schweinsfilet (Schweinslungenbraten) 100 g Speck · 250 g Champignons
4 Schalotten (oder 1 kleine Zwiebel) · 2 Knoblauchzehen · 125 ml Madeira · Mehl
Majoran · Öl und Butter zum Braten · Salz, Pfeffer**

ZUBEREITUNG
Den Speck in Streifen, das Schweinsfilet in 5 mm dicke Scheiben oder Streifen schneiden. Das Fleisch salzen, pfeffern und mit etwas Mehl stauben. Schalotten und Knoblauchzehen fein hacken, die Champignons in Scheiben schneiden.

Chili con Carne „Kingsize"

ZUTATEN FÜR 4–6 PORTIONEN
600 g Rindslungenbraten (Rindsfilet) · 3 fein gehackte Chilischoten · 2 rote Paprikaschoten · 1 fein gehackte Zwiebel · 2 Knoblauchzehen · 300 g Tomaten aus der Dose 2 EL Ketchup · 300 ml Rindsuppe · 200 g rote Bohnen aus der Dose · 200 g weiße Bohnen aus der Dose · 100 g Maiskörner aus der Dose · 2 EL gehacktes Basilikum Salz, Pfeffer · Olivenöl und Butter zum Anbraten

ZUBEREITUNG
Die Paprikaschoten halbieren, Kerne und weiße Trennwände entfernen und Schoten in Würfel schneiden. Tomaten aus der Dose in kleine Stücke schneiden, die Zwiebel fein hacken. Das Rindsfilet in 2 cm große Würfel schneiden. Das Fleisch pfeffern und in einem Topf mit etwas heißem Olivenöl rundum anbraten. Fleisch herausnehmen und warm stellen.
Nochmals etwas Olivenöl und Butter erhitzen und die Zwiebel, den gepressten Knoblauch sowie die Paprikawürfel darin anschwitzen. Chilischoten zugeben. Die Tomatenwürfel sowie Ketchup einrühren und Rindsuppe zugießen. Bohnen abschwemmen, ebenfalls zugeben und für 4 Minuten köcheln lassen. Mit Salz und Pfeffer abschmecken. Maiskörner und Basilikum untermengen. Die Rindsfiletwürfel wieder zugeben, einmal aufkochen lassen und dann servieren.
BEILAGENEMPFEHLUNG: knuspriges Weißbrot oder Gebäck

TIPP
Was die Skala des Schärfegrades betrifft, so sind hier nach oben keinerlei Grenzen gesetzt. Kosten schonender präsentiert sich das Chili, wenn man statt Rindslungenbraten einfach faschiertes Rindfleisch kurz durchröstet.

DAS SCHNELLSTE VOM KALB

Rudi Rüssels flinke Kumpanen

Schweinsmedaillons mit Schnittlauch-Senf-Sauce

ZUTATEN FÜR 4 PORTIONEN
600 g Schweinslungenbraten (Schweinsfilet) · 1 Bund Schnittlauch · 1 TL Dijonsenf Prise Zucker · 200 ml Schlagobers · Salz, Pfeffer · Butter und Öl zum Braten

ZUBEREITUNG
Den zugeputzten Schweinslungenbraten in kleine Medaillons (dickere Scheiben) schneiden, salzen und pfeffern. In einer Pfanne etwas Öl und Butter erhitzen, die Medaillons einlegen und auf beiden Seiten rasch auf den gewünschten Garungsgrad hin braten. Medaillons aus der Pfanne heben und warm halten. Senf und eine Prise Zucker in den Bratrückstand einrühren, mit dem Schlagobers aufgießen und die Sauce leicht einkochen lassen. Währenddessen den Schnittlauch sehr fein schneiden. Schnittlauch einrühren und nochmals mit Salz und Pfeffer abschmecken. Die Medaillons auf vorgewärmten Tellern anrichten und mit der Sauce überziehen.
BEILAGENEMPFEHLUNG: mit Knoblauch bestrichenes und in etwas Olivenöl leicht angebratenes Baguette oder Nudeln

Geschnetzeltes mit Madeira-Champignons

ZUTATEN FÜR 4 PORTIONEN
600 g Schweinsfilet (Schweinslungenbraten) 100 g Speck · 250 g Champignons 4 Schalotten (oder 1 kleine Zwiebel) · 2 Knoblauchzehen · 125 ml Madeira · Mehl Majoran · Öl und Butter zum Braten · Salz, Pfeffer

ZUBEREITUNG
Den Speck in Streifen, das Schweinsfilet in 5 mm dicke Scheiben oder Streifen schneiden. Das Fleisch salzen, pfeffern und mit etwas Mehl stauben. Schalotten und Knoblauchzehen fein hacken, die Champignons in Scheiben schneiden.

MÄNNER KOCHEN

In einer Pfanne etwas Butter und Öl erhitzen und das Fleisch darin unter ständigem Wenden rundum anbraten. Fleisch aus der Pfanne nehmen und warm halten. Nun die Speckstreifen gemeinsam mit Schalotten, Knoblauch und Champignons in der Pfanne anbraten (bei Bedarf noch etwas Fett zugeben). Mit Madeira ablöschen und mit einer Prise Majoran würzen. Den Saft etwas einkochen lassen. Das Geschnetzelte wieder zugeben und erhitzen. Abschließend mit Salz und Pfeffer abschmecken und auf vorgewärmten Tellern anrichten.
BEILAGENEMPFEHLUNG: mit gehacktem Liebstöckel aromatisierte Polenta

Schweinskotelett mit schwarzen Oliven

ZUTATEN FÜR 4 PORTIONEN

4 Schweinskoteletts à 160 g · 6 EL Olivenöl · 250 ml Weißwein · 50 g Speckwürfel 1 Zwiebel · 1 Knoblauchzehe · 16 schwarze Oliven ohne Kerne · 300 g gewürfelte Tomaten aus der Dose · 1 Lorbeerblatt · Salz, Pfeffer · glattes Mehl

VORBEREITUNG
Das Backrohr auf 100 °C vorheizen.

ZUBEREITUNG
Von den Schweinskoteletts das Fett entfernen, den Rand etwas einschneiden. Das Fleisch salzen, pfeffern und in Mehl wenden. In einer Pfanne etwa 3 Esslöffel Olivenöl erhitzen und die Koteletts auf beiden Seiten etwa 3 Minuten scharf anbraten. Mit der Hälfte des Weines begießen und 2 Minuten ziehen lassen. Koteletts herausnehmen und im vorgeheizten Backrohr warm stellen.
Nun die Zwiebel und die Knoblauchzehe feinwürfelig schneiden, die Oliven halbieren. Das restliche Olivenöl erhitzen und die Speckwürfel darin mit Oliven, Zwiebel und Knoblauch anschwitzen. Mit dem restlichen Weißwein aufgießen. Tomatenwürfel einrühren, das Lorbeerblatt beigeben und mit Salz sowie Pfeffer würzen. Etwa 5 Minuten köcheln lassen. Die warm gehaltenen Koteletts auf vorgewärmten Tellern anrichten und mit der fertigen Oliven-Tomaten-Sauce übergießen.
BEILAGENEMPFEHLUNG: mit Olivenöl und Petersilie verfeinerte Nudeln (Tagliatelle, Taglierini etc.)

Rind – kurze Bratzeit, langer Genuss

Rindsfilet mit Jungzwiebelstreifen

ZUTATEN FÜR 4 PORTIONEN
4 Rindsfilets (Rindslungenbraten) à 180 g · 2 EL Dijonsenf · 2 EL schwarze und rosa Pfefferkörner · 10 Jungzwiebeln · 2 EL Butter · 1 EL Sonnenblumenöl · Salz, Pfeffer aus der Mühle

ZUBEREITUNG
Die Rindsfilets jeweils mit etwas Senf bestreichen. In einem Mörser die Pfefferkörner zerstoßen und die Rindsfilets damit bestreuen. Die Jungzwiebeln putzen, das grobe Grün entfernen, waschen und in Streifen oder Spalten schneiden. In einem Topf die Hälfte der Butter schmelzen lassen und die Jungzwiebeln darin langsam weich dünsten. Mit Salz und Pfeffer würzen. Währenddessen in einer Pfanne das Öl mit der restlichen Butter erhitzen und die Rindsfilets darin zuerst scharf anbraten und dann langsam rosa braten. Dabei immer wieder mit dem Bratensaft übergießen. Die fertig gebratenen Rindsfilets auf vorgewärmten Tellern anrichten. Mit den gedünsteten Zwiebeln bedecken und den restlichen Bratensaft darüber träufeln.
BEILAGENEMPFEHLUNG: Blattsalat und in Kräuterbutter geschwenkte Nudeln

Rindersteak mit Wasabikrensauce

ZUTATEN FÜR 4 PORTIONEN
4 Rindslungenbratensteaks à 150 g · 100 g Steinpilze · 100 g Linsensprossen (ersatzweise andere zarte Sprossen) · Balsamicoessig · Salz, Pfeffer
Kresse zum Garnieren · Butter und Pflanzen- oder Olivenöl zum Braten

FÜR DIE SAUCE
3 EL Mayonnaise · 2 TL Dijonsenf · 1 TL Wasabikren (im Asia-Shop erhältlich)
2 EL Sojasauce · 1 EL Austernsauce (im Asia-Shop erhältlich)

ZUBEREITUNG
Die gut zugeputzten Steaks salzen und pfeffern. In einer Pfanne etwas Öl erhitzen und die Steaks bei großer Hitze rasch anbraten, Hitze reduzieren und auf den gewünschten Garungsgrad hin fertig braten. Währenddessen die Steinpilze bei Bedarf in mundgerechte Stücke schneiden. In einem Topf etwas Butter schmelzen und die Steinpilze darin braten.
Pilze herausnehmen, mit den Linsensprossen vermengen und mit Salz sowie Pfeffer würzen. Mit etwas Balsamicoessig marinieren.
Für die Wasabikrensauce die Mayonnaise mit Dijonsenf, Wasabikren, Soja- und Austernsauce glatt rühren. Das Steinpilz-Sprossen-Gemüse auf Tellern anrichten und jeweils ein Steak darauf setzen. Die Sauce dazu anrichten und mit Kresse garnieren.
BEILAGENEMPFEHLUNG: Weißbrot oder – sofern etwas mehr Zeit zur Verfügung steht – Folienkartoffeln

TIPP
Statt Rindslungenbraten kann auch Schweinslungenbraten verwendet werden, wobei das Fleisch in jedem Fall auch am offenen Grill gebraten werden kann.

Chili con Carne „Kingsize"

ZUTATEN FÜR 4–6 PORTIONEN
600 g Rindslungenbraten (Rindsfilet) · 3 fein gehackte Chilischoten · 2 rote Paprikaschoten · 1 fein gehackte Zwiebel · 2 Knoblauchzehen · 300 g Tomaten aus der Dose 2 EL Ketchup · 300 ml Rindsuppe · 200 g rote Bohnen aus der Dose · 200 g weiße Bohnen aus der Dose · 100 g Maiskörner aus der Dose · 2 EL gehacktes Basilikum Salz, Pfeffer · Olivenöl und Butter zum Anbraten

ZUBEREITUNG
Die Paprikaschoten halbieren, Kerne und weiße Trennwände entfernen und Schoten in Würfel schneiden. Tomaten aus der Dose in kleine Stücke schneiden, die Zwiebel fein hacken. Das Rindsfilet in 2 cm große Würfel schneiden. Das Fleisch pfeffern und in einem Topf mit etwas heißem Olivenöl rundum anbraten. Fleisch herausnehmen und warm stellen.
Nochmals etwas Olivenöl und Butter erhitzen und die Zwiebel, den gepressten Knoblauch sowie die Paprikawürfel darin anschwitzen. Chilischoten zugeben. Die Tomatenwürfel sowie Ketchup einrühren und Rindsuppe zugießen. Bohnen abschwemmen, ebenfalls zugeben und für 4 Minuten köcheln lassen. Mit Salz und Pfeffer abschmecken. Maiskörner und Basilikum untermengen. Die Rindsfiletwürfel wieder zugeben, einmal aufkochen lassen und dann servieren.
BEILAGENEMPFEHLUNG: knuspriges Weißbrot oder Gebäck

TIPP
Was die Skala des Schärfegrades betrifft, so sind hier nach oben keinerlei Grenzen gesetzt. Kosten schonender präsentiert sich das Chili, wenn man statt Rindslungenbraten einfach faschiertes Rindfleisch kurz durchröstet.

Pfeffersteak

ZUTATEN FÜR 4 PORTIONEN
4 Beefsteaks (Rindslungenbraten)
à 180 g · 4 cl Cognac · 3 EL eingelegter grüner Pfeffer · 6 cl Suppe oder Kalbsjus
4 cl Schlagobers · 1 EL kalte Butter
Salz, Pfeffer aus der Mühle
Öl zum Anbraten

ZUBEREITUNG
Die gut zugeputzten Steaks beidseitig mit Salz und Pfeffer würzen. Öl in einer Pfanne erhitzen und die Steaks beidseitig rasch und kräftig anbraten. Bei mäßiger Hitze dann unter mehrmaligem Wenden fertig braten (4–5 Minuten für medium gebraten). Die Steaks aus der Pfanne nehmen und warm stellen.
Das Fett aus der Pfanne abgießen. Den Bratrückstand mit Cognac löschen, mit Kalbsjus oder Suppe aufgießen und aufkochen. Das Schlagobers eingießen und nochmals aufkochen lassen. Grüne Pfefferkörner abgießen und ohne Lake in die Sauce geben. Die eiskalten Butterstücke einrühren, aber nicht mehr kochen und die Sauce damit binden. Die Steaks auf vorgewärmten Tellern anrichten und mit der Pfeffersauce überziehen.
BEILAGENEMPFEHLUNG: gebratene Kartoffelscheiben und Salat

MÄNNER KOCHEN

Bœuf Stroganoff

ZUTATEN FÜR 4 PORTIONEN

600 g Rindslungenbraten (die Spitze des Filets) · 120 g Champignons · 80 g Zwiebeln · 100 g Essiggurkerl · 200 ml brauner Fond oder Rindsuppe 100 g Sauerrahm 1 KL glattes Mehl · 2–3 EL Öl · Salz, Pfeffer aus der Mühle edelsüßes Paprikapulver

ZUBEREITUNG

Den Lungenbraten in etwa 7 mm breite Streifen schneiden. Die Zwiebeln fein hacken, Champignons in Scheiben und Gurkerl in feine Streifen schneiden. Das Fleisch mit Salz und Pfeffer würzen und in heißem Öl rasch von allen Seiten 2 Minuten anbraten. Aus der Pfanne heben und warm stellen.

Nun die Zwiebeln im verbliebenen Fett anschwitzen, Champignons beigeben und durchrösten. Mit Fond oder Suppe ablöschen und aufkochen lassen. Den Sauerrahm mit Paprikapulver sowie Mehl glatt verrühren und zügig in die Sauce einrühren. Gurkerl beigeben und nochmals kurz durchkochen. Die Filetspitzen wieder untermengen und nur noch kurz ziehen, aber keinesfalls mehr aufkochen lassen. In vorgewärmten Tellern anrichten.

BEILAGENEMPFEHLUNG: Reis oder Nockerl

Gebackener Rostbraten mit Blattsalat

ZUTATEN FÜR 4 PORTIONEN
**4 Scheiben Beiried oder Rostbraten à ca. 180 g · 1 Knoblauchzehe
1 EL gehackte Petersilie · 2 Eier · 40 ml Milch · Salz · glattes Mehl und Semmelbrösel zum Panieren · Butterschmalz zum Herausbacken · Blattsalate (Frisée-, Vogerl- oder Eichenlaubsalat)**

FÜR DAS DRESSING
2 EL Balsamicoessig · Salz, Pfeffer · etwas Staubzucker · 4 EL Olivenöl

ZUBEREITUNG
Den Rostbraten zwischen Klarsichtfolie legen und auf ca. 6 mm dünnklopfen. Den Knoblauch fein hacken. Das Fleisch beidseitig gleichmäßig salzen und mit Petersilie sowie Knoblauch bestreuen. In einem Teller die Eier mit der Gabel verschlagen und die Milch unterrühren. Rostbraten in Mehl beidseitig wenden, durch die Eier ziehen und danach in Semmelbröseln wenden.
In einer Pfanne reichlich Butterschmalz (etwa 3 cm hoch) erhitzen und Rostbraten in heißes Fett einlegen. Unter wiederholtem Schwingen der Pfanne die Rostbraten bräunen, wenden und in 3–5 Minuten fertig braten. Herausheben und auf Küchenpapier abtropfen lassen. Für das Dressing alle Zutaten verrühren und die Blattsalate damit marinieren. Den gebackenen Rostbraten anrichten und mit dem marinierten Salat servieren.

TIPP: Panieren Sie zur Abwechslung einmal das Fleisch nicht mit Semmelbröseln, sondern mit geriebenen oder gehackten Kürbiskernen, Haselnüssen oder gehobelten Mandeln.

Entrecôte Strindberg

ZUTATEN FÜR 4 PORTIONEN
**4 Schnitten von der Beiried à 180 g · 400 g Fisolen · 2 EL Dijonsenf
6 kleine Schalotten oder 2 kleine Zwiebeln · 2 EL Weißbrotbrösel · Rindsuppe oder
Wasser zum Aufgießen · 50 ml Schlagobers · 1 EL kalte Butter · 2 EL gehackter
Schnittlauch · Öl und Butter zum Braten · Salz, Pfeffer**

VORBEREITUNG
Das Backrohr auf 200 °C vorheizen.

ZUBEREITUNG
Die geputzten Fisolen in stark gesalzenem Wasser bissfest kochen. Abgießen und in kaltem Wasser abschrecken. Die Schalotten bzw. Zwiebeln fein schneiden und in einem Sieb kurz mit heißem Wasser abschwemmen. Gut ausdrücken. Die Beiriedschnitten von Haut und Sehnen befreien. Mit Salz und Pfeffer würzen, auf einer Seite mit Senf bestreichen und auf dieser die Schalotten verteilen. Die Schalotten mit einer großen Messerklinge gut andrücken, danach mit Weißbrotbröseln bestäuben.
In einer beschichteten Pfanne etwas Öl erhitzen und das Fleisch mit der „Schalottenseite" nach unten in die Pfanne einlegen und kurz anbraten. Ins vorgeheizte Backrohr stellen und goldgelb braten. Herausnehmen, wenden und fertig braten. Die Bratzeit (5–8 Minuten) richtet sich nach dem gewünschten Garungsgrad. Beiriedscheiben aus der Pfanne heben und warm halten. Das Fett aus der Pfanne abgießen und den Bratrückstand mit einem Schuss Rindsuppe oder Wasser aufgießen. Aufkochen, Schlagobers zugießen und nochmals aufkochen. Den Saft mit kalter Butter binden, aber nicht mehr kochen lassen. Mit Salz, Pfeffer und eventuell noch etwas Senf abschmecken. Den Schnittlauch in die Sauce einrühren. Währenddessen die Fisolen in etwas heißer Butter schwenken (bei Bedarf wenig heiße Suppe oder Wasser zugießen) und abschmecken. Das Fleisch auf vorgewärmten Tellern anrichten, mit Sauce übergießen und die Fisolen dazureichen.

BEILAGENEMPFEHLUNG: frittierte Kartoffelwürfel

Kleine Steak-Bratkunde für Fleischtiger

Das scharfe Anbraten von rohem Fleisch ist zweifellos die aggressivste – und daher wohl auch maskulinste – aller Garmethoden. Das ist wohl auch der Grund, warum Steaks – einer ansehnlichen Zahl von Liebhaberinnen zum Trotz – als etwas zutiefst Männliches gelten, bei deren Genuss (vor allem wenn die Garstufe „blutig" gewählt wird) nicht nur das „Raubtier in uns", sondern auch der „Jäger im Mann" voll zuschlägt.

Dennoch ist das Braten eines perfekten Steaks nur ganz am Anfang eine „aggressive Kochtechnik". Wenn die Aggression nicht gleich danach in sensible Umsicht umschlägt, so ist das Endprodukt meist hart, zäh und womöglich auch noch schwarz und verkohlt. Dagegen helfen folgende Tipps:

- Das perfekte Steak beginnt bei der Auswahl des Fleisches. Ein gutes Steak muss ca. 3 cm dick und wie Marmor von hunderterlei winzigen weißen Fettäderchen durchzogen sein, weshalb man in der Küchensprache auch von einem „marmorierten" Steak spricht.
- Da die Fleischer von heute, teils aus hygienischen, teils auch aus Gründen des schnelleren Umschlags des Lagerbestandes ihr Fleisch meist nur noch halb so lange abhängen lassen wie in früheren Zeiten, tut Mann gut daran, sein Steak nach dem Kauf noch weiter nachreifen zu lassen, damit es beim Genuss auch wirklich mürbe ist.
- Das Nachreifen geschieht am besten, indem man die von Parüren (Fett und Sehnen) befreiten Steaks mit geschrotetem Salz und Pfeffer, eventuell auch mit einem Rosmarinzweiglein und ein oder zwei Knoblauchzehen, in ein Frischhaltegefäß einlegt und mit Öl begießt. Das Gefäß wird danach mit Alufolie abgedeckt und – je nach gewünschtem Reifegrad – drei Tage bis eine Woche im Kühlschrank gelagert. Es gibt heute aber auch schon viele Fleischer, die dem Konsumenten das Reifen abnehmen und bereits in Öl gereifte Steaks bratpfannenfertig anbieten.
- Zum Braten von Steaks sollte man eine Pfanne mit besonders starkem, möglichst gerilltem Pfannenboden verwenden. Die Pfanne wird dann ohne Fettzugabe zunächst stark erhitzt, bevor die Steaks mitsamt Öl, Rosmarin und Knoblauch eingelegt und beidseitig je 1–2 Minuten sehr scharf angebraten werden. Danach muss die Hitze drastisch auf das absolute Minimum reduziert und das Steak bei halb aufgelegtem Pfannendeckel je nach dem gewünschten Garungsgrad fertig gebraten werden.
- Dieser für die Zartheit des Fleisches so wichtige Nachgarungsprozess kann auch im vorgeheizten Backrohr bei etwa 160–180 °C Hitze erfolgen.
- Der entstandene Bratensatz kann mit Wasser, Suppe, Portwein, Madeira o. Ä. abgelöscht, danach einreduziert und mit kalten Butterflocken montiert werden – was eine perfekte Bratensauce ergibt.
- Eine besonders einfache und schnelle Art, Steaks anzurichten besteht darin, sie auf eine geröstete Toastscheibe zu setzen, dann mit der Sauce zu überziehen und mit einem Spiegelei obenauf zu krönen.

Zwiebelrostbraten mit Kartoffelchips

Ein Rezept für flinke Köche (oder solche, bei denen es auch einmal 20 Minuten dauern darf)

ZUTATEN FÜR 4 PORTIONEN

4 Schnitten Beiried oder Rostbraten à ca. 180 g · 3 mehlige Kartoffeln Sonnenblumenöl · Salz, Pfeffer aus der Mühle · glattes Mehl zum Stauben 3 EL Schmalz · 1 Zwiebel · 1 EL kalte Butterflocken · 180 ml Rindsuppe oder brauner Fond

FÜR DIE RÖSTZWIEBELN

4 Zwiebeln · glattes Mehl · 1 KL edelsüßes Paprikapulver · Sonnenblumenöl

ZUBEREITUNG

Für die Röstzwiebeln die Zwiebeln in feine Ringe schneiden. In einer Schüssel die Zwiebelringe mit Mehl und Paprikapulver durchmischen. In einer Pfanne Sonnenblumenöl erhitzen und die bemehlten Zwiebeln darin unter ständigem Rühren mit einer Gabel goldbraun backen. Herausheben und auf Küchenpapier abtropfen lassen.

Die Kartoffeln schälen und in dünne Scheiben schneiden oder hobeln. In einer Pfanne Sonnenblumenöl erhitzen und die Kartoffelscheiben darin knusprig frittieren. Herausnehmen und ebenfalls auf Küchenpapier abtropfen lassen.

Beim Rostbraten die Fettränder einschneiden und das Fleisch danach dünnklopfen. Mit Salz und Pfeffer würzen, mit Mehl zart bestauben. In einer Pfanne das Schmalz erhitzen und die Rostbratenstücke von beiden Seiten braun braten. Rostbraten aus der Pfanne heben und warm stellen. Die Zwiebel in grobe Stücke schneiden und in der Pfanne anbraten. Mit Suppe oder Fond aufgießen und den Bratrückstand damit loskochen. Durch ein Sieb seihen und Sauce nochmals erhitzen. Kalte Butterstücke einrühren und die Sauce damit binden, aber nicht mehr kochen. Rostbraten in der Sauce nochmals kurz erwärmen. Auf vorgewärmten Tellern anrichten, Sauce darüber gießen und die Röstzwiebeln darauf anrichten. Die knusprigen Kartoffelchips dazu anrichten.

BEILAGENEMPFEHLUNG: Blattsalate

Fleischeslust für Gourmets

Lammfilet mit Oliven-Taglierini

ZUTATEN FÜR 4 PORTIONEN
600 g ausgelöster Lammrücken · 1 Knoblauchzehe · 2 Thymianzweige
100 ml brauner Fond (ersatzweise kräftige Rindsuppe) · Salz, Pfeffer · Olivenöl

FÜR DIE OLIVEN-TAGLIERINI
300 g Taglierini (feine Bandnudeln) · 2 EL Olivenpaste · 2 EL Olivenöl
60 g schwarze Oliven ohne Kerne · Salz, Pfeffer

VORBEREITUNG
Das Backrohr auf 180 °C vorheizen.

ZUBEREITUNG
Den Lammrücken salzen und pfeffern. In einer Pfanne in etwas heißem Olivenöl rundum anbraten, ins heiße Backrohr stellen und Thymianzweige sowie Knoblauchzehe zugeben. Bei 180 °C ca. 5 Minuten fertig braten. Danach mit Alufolie bedeckt für weitere 5 Minuten warm stellen. Den Bratrückstand mit Fond aufgießen und einmal kurz aufkochen lassen. Vor dem Anrichten durch ein Sieb seihen.
Für die Oliven-Taglierini zunächst in einem großen Topf ausreichend viel Salzwasser zum Kochen bringen. Die Taglierini darin bissfest kochen. Die Oliven in Scheiben schneiden. In einer Pfanne das Olivenöl mit den Oliven und der Olivenpaste erhitzen. Fertig gekochte Nudeln aus dem Kochwasser heben, abtropfen lassen und dann mit dem Olivensugo vermischen. Mit Salz und Pfeffer abschmecken. Die Taglierini auf vorgewärmten Tellern anrichten. Den Lammrücken aufschneiden, auf den Nudeln anrichten und mit der Sauce überziehen.
BEILAGENEMPFEHLUNG: gebratene Melanzani und/oder Zucchini

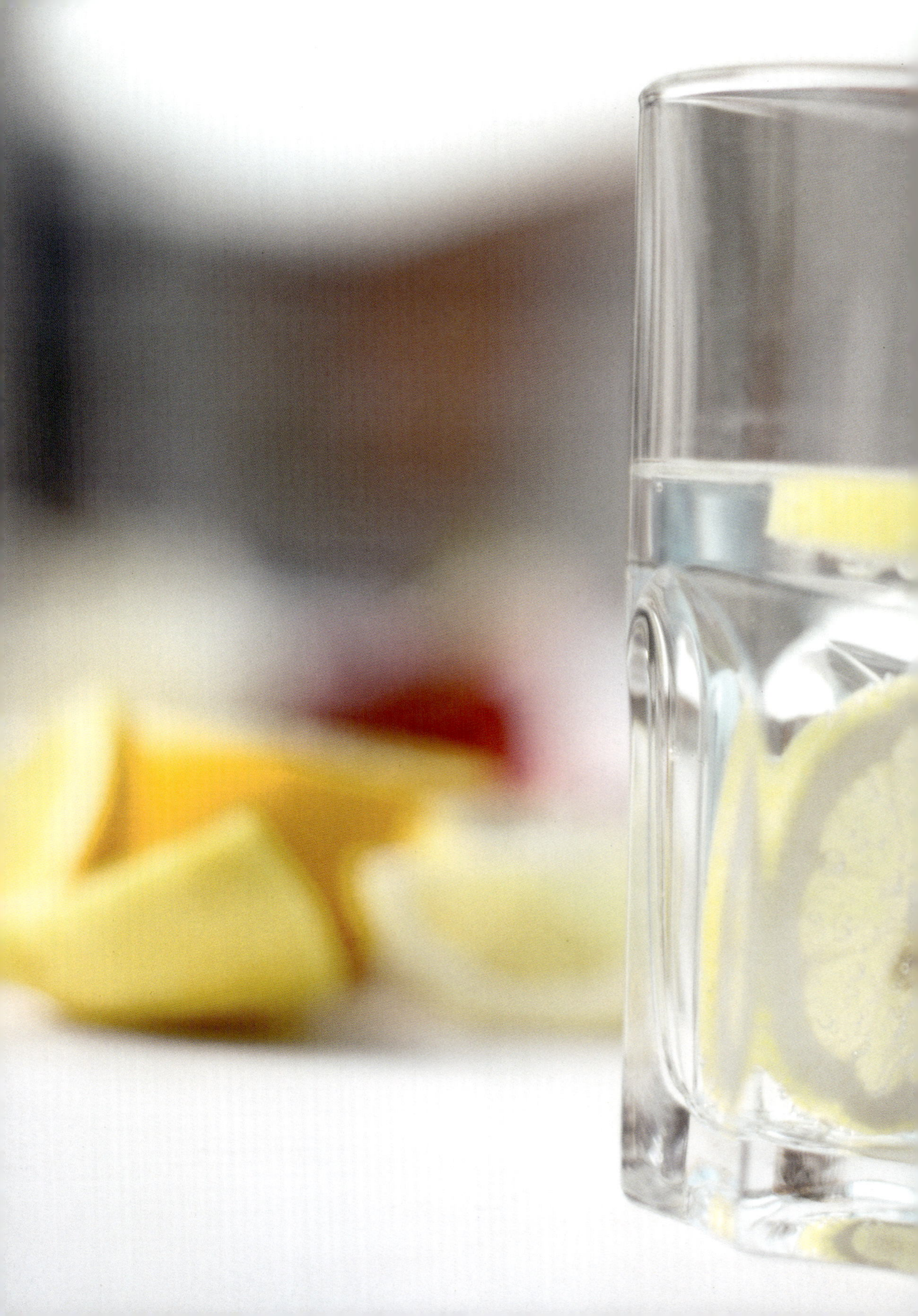

Schnell & gesund

RASANTE UND SCHLANKE KÖSTLICHKEITEN,
GEGEN DIE AUCH DER HAUSARZT NICHTS EINZUWENDEN HAT

SCHNELL & GESUND

Vitaminreiche **Vorspeisen** und animierende **Suppen**

Kalte Gurkensuppe

ZUTATEN FÜR 2 PORTIONEN
1 Salatgurke · etwas zerdrückter Knoblauch · 3 EL weißer Balsamicoessig
etwas gehackte Dille · 100 ml kalte Rindsuppe · 100 ml Buttermilch
250 g Joghurt · Salz, Pfeffer · Olivenöl

ZUBEREITUNG
Die Gurke waschen und in grobe Stücke schneiden. Mit Salz, zerdrücktem Knoblauch und Balsamicoessig einige Minuten marinieren. Dille, kalte Rindsuppe, Buttermilch und Joghurt zugeben und alles mit dem Stabmixer fein pürieren. Durch ein Sieb seihen. Mit Salz und Pfeffer abschmecken. In gekühlte tiefe Teller füllen und eventuell etwas Olivenöl darüber träufeln.
BEILAGENEMPFEHLUNG: knuspriges Weißbrot

Brokkolisuppe mit Austernpilzen

ZUTATEN FÜR 2 PORTIONEN
500 g Brokkoli · 125 g Austernpilze · 1/2 Schalotte · 350 ml Geflügel- oder Rindsuppe · 50 ml Schlagobers · 1 EL Butter · Salz, Pfeffer aus der Mühle

VORBEREITUNG
Die Brokkoliröschen abtrennen, waschen und abtropfen lassen (die Stiele anderweitig verwenden). In einem Topf Salzwasser aufkochen und die Brokkoliröschen darin ohne Deckel 5 Minuten kochen. Herausheben und eiskalt abschrecken, damit sie ihre schöne grüne Farbe behalten. Nochmals gründlich abtropfen lassen. Die Austernpilze in 3–4 mm dicke Scheiben schneiden und beiseite stellen.

ZUBEREITUNG
Die Suppe zum Kochen bringen, auf die Brokkoli gießen und alles mit dem Stabmixer gut durchmixen. Das Ganze wieder in einen Topf geben, das Obers hinzufügen, salzen und pfeffern. Durch ein feines Sieb streichen, wieder in den Topf zurückgießen und die Suppe zur Seite stellen.
Nun die geschnittenen Pilze in eine beschichtete Pfanne geben, salzen und das Wasser der Pilze auskochen lassen. Sobald dieses fast völlig verdampft ist, unter ständigem Rühren Butter und die gehackte Schalotte hinzugeben. Noch etwa 2 Minuten weitergaren lassen. Die Pilze herausnehmen und auf einem Küchenpapier abtropfen lassen.
Die Suppe nochmals aufkochen lassen, aufmixen und in vorgewärmte Suppenteller gießen. Die Pilze in der Mitte anrichten.

Gazpacho (KALTE SPANISCHE GEMÜSESUPPE)

ZUTATEN FÜR 2 PORTIONEN
250 g vollreife Tomaten (oder Tomaten aus der Dose) · 1/2 Salatgurke
1 rote Paprikaschote · 125 ml Tomatensaft · Worcestershiresauce · Tabascosauce
Olivenöl · Salz, Pfeffer · etwas zerdrückter Knoblauch

ZUBEREITUNG
Die Paprikaschote halbieren, entkernen, waschen und kleinwürfelig schneiden. Die Tomaten sowie die geschälte und der Länge nach halbierte Gurke klein schneiden. Einige Tomatenwürfel für die Garnitur beiseite legen.
Nun sämtliches Gemüse mit Salz, Pfeffer und dem zerdrücktem Knoblauch würzen und dann mit dem Mixstab pürieren. Während des Pürierens etwas Olivenöl sowie den Tomatensaft beimengen. Mit Tabasco- und Worcestershiresauce abschmecken, durch ein Sieb seihen und gut durchkühlen (am besten im Tiefkühlfach). Gazpacho in kalte Teller gießen, die beiseite gelegten Tomatenwürfel darüber streuen und mit etwas Olivenöl beträufeln.
BEILAGENEMPFEHLUNG: Knoblauchtoasts oder Baguette

SCHNELL & GESUND

Winterlicher Sauerkrautsalat

ZUTATEN FÜR 2 PORTIONEN
100 g Sauerkraut · 1 kleiner Apfel · Zitronensaft · 1 Orange · 100 g Chinakohl
1/2 Stange Lauch · 5 EL Sauerrahm · 2 EL Pflanzenöl · 1–2 KL Dijonsenf
1 EL gehackte Kräuter (Petersilie, Kerbel, Thymian etc.) · Salz, Pfeffer

VORBEREITUNG
Die Orange schälen, in Spalten trennen und die weißen Häutchen abziehen.

FÜR BESONDERS EILIGE
Verwenden Sie bereits geschälte Mandarinen aus der Dose.

ZUBEREITUNG
Das Sauerkraut in einem Sieb mit kaltem Wasser abspülen, gut abtropfen lassen und klein schneiden. Den Apfel gut waschen und mit der Schale (ohne Kerngehäuse) in kleine Würfel schneiden. Sofort mit etwas Zitronensaft beträufeln und durchmischen. Die gewaschenen Chinakohlblätter in Streifen, den Lauch in Ringe schneiden. Nun in einer Schüssel alles miteinander vermengen. Den Sauerrahm mit Öl und Dijonsenf verrühren und mit Salz sowie Pfeffer abschmecken. Die gehackten Kräuter einrühren und das Dressing unter den Salat mengen. Zart durchmischen und auf Tellern anrichten.
BEILAGENEMPFEHLUNG: getoastetes Schwarzbrot

Der Kürbis: Doctor's Darling

Der Siegeszug von Kürbis und Kürbiskernen ist vor allem vor dem Hintergrund der Ernährungsmedizin zu sehen, die den Kürbis schon seit längerer Zeit zu „Every Doctor's Darling" erklärt hat. Ein Kilo Kürbisfleisch – damit kann man schon eine Kleinfamilie abspeisen – hat nämlich gerade so viele Kalorien wie eine Leberkässemmel oder ein Krügel Bier, von der Fülle an Vitaminen und Spurenelementen sowie der absoluten Cholesterinfreiheit erst gar nicht zu reden. Cholesterinsenkend wirken sich im Übrigen auch die Kerne des steirischen Ölkürbis aus, aus denen das steirische Kürbiskernöl gepresst wird. Das „Schwarze Gold der Grünen Mark" wurde schon im 18. Jahrhundert als Heilmittel gegen Prostatabeschwerden sowie Erkrankungen der Schleimhäute und der Atemwege in Apotheken gehandelt, bevor es vor gar nicht sehr langer Zeit auch als Vademekum der gehobenen Feinschmeckerei entdeckt wurde.
Dass Kürbiskernöl neben seinen feinschmeckerischen Vorzügen als Salatöl, Suppenwürze sowie Mayonnaisen- und Saucenzutat dank seines hohen Kalium- und Selengehalts auch eine immunstimulierende und entgiftende Wirkung ausübt, freut indessen nicht nur den Gourmet, sondern auch jeden gesundheitsbewussten Genießer.

Sellerierohkost mit Mango und Kürbiskernen

ZUTATEN FÜR 2 PORTIONEN
**100 g Sellerieknolle · 1/2 Mango · 1/2 Apfel · Zitronensaft · 50 g Joghurt
Salz, Pfeffer · 1 EL Honig · 2 EL Kürbiskerne**

ZUBEREITUNG
Den geschälten Sellerie sowie den Apfel (nach Belieben mit oder ohne Schale) in feine Streifen schneiden und beides mit Zitronensaft beträufeln. Joghurt mit Salz sowie Pfeffer glatt rühren und untermengen.
Die Mango schälen, entkernen und das Fruchtfleisch in feine Spalten schneiden. Mit Honig und etwas Zitronensaft marinieren. Die Kürbiskerne in einer beschichteten Pfanne ohne Fett rösten, bis sie schön prall sind.
Die Sellerierohkost auf Tellern anrichten, die Mangospalten dekorativ dazu anrichten und die Kürbiskerne darüber streuen.

TIPP
Einige Tropfen von sämig eingekochtem Balsamicoessig vollenden nicht nur diesen erfrischenden Salat, sondern sind auch für andere Salatkreationen das berühmte Pünktchen auf dem i.

Avocado-Orangen-Salat

ZUTATEN FÜR 2 PORTIONEN
2 Orangen · 1 reife Avocado ohne dunkle Flecken · 1 TL Zitronensaft
1/2 rote Zwiebel · 2 EL Olivenöl für die Marinade · 1 EL weißer Balsamicoessig
1 EL Joghurt · Blattsalate und/oder Kräuter nach Belieben · Olivenöl zum
Beträufeln · Salz, Pfeffer aus der Mühle

ZUBEREITUNG
Die Orangen schälen und filetieren (in Filets trennen und die Haut abziehen). Die Zwiebel in Ringe schneiden. Die Avocado halbieren, den Kern entfernen, das Fruchtfleisch mit einem Kaffeelöffel herauslösen und in Würfel schneiden. Sofort mit Zitronensaft beträufeln, damit das Fruchtfleisch nicht braun wird.

Joghurt mit Olivenöl und Balsamicoessig verrühren. Mit Salz sowie Pfeffer abschmecken und die Avocadowürfel damit marinieren. Avocado auf Tellern anrichten. Die Blattsalate und Kräuter darüber geben. Die Orangenfilets sowie die Zwiebelringe dazu dekorativ anrichten. Mit etwas Olivenöl beträufeln und mit frisch gemahlenem Pfeffer bestreuen.

Spinatsalat mit Ziegenkäse

ZUTATEN FÜR 2 PORTIONEN
ca. 150 g junger Spinat · 8 Basilikumblätter · 100 g Ziegenkäse · 1–2 KL Pinienkerne

FÜR DAS DRESSING
1–2 KL Pinienkerne · 1/2 Jungzwiebel · 1 TL Zitronensaft · 2 EL Olivenöl
1 EL Balsamicoessig · Salz und Pfeffer

ZUBEREITUNG
Sämtliche Pinienkerne in einer beschichteten Pfanne ohne Fett rösten. Für das Dressing die Jungzwiebel in feine Streifen schneiden und gemeinsam mit dem Zitronensaft sowie der Hälfte der Pinienkerne mixen. Olivenöl und Balsamicoessig einmixen. Mit Salz und Pfeffer abschmecken.
Den geputzten Spinat sowie die Basilikumblätter mit dem Dressing marinieren und auf Tellern anrichten. Den Ziegenkäse in Scheiben schneiden und auf den Salat legen. Mit den restlichen gerösteten Pinienkernen bestreuen.

Gebratene Tofulaibchen mit Sprossensalat

ZUTATEN FÜR 2 PORTIONEN
100 g Tofu · 1 zerdrückte Knoblauchzehe · Salz · 1 EL gehackte Petersilie
Weizenvollkornmehl zum Wenden · Erdnussöl zum Braten · Soja- und Linsensprossen · Friséesalat

FÜR DIE BÉCHAMELMASSE
1/2 EL (ca. 10 g) Weizenvollkornmehl · ca. 60 ml Milch · Salz und Cayennepfeffer

FÜR DAS DRESSING
2 EL Sherryessig · 1 1/2 EL Olivenöl · 1 1/2 EL Kürbiskernöl · Salz, Pfeffer
1 Schuss Sherry

ZUBEREITUNG
Den ausgedrückten Tofu faschieren. Zerdrückten Knoblauch und gehackte Petersilie zugeben und salzen. Für die Béchamelmasse das Weizenvollkornmehl trockenrösten, Milch zugießen, aufkochen lassen und glatt rühren. Mit Salz und Cayennepfeffer würzen. Tofu mit dem Béchamel gut verkneten. Zu einer Rolle formen, in 4 Stücke teilen und zu 1,5 cm dicken Laibchen formen. Die Tofulaibchen in Vollkornmehl wenden. In einer Pfanne etwas Erdnussöl erhitzen und die Laibchen darin beidseitig 4–5 Minuten braten.
Für das Dressing alle Zutaten miteinander verrühren und die Sprossen sowie den Friséesalat mit dem Großteil des Dressings marinieren. Auf Tellern anrichten und die Tofulaibchen darauf setzen. Mit dem restlichen Dressing beträufeln.

SCHNELL & GESUND

Gesunder Mut zum schnellen Genuss – Was Ernährungsexperten empfehlen

■ Essen Sie, auf den Tag und über mehrere Portionen verteilt, mindestens 400 g Gemüse und 250 g Obst, sei es als Rohkost oder in einer der schnellen Zubereitungen, die Sie in unseren Rezepten finden.

■ Vertrauen Sie auf Milch und Milchprodukte, achten Sie dabei aber auf möglichst geringe Fettgehalte. Ihr Calciumhaushalt und damit vor allem ihr Stütz- und Bewegungsapparat wird es Ihnen danken.

■ Lassen Sie sich mageres Fleisch und mageren Fisch ohne schlechtes Gewissen schmecken. Sie brauchen das darin enthaltene Eiweiß. Bei manchen Fischsorten darf's aber ruhig auch einmal etwas deftiger sein: Vor allem Lachs, aber auch Makrele und Hering enthalten die wertvollen Omega-3-Fettsäuren, die die Bildung des „guten Cholesterins" begünstigen und Sie vor Herz-Kreislauf-Erkrankungen schützen.

■ Gönnen Sie sich einmal täglich (nicht unbedingt abends) ein warmes Essen.

■ Bereiten Sie auch die kleinsten Speisen und Imbisse frisch und mit möglichst frischen Ausgangsprodukten zu.

■ Achten Sie auf möglichst viel Abwechslung in Ihrem Speiseplan.

■ Reduzieren Sie ganz allgemein die Portionsgrößen und drehen Sie das Verhältnis von Fleisch und Beilagen um.

■ Machen Sie Salat zu Ihrem ständigen Begleiter.

■ Essen Sie Brot nach Herzenslust, aber ersetzen Sie Brot aus Auszugsmehlen (Semmeln, Baguette etc.) durch Vollwertprodukte (Roggen, Dinkel, Mehrkorn etc.)

■ Gehen Sie mit Zucker so sparsam wie möglich um.

■ Achten Sie auf einen ausreichenden Rohkostanteil in Ihrer Nahrung. Dazu zählen vor allem Obst und Früchte, Gemüse, Kräuter, Nüsse, Samen und Keimlinge. Rohkost muss allerdings nicht unbedingt vegetarisch sein. Auch Fisch (Sushi, Sashimi, Matjes, Graved Lax etc.) und Fleisch (z. B. Beef Tatar, Carpaccio) können Teil der Rohkost sein. Entscheidend ist, dass durch die fehlende Hitzebehandlung Enzyme, Spurenelemente und vor allem hitzeempfindliche Vitamine, die beim Kochen verringert werden, in vollem Umfang erhalten bleiben.

■ Verwenden Sie möglichst gesunde (sprich: ungesättigte) Fette wie z. B. Olivenöl, Rapsöl, Kürbiskernöl, Leinöl und Nussöl. Aber Vorsicht: Nicht alle ungesättigten Fette sind auch zum Erhitzen und Braten geeignet. Butter und Butterschmalz sind übrigens nach neuesten Erkenntnissen besser als ihr Ruf, sollten jedoch in möglichst geringen Mengen eingesetzt werden. Ganz allgemein sollte gelten: Weniger Fett, dafür besseres. Die so genannten Transfettsäuren in Billigmargarinen und raffinierten Ölen gilt es daher eher zu meiden.

■ Trinken Sie reichlich! So an die 1,5 bis 2 Liter pro Tag sollten es schon sein. Am besten ist selbstverständlich klares Quellwasser oder Mineralwasser geeignet, auch ungesüßte Tees eignen sich hervorragend. Alkohol, Limonaden, mit Zucker gesüßte oder mit Obers versetzte Getränke belasten jedoch – vor allem im Übermaß genossen – den Organismus.

Vegetarische Hauptgerichte,
schnell und gesund

Spinatrisotto

ZUTATEN FÜR 2 PORTIONEN
125 g junger Blattspinat · 1 Schalotte · 125 g Risottoreis (10-Minuten-Rundkornreis)
500 ml Gemüsesuppe oder Gemüsefond · 40 ml Weißwein · Butter und Olivenöl
zum Anschwitzen · Salz, Pfeffer · gehobelter Parmesan

ZUBEREITUNG
Die Schalotte klein schneiden und in Olivenöl und Butter anschwitzen. Risottoreis zugeben, mit Weißwein und der Hälfte der Gemüsesuppe aufgießen und je nach Sorte 10–15 Minuten köcheln lassen. Dabei die restliche Suppe laufend zugießen und wiederholt umrühren. Mit Salz und Pfeffer würzen.
Währenddessen den Spinat waschen, zupfen und in grobe Streifen schneiden. Vor dem Anrichten den Spinat unter das Risotto rühren. Mit Salz und Pfeffer nochmals abschmecken. Risotto in tiefen Tellern anrichten und mit gehobeltem Parmesan bestreuen.

TIPP
Ist der Spinat nicht zart genug, so kann er auch mit etwas Wasser gemixt und erst dann unter den Reis gemischt werden.

SCHNELL & GESUND

Basilikum-Gnocchi mit Erbsen

ZUTATEN FÜR 2 PORTIONEN
200–300 g Gnocchi (Fertigprodukt) · 80 g Erbsen (tiefgekühlt oder vorgekocht)
ca. 1 EL Butter
Salz · in Streifen geschnittenes Basilikum

FÜR DIE TOMATENSAUCE
1 EL gehackte Zwiebeln · etwas zerdrückter Knoblauch · 1 EL Olivenöl
150 g gehackte Tomaten aus der Dose · Kristallzucker · 1 EL Ketchup · Salz, Pfeffer
Tabascosauce

ZUBEREITUNG
Für die Tomatensauce die gehackten Zwiebeln mit dem zerdrückten Knoblauch in heißem Olivenöl anschwitzen. Die Tomatenwürfel samt ihrem Saft zugeben und mit Salz, Pfeffer, Tabascosauce sowie einer Prise Zucker würzen. Etwa 100 ml Wasser und Ketchup einrühren. Durch ein Sieb passieren und nochmals abschmecken. Die Tomatensauce einige Minuten sämig einkochen lassen. Währenddessen die Gnocchi in Salzwasser nach Anleitung einige Minuten kochen, bis sie aufsteigen. Abseihen, abschrecken und abtropfen lassen. Die Erbsen in heißer Butter, ohne Farbe nehmen zu lassen, anschwitzen. Die abgetropften Gnocchi mit den Erbsen zugeben, durchschwenken und kurz erwärmen. Gehacktes Basilikum einmengen. Mit Salz sowie Pfeffer würzen. Die fertige Tomatensauce in vorgewärmte tiefe Teller gießen und die Gnocchi darauf anrichten.

Glasierte Erbsenschoten mit Polenta und Senf-Sabayon

ZUTATEN FÜR 2 PORTIONEN
250 g junge Erbsenschoten · 10 Jungzwiebeln · 1 EL Butter · 1 EL Honig
Salz, Pfeffer · 2 EL weißer Balsamicoessig · 1 TL schwarze Sesamkörner

FÜR DIE POLENTA
80 g Polenta (Maisgrieß) · 1 EL Butter · Salz

FÜR DAS SENF-SABAYON
2 Eier · 1 TL Dijonsenf · Salz, Pfeffer · 1 Schuss Sherry

ZUBEREITUNG
Erbsenschoten und Jungzwiebeln putzen und in mundgerechte Stücke schneiden. Die Butter erhitzen und die Jungzwiebeln gemeinsam mit den Erbsenschoten darin anschwitzen. Mit Salz und Pfeffer würzen. Honig und Balsamicoessig zugeben und 1 Minute ziehen lassen. Währenddessen für die Polenta etwa 250 ml Wasser mit Salz aufkochen lassen. Dann Butter und Maisgrieß zugeben und unter ständigem Rühren einige Minuten quellen lassen.
Für das Senf-Sabayon alle Zutaten miteinander verrühren und in einer Schüssel über heißem Wasserdampf schaumig aufschlagen.
Die fertige Polenta auf heißen Tellern großflächig auftragen und das Gemüse darauf anrichten. Die Sesamkörner darüber streuen und das Senf-Sabayon dazu anrichten.

SCHNELL & GESUND

Mit Käse gratinierte Gerstenlaibchen

ZUTATEN FÜR 2 PORTIONEN
250 ml Gemüsesuppe · 120 g Gerstenflocken · 1 Ei · Semmelbrösel
1 zerdrückte Knoblauchzehe · Dijonsenf · Öl zum Braten

ZUM BELEGEN
2 Scheiben Käse · 1 Schalotte · 1/2 Apfel · 125 g Sauerrahm · gehackte Petersilie

VORBEREITUNG
Das Backrohr auf 250 °C (Oberhitze) vorheizen.

ZUBEREITUNG
In einem Topf die Suppe aufkochen, die Gerstenflocken zugeben und quellen lassen. In eine Schüssel umfüllen und mit Ei, dem zerdrückten Knoblauch, Dijonsenf und etwas Semmelbröseln zu einem Teig verarbeiten. Zu zwei Laibchen formen und diese in einer Pfanne in heißem Öl auf beiden Seiten braten.
Für den Belag die Schalotte fein schneiden, den Apfel schälen und reiben. Beides mit Rahm und etwas gehackter Petersilie vermengen. Die fertig gebratenen Gerstenlaibchen damit bestreichen und jeweils mit einer Scheibe Käse belegen. In eine befettete Form setzen und im heißen Backrohr überbacken, bis der Käse schön geschmolzen ist.
BEILAGENEMPFEHLUNG: Gurken-, Tomaten- oder Blattsalat

Überbackene Vollkornnudeln

ZUTATEN FÜR 2 PORTIONEN
100 g Vollkornnudeln · 100 g blanchierter Blattspinat (am besten aufgetaute Tiefkühlware) · 100 g geriebener Emmentaler oder anderer Reibkäse · 1 Tomate
70 g Tomatenmark · Salz · Oregano · Öl oder Butter für die Form

VORBEREITUNG
Das Backrohr auf 200 °C (Oberhitze) vorheizen.

ZUBEREITUNG
In einem Topf reichlich Salzwasser aufkochen und die Nudeln darin nach Anleitung bissfest kochen. Abgießen und abtropfen lassen.
In einer kleinen Schale das Tomatenmark mit einer kräftigen Prise Oregano und etwas Wasser zu einer sämigen Masse verrühren. Eine feuerfeste Form mit Butter oder Öl ausstreichen. Die Nudeln hineingeben, den aufgetauten Blattspinat sowie das Tomatenmark zugeben und alles sanft durchmengen. Die Tomate würfelig schneiden und gemeinsam mit dem geriebenen Käse über die Nudeln streuen. Die Form in das heiße Backrohr stellen und die Nudeln überbacken, bis der Käse geschmolzen ist.
BEILAGENEMPFEHLUNG: Rucolasalat

Fleisch & Fisch: gesund und auf die Schnelle

Lachs-Kohlrabi-Lasagne

ZUTATEN FÜR 2 PORTIONEN
140 g Lachsfilet · 1 Kohlrabi · Zitronensaft · 2 cl Noilly-Prat (frz. Wermut)
2 cl Weißwein · 2 EL Mascarino · 1 EL griffiges Mehl · 80 ml Schlagobers
1 Eidotter · Salz, weißer Pfeffer aus der Mühle · Cayennepfeffer, Muskatnuss
Butter zum Anschwitzen und für die Form

VORBEREITUNG
Das Backrohr auf 220 °C (Oberhitze) vorheizen.

ZUBEREITUNG
Das Lachsfilet in 10 gleich große, dünne Scheiben schneiden. Mit Salz und Zitronensaft würzen. Kohlrabi schälen und ebenfalls in 10 dünne Scheiben schneiden. Mit einem runden

Ausstecher (Ø 6 cm) ausstechen und die Abschnitte aufbewahren. Die Kohlrabischeiben in zart gesalzenem Wasser kurz blanchieren (überbrühen), in Eiswasser abschrecken und abtropfen lassen.

Die Kohlrabiabschnitte in wenig Butter glasig anschwitzen. Mit Noilly-Prat sowie Weißwein ablöschen, mit Mehl stauben und alles kurz durchrösten. Mascarino und Obers einrühren und etwas einkochen lassen. Mit dem Mixstab pürieren und passieren. Das Eidotter einrühren und die Kohlrabisauce mit einem Spritzer Zitronensaft, Cayennepfeffer, Muskatnuss, Salz und weißem Pfeffer abschmecken.

Eine feuerfeste Form mit Butter ausstreichen oder mit Backpapier auslegen. Nun darin je 5 Kohlrabi- und Lachsscheiben abwechselnd aufeinander schichten und dabei die Lachstranchen jeweils mit etwas Kohlrabisauce bestreichen. Im heißen Backrohr bei 220 °C etwa 4 Minuten überbacken.

Lachsforellenfilet auf buntem Gemüsebett

ZUTATEN FÜR 2 PORTIONEN
**2 Lachsforellenfilets à 120 g · ca. 150 g Gemüsewürfel (Karotten, Zucchini, Sellerie und Lauch) · Olivenöl zum Braten · 1 EL gehacktes Liebstöckel
1 EL Butter · Salz, Pfeffer**

VORBEREITUNG
Das Backrohr auf 150 °C vorheizen.

ZUBEREITUNG
Die gut entgräteten Lachsforellenfilets mit Salz sowie Pfeffer würzen. In einer Pfanne Olivenöl erhitzen und die Filets auf der Hautseite rasch anbraten. Ins vorgeheizte Backrohr stellen und bei 150 °C ca. 5 Minuten fertig braten.

Inzwischen die Gemüsewürfel in etwas Olivenöl anschwitzen. Mit Salz und Pfeffer würzen, etwas Wasser zugießen und 1 Minute köcheln lassen. Gehacktes Liebstöckel einstreuen und mit einem Esslöffel Butter abrunden. Das Gemüse auf vorgewärmten Tellern anrichten und die Fischfilets darauf setzen.

BEILAGENEMPFEHLUNG: Gerstenrisotto

Pochiertes Rindsfilet mit Kohlrabi-Zartweizen

ZUTATEN FÜR 2 PORTIONEN
2 Rindsfilets (Steaks) à 150 g · 1 EL gehacktes Liebstöckel · 1 EL gehackter Kerbel 100 g Zartweizen · 1 EL Butter · 100 g Kohlrabi · Salz, Pfeffer · Dijonsenf

ZUBEREITUNG
Die Rindsfilets mit Senf, Pfeffer und den gehackten Kräutern beidseitig einreiben. Nebeneinander in einen Vakuumbeutel geben und verschließen (oder gut in Frischhaltefolie einwickeln). In kochendem Wasser 6 Minuten leicht köchelnd ziehen lassen. Die Rindsfilets aus dem Beutel schneiden und auf einem Teller noch 6 Minuten warm stellen.
Währenddessen den Kohlrabi in kleine Würfel schneiden und gemeinsam mit dem Zartweizen in etwas Wasser 7 Minuten weich kochen. Mit Butter vermengen und mit Salz und Pfeffer würzen. (Bei Bedarf etwas Wasser nachgießen, um eine risottoartige Konsistenz zu erreichen.) Den Kohlrabi-Zartweizen auf vorgewärmten Tellern anrichten und die Rindsfilets darauf setzen.

TIPP
Das Rindsfilet kann auch in einem Topf mit Dämpfeinsatz gedämpft werden, wobei sich in diesem Fall die Garungszeit etwas verlängert und je nach Stärke des Filets und gewünschtem Garungsgrad ungefähr 10 Minuten beträgt.

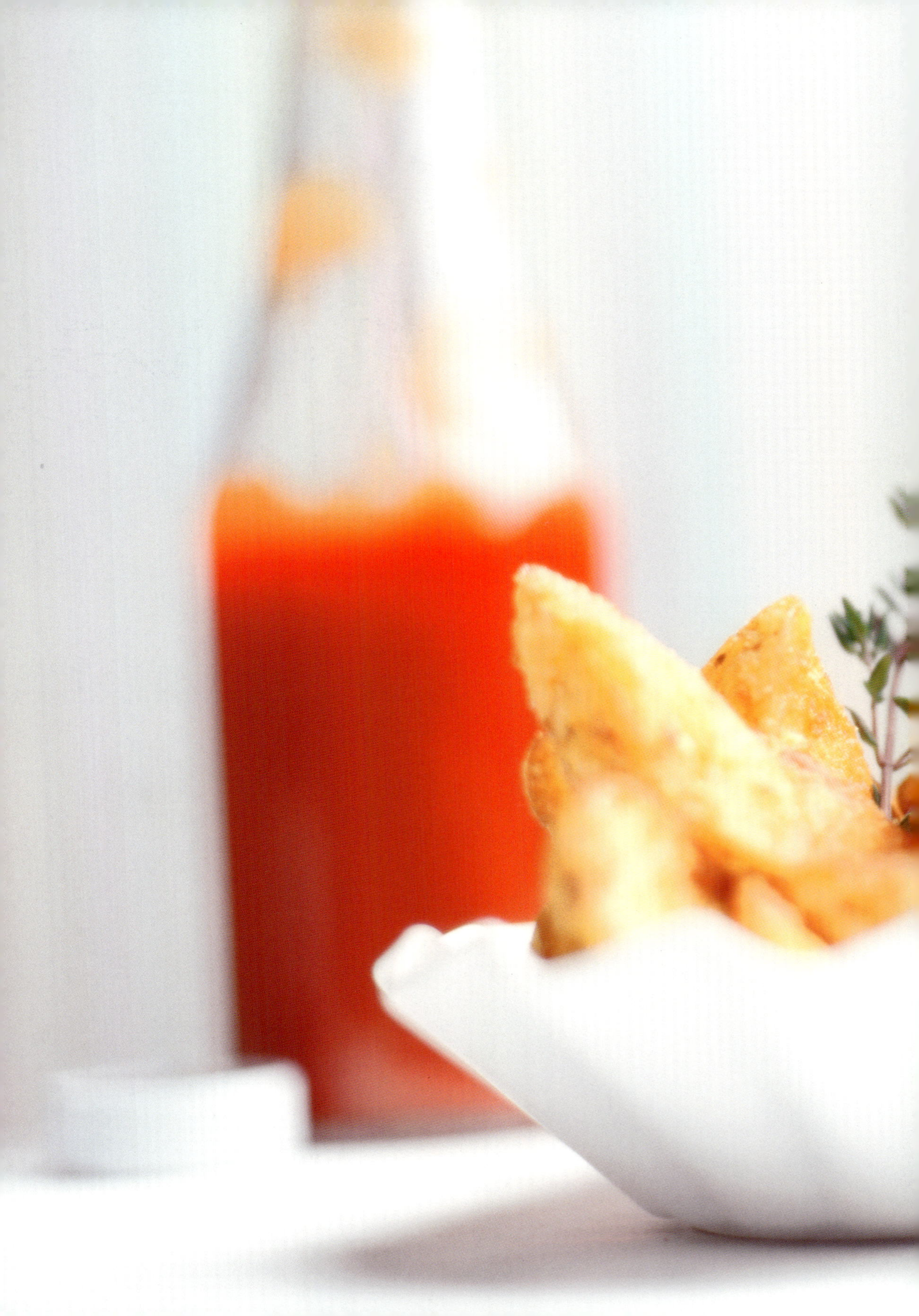

Fast Food für daheim

VOM BURGER BIS ZUR PIZZA, ABER „NACH ART DES HAUSES"

Kleine Sashimiplatte

ZUTATEN FÜR 2 PORTIONEN
300–400 g nach Belieben gemischte topfrische Filets von Lachs, Thunfisch, Butterfisch und/oder Kabeljau · einige Surimistäbchen (Krabbensticks)
1/2 Avocado · Zitronensaft · 1 kleines Stück Gurke · weißer Rettich und Karotten nach Belieben eingelegter Ingwer

FÜR DIE DIP-SAUCE
Sojasauce · Reiswein · Wasabikrenpaste

ZUBEREITUNG
Die – bei Bedarf sorgfältig entgräteten – Fischfilets mit einem scharfen Messer in mundgerechte Stücke oder Scheiben schneiden und kühl stellen. Die Avocadohälfte schälen, das Fruchtfleisch in Streifen schneiden und sofort mit etwas Zitronensaft marinieren. Die geschälte Gurke, den Rettich und die Karotten ebenfalls in sehr feine Streifen schneiden oder raspeln. Die Sojasauce mit etwas Reiswein verdünnen und in kleine Schälchen verteilen.
Die Fischstückchen sowie die Surimistäbchen auf einer Platte dekorativ anrichten. Mit dem vorbereiteten Gemüse garnieren und mit Sojasauce und Wasabikrenpaste servieren. Bei Tisch mehr oder weniger Wasabikrenpaste in die Sojasauce gut einrühren. Nun jeweils ein Fischstückchen in die Sojasauce eintunken und mit etwas Gemüse genießen.
BEILAGENEMPFEHLUNG: gekochter Sushi-Reis (im Asia-Shop erhältlich)

TIPP
Oberstes Gebot ist es, für dieses Rezept nur Fische von absoluter Unbedenklichkeit und Frische sowie – wenn möglich – ein wirklich gut geschliffenes Messer (möglichst japanischer Herkunft) zu verwenden.

Woher die Sushi wirklich stammen

Zweifellos sind Sushi und Sashimi – wenn man von seiner Auto- und Elektronikindustrie absieht – Japans wichtigster Beitrag zur Massenkultur des zwanzigsten Jahrhunderts. Dennoch haben auch sie – kaum ein Japaner wird das je zugeben – tatsächlich nicht japanische, sondern chinesische Wurzeln. Die Epoche der Sung-Dynastie (960–1279) galt sogar als „Goldenes Zeitalter der chinesischen Sushi-Kunst".
Das kantonesische Wort „sung" bedeutete nämlich nichts anderes als ein „Nahrungsmittel, das auf Reis gegessen wird". Ganz ähnlich wie heute die Japaner bereiteten auch die alten Chinesen ihre Sushi aus Reis, Essig und rohem Fisch zu, der allerdings häufig nur aufgrund einer Zwangslage oder Hungersnot das von den Chinesen noch allemal bevorzugte Fleisch ersetzen musste. Der Seetang allerdings fehlte bei den Sushi-Essern der Sung-Dynastie. Dieser wurde erst viel später von den Japanern „nachgeliefert".

Sashimi vom Rind mit Selleriechips

ZUTATEN FÜR 2 PORTIONEN
160 g Rindsfilet (Rindslungenbraten) · 2 TL Chilisauce · 1 Spritzer Sojasauce Olivenöl · 1/4 Sellerieknolle · Pflanzenöl zum Frittieren · Salz, Pfeffer Sesamsamen zum Bestreuen · Blattsalate nach Belieben

FÜR DAS DRESSING
1 EL Balsamicoessig · 2 EL Sesamöl · Salz, Pfeffer · Zucker

ZUBEREITUNG
Die Chilisauce mit Sojasauce, etwas Olivenöl sowie etwas Wasser vermischen und relativ dünn auf die Teller auftragen. Rindsfilet hauchdünn aufschneiden und darauf legen. Mit Salz und Pfeffer würzen.
Sellerieknolle schälen und in dünne Scheiben schneiden. In einer Pfanne Pflanzenöl erhitzen und die Selleriescheiben darin goldbraun frittieren. Herausheben und auf Küchenkrepp abtropfen lassen.
Für das Dressing den Balsamicoessig mit Sesamöl, Salz, Pfeffer und Zucker verrühren. Die Blattsalate damit marinieren und auf die Sashimi setzen. Mit den Selleriechips garnieren und Sesam darüber streuen.

TIPP
Statt der Chili-Sojasauce eignet sich auch scharfe Wasabikrensauce ideal als Unterlage für die zarten Rindsfiletscheiben. Dafür wird etwa 1 TL Wasabikrenpaste mit 100 g Mayonnaise, 1 TL scharfem Senf, 3 EL Milch, 1 EL Sojasauce sowie Salz und Pfeffer verrührt.

Tempura von Lachs und Gemüse

ZUTATEN FÜR 2 PORTIONEN
150 g Lachsfilet · 150 g Gemüse nach Belieben (Jungzwiebeln, gekochte Kartoffeln, Zucchini etc.) · 50 g Tempuramehl (im Asia-Shop erhältlich)
ca. 80 ml kaltes Mineralwasser · etwas Salz · Öl zum Herausbacken
Sojasauce, Wasabikrenpaste und eingelegter Ingwer als Garnitur

ZUBEREITUNG
Den Lachs in Streifen von 5 x 2 cm schneiden. Das Gemüse in mundgerechte Stücke bzw. Streifen schneiden. Mit einem Schneebesen einen geschmeidigen Tempurateig aus Mehl, Mineralwasser und einer Prise Salz rühren. Öl in einer geeigneten Pfanne oder Wok erhitzen. Lachsstücke und Gemüse durch den Teig ziehen und bei sehr großer Hitze (ca. 180 °C) im Fett schwimmend etwa eine halbe Minute ausbacken. (Dabei niemals zu viel Frittiergut auf einmal einlegen, sondern lieber in ein paar „Schüben" arbeiten, damit das Öl nicht abkühlt.)
Fertige Tempura herausheben, gut auf Küchenkrepp abtropfen lassen und mit Sojasauce, Wasabikren und eingelegtem Ingwer servieren.
BEILAGENEMPFEHLUNG: gekochter Reis

TIPP
Dieses Rezept eignet sich auch für viele andere Arten von Fischen, aber auch für Schaltiere wie Garnelen. In allen Fällen ist es wichtig, dass das Fett wirklich heiß ist und die frittierten Stücke gut abgetropft sind, damit der Teig schön knusprig und nicht zu fett schmeckt.

Burgers

Austroburger (PIKANTE LEBERKÄSESEMMEL)

ZUTATEN FÜR 2 PORTIONEN
2 Semmeln · 2 Scheiben Leberkäse (ca. 200 g), am besten schon heiß
2 Essiggurkerl · 1 EL süßer Senf

ZUBEREITUNG
Die beiden Semmeln aufschneiden. Den Leberkäse gegebenenfalls noch sanft erhitzen (im Mikrowellenherd oder in einer beschichteten Pfanne mit wenig Wasser) und hineinlegen. Die Essiggurkerl der Länge nach in dünne Scheiben schneiden und darauf legen. Senf auftragen und die obere Semmelhälfte darauf legen.

Wie der Hamburger zu seinem Namen kam

Als McDonald's um die Mitte der 1960er-Jahre dem damaligen Hamburger Oberbürgermeister als Publicity-Gag einen Hamburger servieren ließ, kalauerte dieser so skeptisch wie kokett: „Das soll ein Hamburger sein? Schauen Sie lieber mich an. Ich bin ein echter Hamburger."

Da hatte der Herr Oberbürgermeister freilich gar nicht so unrecht. Denn Big Mac & Co. sind und bleiben nun einmal amerikanische Staatsbürger, US-Burger gewissermaßen. Hätte der American Dream ihn nicht zu einem seiner Bannerträger erwählt, so wäre der Hamburger wohl bis heute nur ein faschiertes Laibchen in einer Semmel geblieben. Genau dieses hat jedoch mit Hamburg sehr wohl etwas zu tun. Vor allem in älteren Kochbüchern wird nämlich das, was man in Wien ein Butterschnitzel nennt, als Hamburger Steak bezeichnet. Durchaus nicht ohne Grund. Ist das Hacksteak doch ein unmittelbarer Nachfahre jenes Beef Tatar, das die Reiternomaden des Dschingis Khan der Legende nach unter ihrem Sitzfleisch mürbe ritten, bevor sie es mit dem Messer in winzige Stücke schabten, um es roh zu verspeisen.

Vor allem im Baltikum überlebte das alte Tatarengericht in sesshafteren Zeiten als Hausmannskost und erfreute sich auch bei den zahlreichen deutschen Seeleuten, die im Zuge der Ostseeschifffahrt in Estland, Lettland und Litauen anlegten, größter Beliebtheit. Sie brachten das Rezept schließlich auch nach Hamburg, Mutter aller deutschen Seehäfen, wo es allerdings etwas modifiziert und vor allem „zivilisiert" wurde. Die Hanseaten verzehrten das Hackfleisch nämlich schon bald nicht mehr roh, sondern – in Butter gebraten – als Hacksteak.

Freilich entbehrt derlei „Hamburgerologie" schon deswegen des Anspruchs auf wissenschaftliche Exaktheit, weil man selbstverständlich auch anderswo – etwa im ganzen Orient, in Griechenland, Kleinasien oder Nordafrika – entdeckte, dass das rohe Hackfleisch der umtriebigen Horden des Dschingis Khan in gebratenem Zustand noch besser und vor allem bekömmlicher mundete.

Doch Hamburg hat zur Hamburger-Geschichte noch mehr als nur das faschierte Hamburger Steak beigetragen. Da ist etwa jenes in der Hansestadt bereits im 17. Jahrhundert bekannte Hamburger Rundstück warm, das auch heute noch ein fixer Bestandteil der bodenständigen Hamburger Küche ist. Unter dem „Rundstück" versteht man allerdings keineswegs ein faschiertes Laibchen, sondern vielmehr zwei runde Semmelhälften, die mit mehreren Scheiben warmem und mit Bratensaft nappiertem Schweinebraten belegt werden.

Ein klassischer Hamburger ist also genau genommen nichts anderes als die Kombination eines Hamburger Steaks mit einem Hamburger Rundstück warm. Dass daraus gegen Ende des 19. Jahrhunderts der „American Hamburger" werden konnte, hat übrigens noch einmal etwas mit Hamburg zu tun. In Hamburg-Altona lichteten nämlich die Schiffe jener berühmten Hamburg-Amerika-Linie ihre Anker, die zahllose europamüde deutsche Emigranten um die Jahrhundertwende in die Neue Welt brachten – und mit ihnen wohl auch den „Urvater" aller Hamburger.

1
4

2

3

5

6

Hamburger

ZUTATEN FÜR 2 PORTIONEN
2 Hamburgerbrötchen · 200 g faschiertes Rindfleisch (von der Schulter)
1/2 in Ringe geschnittene Zwiebel · 1 kleines in Scheiben geschnittenes Essiggurkerl
Salz, Pfeffer · Sonnenblumenöl zum Braten

FÜR DIE HAMBURGERSAUCE
2 EL Ketchup · 1 TL Senf · 1 TL Chilisauce

ZUBEREITUNG
Das faschierte Rindfleisch mit Salz sowie Pfeffer würzen und mit leicht befeuchteten Händen zu Laibchen formen. Sonnenblumenöl in einer Pfanne erhitzen und die Laibchen darin beidseitig braun braten (ca. 4 Minuten zum Durchbraten, für medium etwas weniger).
Inzwischen die Hamburgerbrötchen aufschneiden und an den Schnittflächen toasten. Die Unterteile auflegen und mit Zwiebelringen bedecken. Die Fleischlaibchen darauf setzen und mit Essiggurkerln belegen. Für die Hamburgersauce alle Zutaten verrühren und je einen Esslöffel Sauce auftragen. Mit dem Oberteil abdecken und zart andrücken. *Foto Seite 147/3*

Hamburger Royale

ZUTATEN FÜR 2 PORTIONEN
2 mit Sesam bestreute Hamburgerbrötchen · 200 g faschiertes Rindfleisch (von der Schulter) · 2 Scheiben Käse (Butterkäse oder Chester) · 1/2 in Ringe geschnittene Zwiebel · 1 kleines in Scheiben geschnittenes Essiggurkerl · 2 Tomatenscheiben · 2 Blätter Eisbergsalat · Salz, Pfeffer · Sonnenblumenöl zum Braten

FÜR DIE HAMBURGERSAUCE
2 EL Ketchup · 1 TL Senf · 1 TL Chilisauce

VORBEREITUNG
Das Backrohr auf 200 °C vorheizen.

ZUBEREITUNG
Das Rindfleisch wie im Hamburger-Rezept oben beschrieben zu Laibchen verarbeiten und braten. Die Hamburgerbrötchen aufschneiden und an den Schnittflächen toasten. Die Unterteile auflegen und mit Zwiebelringen bedecken. Die Fleischlaibchen darauf setzen und mit Essiggurkerln belegen. Dann je eine Käsescheibe darüber legen, auf ein mit Backpapier belegtes Backblech setzen und leicht schmelzend überbacken. Währenddessen für die Hamburgersauce alle Zutaten verrühren. Überbackene Unterteile herausnehmen und je einen Esslöffel Hamburgersauce auftragen. Eisbergsalat sowie Tomatenscheibe darüber legen und mit dem Oberteil abdecken. Zart andrücken. *Foto Seite 146-147/2*

Chickenburger

ZUTATEN FÜR 2 PORTIONEN
2 Hamburgerbrötchen · 200 g Hühnerbrust · 1 EL Semmelbrösel · 1 Ei
1 EL gehackte Petersilie · Salz, Pfeffer · 2 Scheiben Speck · 2 Scheiben Tomaten
2 geschnittene Blätter Eisbergsalat · 2 EL Mayonnaise · Sonnenblumenöl zum Braten

ZUBEREITUNG
Die Hühnerbrust faschieren oder sehr fein hacken und in einer Schüssel mit Ei, Petersilie und Semmelbröseln vermengen. Mit Salz sowie Pfeffer würzen und mit befeuchteten Händen zu Laibchen formen. Öl in einer Pfanne erhitzen und die Laibchen darin auf beiden Seiten braten. Herausnehmen und in Alufolie gehüllt warm stellen. In derselben Pfanne die Speckscheiben knusprig braten. Inzwischen die Hamburgerbrötchen halbieren und an der Schnittfläche toasten. Die Hühnerlaibchen auf die Unterteile der Brötchen setzen. Je eine Speckscheibe sowie eine Tomatenscheibe darauf legen. Die geschnittenen Salatblätter darauf geben und mit Mayonnaise abschließen. Die Oberteile darauf setzen und leicht andrücken.

Fischburger

ZUTATEN FÜR 2 PORTIONEN
2 Hamburgerbrötchen · 180 g weißfleischiges Fischfilet (Zander, Kabeljau etc.)
1 Ei · 1 EL glattes Mehl · 1/2 Salatgurke · 2 EL Mayonnaise · 1 TL gehackte Dille
2 Salatblätter · Salz, Pfeffer · Olivenöl zum Braten

ZUBEREITUNG
Die sorgfältig entgräteten Fischfilets faschieren oder sehr fein hacken. In einer Schüssel mit Ei und Mehl vermengen. Mit Salz und Pfeffer würzen. Mit leicht befeuchteten Händen zu Laibchen formen. Die Gurke schälen, halbieren und die Kerne entfernen. Gurke in Würfel schneiden. Salzen und mit Mayonnaise sowie Dille verrühren. Das Olivenöl in einer Pfanne erhitzen, die Laibchen einlegen und auf beiden Seiten braten. Herausnehmen und warm stellen. Währenddessen die Hamburgerbrötchen halbieren und an den Schnittflächen toasten. Die Gurkenmischung auf die Brötchenunterteile auftragen und die Fischlaibchen darauf setzen. Mit je einem Salatblatt abdecken und die Oberteile darauf setzen. Leicht andrücken.

Foto Seite 146/1

Lachsburger de luxe

ZUTATEN FÜR 2 PORTIONEN
2 mit Sesam bestreute Hamburgerbrötchen · 200 g Lachsfilet · 1 TL gehackte Dille
2 rohe Wachteleier · 100 g in Scheiben geschnittener Mozzarella · einige Rucolablätter · Salz, Pfeffer · gemahlener Koriander · Olivenöl zum Braten

ZUBEREITUNG
Das gut entgrätete Lachsfilet grob hacken. Mit Salz, Pfeffer und Koriander würzen. Die Dille unterrühren und aus der Masse 2 Laibchen formen. Olivenöl in einer Pfanne erhitzen, die Laibchen einlegen und beidseitig braten. Herausnehmen und warm stellen. Die Wachteleier in derselben Pfanne vorsichtig zu kleinen wachsweichen Spiegeleiern braten.
Inzwischen die Hamburgerbrötchen halbieren und an den Schnittflächen toasten. Die Unterteile auf Tellern anrichten und die Mozzarellascheiben darauf platzieren. Mit Rucola bedecken und die Lachslaibchen darauf setzen. Zuletzt die Spiegeleier obenauf setzen. Leicht salzen. Die Oberteile nur halb angelehnt dazu anrichten.

TIPP
Statt der Wachteleier können natürlich auch Hühnereier zu Spiegeleiern gebraten werden.

Foto Seite 146/4

Crevettenburger

ZUTATEN FÜR 2 PORTIONEN
2 Hamburgerbrötchen · 200 g Crevetten (Shrimps) · 1 Eiklar · 1 EL glattes Mehl
1 TL gehackte Dille · 1/2 zerdrückte Knoblauchzehe · 1 Jungzwiebel · Friséesalat
1 EL Senf · Olivenöl zum Braten · Salz, Pfeffer

ZUBEREITUNG
Die Crevetten grob hacken. Mit verquirltem Eiklar und Mehl vermengen, gehackte Dille sowie Knoblauch einmengen. Mit Salz und Pfeffer würzen und die Masse zu 2 Laibchen formen. Die Jungzwiebel in feine Ringe schneiden.
Das Olivenöl in einer Pfanne erhitzen und die Laibchen darin auf beiden Seiten braten. Laibchen herausnehmen und warm stellen. Die Hamburgerbrötchen aufschneiden und an den Schnittflächen toasten. Die Unterteile der Brötchen auflegen, mit der geschnittenen Jungzwiebel belegen sowie mit dem Senf bestreichen. Die gebratenen Crevettenlaibchen darauf setzen. Mit etwas Friséesalat abschließen. Die Oberteile darauf setzen und die Burger nochmals leicht andrücken. *Foto Seite 146-147/5*

Vitaminburger

ZUTATEN FÜR 2 PORTIONEN
2 Hamburgerbrötchen · 100 g Karotten · 100 g Zucchini · 1 Ei · 1 EL glattes Mehl
1 EL gehackte Petersilie · 2 Tomatenscheiben · 2 Blätter Eisbergsalat
2 Auberginenscheiben · Oregano · 1 angedrückte · Knoblauchzehe · Olivenöl
Salz, Pfeffer

ZUBEREITUNG
Karotten und Zucchini schälen und grob reißen. Mit Ei, Mehl und gehackter Petersilie vermengen. Mit Salz und Pfeffer würzen. In einer Pfanne Olivenöl erhitzen und die Gemüsemasse in Form von 2 Laibchen einlegen. Auf beiden Seiten braten. Laibchen herausnehmen, in Alufolie einschlagen und warm stellen. In derselben Pfanne die Tomaten- und Auberginenscheiben gemeinsam mit Oregano und der angedrückten Knoblauchzehe kurz braten.
Parallel dazu die Hamburgerbrötchen aufschneiden und an den Schnittflächen toasten. Auf die Unterteile der Brötchen nun zuerst eine Auberginenscheibe legen. Dann das Gemüselaibchen, die Tomatenscheiben und zuletzt die Salatblätter darauf legen. Den Oberteil darauf setzen und leicht andrücken. *Foto Seite 147/6*

Tortillas, Tacos, Wraps, Burritos & Co

Mexikanische Burritos

ZUTATEN FÜR 2 PORTIONEN
2 fertige Tortillas · 200 g Truthahnschnitzel · 50 g geriebener Käse · 1 Tomate
1 Jungzwiebel · 2 EL Salsa (Würzsauce, im Delikatessenhandel erhältlich)
2 EL Mayonnaise · 2 Salatblätter · Öl zum Braten

ZUBEREITUNG
Truthahnschnitzel in feine Streifen schneiden. Salzen und pfeffern. In einer Pfanne Öl gut erhitzen und die Truthahnstreifen darin rasch braten. Die Tomate in grobe Würfel, die Jungzwiebel in feine Ringe und die Salatblätter in grobe Streifen schneiden. Nun die Truthahnstreifen mit Käse, Tomaten und Jungzwiebelringen vermengen.
Die Tortillas nach Belieben in einer beschichteten Pfanne oder in der Mikrowelle kurz anwärmen. Tortillas aufbreiten und die vorbereitete Truthahnmasse auftragen. Salsa und Mayonnaise darauf verteilen. Den geschnittenen Salat darüber streuen und einrollen. Dafür die Tortilla zuerst auf 2 Seiten einklappen und dann von hinten nach vorne einrollen. Auf vorgewärmten Tellern anrichten.

Breakfast Wraps

ZUTATEN FÜR 2 PORTIONEN
2 fertige Tortillas · 2 Eier · 3 EL geriebener Käse · 2 EL Salsa (Würzsauce, im Delikatessenhandel erhältlich) · 2 Scheiben Speck · 1 Tomate · Salz, Pfeffer

ZUBEREITUNG
Speck in einer Pfanne braten und wieder herausheben. Eier verschlagen, mit Salz und Pfeffer würzen und in dieselbe Pfanne eingießen. Unter ständigem Rühren cremig stocken lassen. Die Tomate in grobe Stücke schneiden.
Die Tortillas nach Belieben in einer beschichteten Pfanne oder in der Mikrowelle kurz anwärmen. Tortillas aufbreiten, das Rührei darauf verteilen. Salsa, geriebenen Käse, je eine Speckscheibe und die Tomatenstücke darüber verteilen. Dann zu Wraps einrollen und servieren.

Club Wraps

ZUTATEN FÜR 2 PORTIONEN
2 fertige Tortillas · 2 EL Mayonnaise · 1 TL Senf · je 100 g Burgunderschinken (oder Beinschinken) und Truthahnschinken, in Scheiben oder Streifen geschnitten 100 g würfelig geschnittener Mozzarella · 1 Tomate · 1–2 EL gehackte Zwiebeln

ZUBEREITUNG
Die Tortillas nach Belieben in einer beschichteten Pfanne oder in der Mikrowelle kurz anwärmen. Mayonnaise und Senf dünn auf die Tortillas streichen. Beide Schinkensorten darüber legen und mit Mozzarella bestreuen. Die Tomate in dünne Scheiben schneiden und ebenfalls auf die Tortillas legen. Mit den gehackten Zwiebeln bestreuen und die Tortillas einrollen.

Pizza

Pizza con cipolle

(PIZZA MIT JUNGZWIEBELN)

ZUTATEN FÜR 2 PORTIONEN
Fertigpizzateig für 2 Böden (pro Boden ca. 200 g) · 150 g Pizzasauce aus der Dose · 2 gehackte Knoblauchzehen · 150 g geriebener Pizzakäse · 1 Zwiebel 2 Jungzwiebeln · 8 Kirschtomaten · Oregano · Olivenöl

VORBEREITUNG
Das Backrohr auf 250 °C vorheizen.

ZUBEREITUNG
Backblech mit Backpapier auslegen und die Pizzaböden auflegen. Die Ränder zwischen den Fingern wulstartig hochdrücken. Die Pizzaböden mit der Pizzasauce bestreichen. Den gehackten Knoblauch sowie den Pizzakäse darüber streuen. Zwiebel und Jungzwiebeln in feine Scheiben schneiden und darauf verteilen.
Die Kirschtomaten halbieren oder in Scheiben schneiden und ebenfalls auflegen. Mit Oregano bestreuen und – auch den Rand – mit Olivenöl beträufeln. Ins sehr heiße Backrohr schieben und ca. 10–12 Minuten backen.

TIPP
Zwiebelfreaks werden zur Abwechslung sicher auch einmal rote Zwiebeln und Schalotten verwenden oder die Kirschtomaten einfach weglassen. *Foto Seite 157/3*

Pizza al prosciutto e funghi

(PIZZA MIT SCHINKEN UND PILZEN)

ZUTATEN FÜR 2 PORTIONEN
Fertigpizzateig für 2 Böden (pro Boden ca. 200 g) · **150 g Pizzasauce aus der Dose** ca. **150 g Mozzarella** · **120–150 g stärker geschnittener Schinken** · **100 g eingelegte Champignons** · **2 gehackte Knoblauchzehen** · **Olivenöl** · **Pfeffer** · **Oregano**

VORBEREITUNG
Das Backrohr auf 250 °C vorheizen.

ZUBEREITUNG
Den Mozzarella in Scheiben oder Würfel schneiden. Den Schinken in breitere Streifen, die Champignons in feine Scheiben schneiden. Pizzateig auf ein mit Backpapier ausgelegtes Backblech legen. Die Ränder zwischen den Fingern wulstartig hochdrücken. Die Pizzasauce auf die Pizzaböden auftragen. Mozzarella, Schinken, geschnittene Champignons und die gehackten Knoblauchzehen darüber verteilen. Mit gemahlenem Pfeffer würzen und Oregano darüber streuen. Pizza sowie Pizzarand mit Olivenöl beträufeln. Im heißen Backrohr ca. 10–12 Minuten backen, bis der Mozzarella geschmolzen ist.   *Foto Seite 156/4*

Pizza con salsiccia piccante

(PIZZA MIT PIKANTEM WÜRSTCHEN)

ZUTATEN FÜR 2 PORTIONEN
Fertigpizzateig für 2 Böden (pro Boden ca. 200 g) · **150 g Pizzasauce aus der Dose** **150 g geriebener Pizzakäse** · **200 g Salsiccia piccante (kl. pikantes, salamiähnliches Würstchen)** · **einige Basilikumblätter** · **einige Kirschtomaten** · **Oregano** · **Olivenöl**

VORBEREITUNG
Das Backrohr auf 250 °C vorheizen.

ZUBEREITUNG
Die Salsiccia in Scheiben oder Streifen schneiden, die Kirschtomaten halbieren. Den Pizzateig auf ein mit Backpapier ausgelegtes Backblech legen. Die Ränder zwischen den Fingern wulstartig hochdrücken. Die Pizzasauce auf die Pizzaböden auftragen und den Pizzakäse darauf verteilen. Die Salsiccia auflegen. Die halbierten Kirschtomaten darauf verteilen und mit Oregano bestreuen. Pizza und Pizzarand mit Olivenöl beträufeln. Pizza ins gut vorgeheizte Backrohr schieben und ca. 10–12 Minuten backen. Herausnehmen und mit den grob gezupften Basilikumblättern belegen.   *Foto Seite 157/6*

FAST FOOD FÜR DAHEIM

Pizza con spinaci, ricotta e pancetta
(PIZZA MIT SPINAT, RICOTTA UND SPECK)

ZUTATEN FÜR 2 PORTIONEN
Fertigpizzateig für 2 Böden (pro Boden ca. 200 g) · 150 g Pizzasauce aus der Dose 50 g Mozzarella · 150 g Ricotta (oder anderer Frischkäse) · 200 g Blattspinat 2 gehackte Knoblauchzehen · Muskatnuss · 80 g dünn geschnittene Pancetta- oder Bauchspeckscheiben · Olivenöl

VORBEREITUNG
Das Backrohr auf 250 °C vorheizen. Den Spinat in Salzwasser kurz blanchieren (überbrühen), kalt abschrecken und gut abtropfen lassen. Einige Male durchschneiden.

FÜR BESONDERS EILIGE
Verwenden Sie statt frischem Blattspinat tiefgekühlten, den Sie in wenig Wasser auftauen lassen.

ZUBEREITUNG
Mozzarella in Würfel schneiden, Knoblauch fein hacken. Pizzateig auf ein mit Backpapier ausgelegtes Backblech legen. Die Ränder zwischen den Fingern wulstartig hochdrücken. Die Pizzasauce auf die Pizzaböden auftragen und den Mozzarella darüber verteilen. Spinat sowie den zerbröselten Ricotta darauf geben und etwas Muskatnuss darüber reiben. Den gehackten Knoblauch darüber streuen. Die Pancettascheiben darüber legen. Den Teigrand mit Olivenöl bestreichen und die Pizza im heißen Backrohr ca. 10–12 Minuten backen.

Foto Seite 156/7

Pizza ai quattro formaggi
(PIZZA MIT VIER KÄSESORTEN)

ZUTATEN FÜR 2 PORTIONEN
Fertigpizzateig für 2 Böden (pro Boden ca. 200 g) · 150 g Pizzasauce aus der Dose nach Belieben (kann auch weggelassen werden) · ca. 250 g gemischte Käsesorten (wie etwa Mozzarella, Provolone, Pecorino und Gorgonzola)

VORBEREITUNG
Das Backrohr auf 250 °C vorheizen.

ZUBEREITUNG
Käse grobwürfelig schneiden oder in Stücke zerkleinern. Pizzateig auf ein mit Backpapier ausgelegtes Backblech legen. Die Ränder zwischen den Fingern wulstartig hochdrücken. Die Pizzaböden nach Belieben mit der Pizzasauce bestreichen oder diese weglassen. Nun jeweils ein Viertel einer Pizza mit einer Käsesorte belegen. Ins heiße Backrohr schieben und ca. 10–12 Minuten backen.

TIPP
Bei der Zusammenstellung der verwendeten Käsesorten können Sie ganz nach persönlichen Vorlieben entscheiden, wobei generell fette Käse besser schmelzen als magerere Sorten.

Foto Seite 156-157/5

Pizza al tonno
(PIZZA MIT THUNFISCH)

ZUTATEN FÜR 2 PORTIONEN
**Fertigpizzateig für 2 Böden (pro Boden ca. 200 g) · 150 g Pizzasauce aus der Dose
150 g geriebener Pizzakäse · 200 g Thunfisch aus der Dose · 4 Knoblauchzehen
2 EL Salzkapern · Oregano · Olivenöl**

VORBEREITUNG
Das Backrohr auf 250 °C vorheizen.

ZUBEREITUNG
Den Thunfisch aus der Dose nehmen, abtropfen lassen und in Stücke zerteilen. Die Salzkapern waschen und abtropfen lassen. Den Knoblauch fein hacken. Pizzateig auf ein mit Backpapier ausgelegtes Backblech legen. Die Ränder zwischen den Fingern wulstartig hochdrücken. Die Pizzaböden mit der Pizzasauce bestreichen, den Pizzakäse darüber streuen. Thunfisch sowie Knoblauch und Kapern darüber verteilen. Mit Oregano würzen und die Pizza samt Teigrand mit Olivenöl beträufeln. Im sehr heißen Backrohr ca. 10–12 Minuten backen.
Foto Seite 156-157/8

Pizza con capperi, olive e acciughe
(PIZZA MIT KAPERN, OLIVEN UND SARDELLEN)

ZUTATEN FÜR 2 PORTIONEN
**Fertigpizzateig für 2 Böden (pro Boden ca. 200 g) · 150 g Pizzasauce aus der Dose
100 g Mozzarella · 8 Kirschtomaten · 2 EL Kapern · 10 schwarze Oliven ohne Kern
1 Dose in Öl · eingelegte Anchovisfilets (Sardellenfilets) · Oregano · Olivenöl**

VORBEREITUNG
Das Backrohr auf 250 °C vorheizen.

ZUBEREITUNG
Die Kirschtomaten halbieren, die Anchovis in Stückchen teilen und den Mozzarella in Scheiben oder Würfel schneiden. Den Pizzateig auf ein mit Backpapier ausgelegtes Backblech legen. Die Ränder zwischen den Fingern wulstartig hochdrücken. Die Pizzaböden mit der Pizzasauce bestreichen. Mit Mozzarella belegen. Nun halbierte Tomaten, Anchovis, Kapern sowie Oliven darauf verteilen. Mit Oregano bestreuen und Pizza sowie Pizzarand mit etwas Olivenöl beträufeln. Dabei kann durchaus auch das Öl aus der Anchovisdose verwendet werden. Pizza ins gut vorgeheizte Backrohr stellen und ca. 10–12 Minuten backen.

TIPP
Wenn Sie statt Kapern Kapernbeeren mit Stiel verwenden, so sieht die Pizza noch um einiges dekorativer aus.
Foto Seite 156-157/2

1
4
7

2

3

5

6

8

9

Pizza alla marinara

(PIZZA AUF SEEMANNSART)

ZUTATEN FÜR 2 PORTIONEN
Fertigpizzateig für 2 Böden (pro Boden ca. 200 g) · 150 g Pizzasauce aus der Dose · 1/2 Dose geschälte Tomaten · 4 Sardellenfilets · 4 Knoblauchzehen Oregano · Olivenöl

VORBEREITUNG
Das Backrohr auf 250 °C vorheizen.

ZUBEREITUNG
Die Tomaten grob, den Knoblauch fein hacken und die Sardellen in Stückchen teilen. Pizzateig auf ein mit Backpapier ausgelegtes Backblech legen. Die Ränder zwischen den Fingern wulstartig hochdrücken. Die Pizzaböden mit der Pizzasauce bestreichen. Die gehackten Tomaten, Sardellen und Knoblauch darauf verteilen. Mit Oregano bestreuen und mit Olivenöl beträufeln. Den Pizzarand ebenfalls mit Olivenöl bestreichen und die Pizza im gut vorgeheizten Backrohr ca. 10–12 Minuten backen.

Pizza al pescatore

(PIZZA NACH FISCHERART)

ZUTATEN FÜR 2 PORTIONEN
Fertigpizzateig für 2 Böden (pro Boden ca. 200 g) · 150 g Pizzasauce aus der Dose · 100 g Mozzarella · 4 ausgelöste Jakobsmuscheln (tiefgekühlt erhältlich) 100 g ausgelöstes Muschelfleisch (eingelegt oder tiefgekühlt erhältlich) 2 Knoblauchzehen · 1 EL gehackte Petersilie · Salz, Pfeffer ·Olivenöl

VORBEREITUNG
Das Backrohr auf 250 °C vorheizen.

ZUBEREITUNG
Die aufgetauten Jakobsmuscheln quer in Scheiben, den Mozzarella ebenfalls in Scheiben oder Würfel schneiden. Die Knoblauchzehen fein hacken. Pizzateig auf ein mit Backpapier ausgelegtes Backblech legen. Die Ränder zwischen den Fingern wulstartig hochdrücken. Die Pizzaböden mit der Pizzasauce bestreichen. Jakobsmuscheln, Muschelfleisch und Mozzarella auf der Pizza verteilen. Mit Knoblauch und Petersilie bestreuen. Mit Salz und Pfeffer würzen und Pizza sowie Pizzarand mit Olivenöl beträufeln. Ins heiße Backrohr schieben und ca. 10–12 Minuten backen.

Pizza alle vongole

(PIZZA MIT MUSCHELN)

ZUTATEN FÜR 2 PORTIONEN
Fertigpizzateig für 2 Böden (pro Boden ca. 200 g) · 150 g Pizzasauce aus der Dose 1/2 Dose geschälte Tomaten · 200 g ausgelöstes Muschelfleisch (eingelegt oder tiefgekühlt erhältlich) · 2 Knoblauchzehen · 1 EL gehackte Petersilie · Oregano Olivenöl · Salz, Pfeffer

VORBEREITUNG
Das Backrohr auf 250 °C vorheizen.

ZUBEREITUNG
Die Tomaten grob zerdrücken, den Knoblauch fein hacken. Pizzateig auf ein mit Backpapier ausgelegtes Backblech legen. Die Ränder zwischen den Fingern wulstartig hochdrücken. Die Pizzaböden mit der Pizzasauce bestreichen. Die Tomaten und das Muschelfleisch darüber verteilen. Knoblauch darauf geben und mit Petersilie sowie Oregano bestreuen. Abschließend mit etwas Salz und Pfeffer würzen. Pizza und Pizzarand mit Olivenöl beträufeln. Im gut vorgeheizten Backrohr ca. 10–12 Minuten backen.

Pizza agli zucchini e gamberi

(PIZZA MIT ZUCCHINI UND SHRIMPS)

ZUTATEN FÜR 2 PORTIONEN
Fertigpizzateig für 2 Böden (pro Boden ca. 200 g) · 150 g Pizzasauce aus der Dose · 150 g geriebener Pizzakäse · 150 g Shrimps oder kleine Crevetten 100 g Zucchini · 2 EL geriebener Parmesan · Olivenöl

VORBEREITUNG
Das Backrohr auf 250 °C vorheizen.

ZUBEREITUNG
Zucchini waschen und in Scheiben schneiden. Den Pizzateig auf ein mit Backpapier ausgelegtes Backblech legen. Die Ränder zwischen den Fingern wulstartig hochdrücken. Die Pizzaböden mit der Pizzasauce bestreichen, mit Pizzakäse bestreuen. Die Shrimps und Zucchinischeiben darauf verteilen. Parmesan darüber streuen und mit Olivenöl beträufeln, dabei auch den Pizzarand mit Öl bestreichen. Backblech ins gut vorgeheizte Backrohr schieben und die Pizza ca. 10–12 Minuten backen.

Foto Seite 157/9

„Hausgemachtes" – mit Convenienceprodukten

■ **FERTIGE PASTA UND GNOCCHI** gibt es in vielen, oft sogar sehr guten Qualitäten. Wichtig ist, sie wirklich al dente, also bissfest, zu garen (oft sind die auf der Packung angegebenen Garzeiten etwas überzogen). Bei der Qualität der Sughi nicht sparen.

■ **FERTIGE NOCKERL ODER SPÄTZLE** können mit hausgemachten freilich nicht konkurrieren. In feinem Butterschmalz oder frischer Butter geschwenkt lässt sich daraus allerdings im Handumdrehen eine veritable Beilage zaubern. Durch die Zugabe von Schinken- oder Käsewürfeln, frischen Pilzen, Kräutern, etwas Schlagobers oder verschlagenen Eiern verwandeln Sie die Beilage ohne viel Aufwand auch in eine einfache Hauptmahlzeit.

■ **VORGEBACKENE PALATSCHINKEN UND TORTILLAS** zählen bereits ebenfalls zum Standardangebot im Supermarkt. Sie müssen vor dem Füllen (mit pikanten Fleisch-, Wurst- und Gemüsefüllungen sowie Marmeladen und süßen Cremen) lediglich etwas erwärmt werden (Backofen, Mikrowelle oder beschichtete Pfanne), sind aber zumeist etwas dicker als selbst gemachte Exemplare.

■ **PELATI**, geschälte Tomaten aus der Dose, werden zumeist in äußerst zufrieden stellender Qualität angeboten. Sie garantieren zu jeder Jahreszeit volles Aroma und optimalen Reifungsgrad und sind zudem noch äußerst praktisch in der Verwendung, da sie in verschiedenen Varianten, etwa gehackt, mit Kräutern gewürzt oder nur geschält in den Handel kommen.

■ **FERTIGER PIZZATEIG** kann billiger Junk, aber auch exzellente Ware sein. Verlassen Sie sich einfach auf eigene Erfahrungen (oder riskieren Sie einen kurzen Blick auf die Liste der Inhaltsstoffe). Aber bedenken Sie: Ist der Teig einmal da, so erweist sich kaum ein anderes Gericht im Küchenalltag als so vielseitig kombinierbar wie Pizza. Wichtig ist es vor allem, beim Belegen einer Pizza – gleichgültig ob selbst gemacht oder Fertigprodukt – rundherum stets 2 cm für den möglichst leicht wulstigen Rand frei zu lassen, den so genannten „Cornicione", der die Pizza nicht nur saftig, sondern auch knusprig macht. Achten Sie im Übrigen darauf, dass das, was auf Ihre Pizza kommt, möglichst frisch und gesund ist – und lassen Sie Ihrer Phantasie freien Lauf. Frische Kräuter wie Basilikum oder Rucola sollten dabei allerdings nicht mitgebacken, sondern erst unmittelbar vor dem Servieren – mit einem Schuss Olivenöl – auf die Pizza gegeben werden.

■ **FERTIGE LASAGNE** und andere Gratiniergerichte schmecken noch besser, wenn man sie vor dem Überbacken noch mit etwas Mozzarella und/oder Reibkäse sowie feinen Semmelbröseln und ein paar Butterflocken ein wenig „aufbessert."

■ **FERTIGER STRUDEL- UND BLÄTTERTEIG** wird heute fast durchwegs in Profi-Qualitäten angeboten und eignet sich für klassische Gerichte (Apfel-, Topfenstrudel etc.) ebenso wie für kreativ gefüllte Strudelsäckchen oder köstlich gefüllte Pastetchen.

■ Ein Ausflug zum nächsten Asia-Shop lohnt sich alleine schon, um **WAN-TAN-, FILO- ODER FRÜHLINGSROLLENTEIG** zu kaufen. Diese Teige sind nämlich keineswegs nur für die asiatische Küche geeignet, sondern lieben es etwa auch, wenn man heimische Fische, Gemüse und Geflügel darin „einpackt".

■ Fertiggerichte aus der Convenience- oder der Tiefkühlabteilung sind meist darauf angelegt, dass sie sich in Minutenschnelle in der Mikrowelle zubereiten lassen. Oft lohnt es sich jedoch, vor der endgültigen Fertigstellung noch selbst ein bisschen Küchenhelfer zu spielen: Ob es sich um ein oder zwei Löffelchen Reibkäse, einen Spritzer

Balsamicoessig, einen Schuss Süßwein, ein paar g'schmackige Speckwürfelchen, eine Hand voll frischer Kräuter, einen Teelöffel aromatisches Öl oder ein paar kurz fettfrei in der Teflonpfanne gerösteter Croûtons handelt – die „industrielle Langeweile" schwindet sofort, wenn man mit ein wenig Inspiration selbst mit Hand anlegt.

■ **GEKÖRNTE BRÜHEN, GLUTAMAT UND ANDERE AROMAVERSTÄRKER** haben unter Feinschmeckern nicht zu Unrecht einen schlechten Ruf, und ihre Verwendung zeugt auch nicht gerade von gesunder Ernährung. Überlegen Sie also zunächst, wie sich solche „Geschmacksverstärker" – etwa durch vermehrte Verwendung von Kräutern, einen Schuss Sojasauce oder ein Löffelchen geriebenen Parmesan – auf natürliche Weise vermeiden lassen. Andererseits sollte man gerade in der schnellen Küche nicht unbedingt päpstlicher als der Papst sein – und so manches fade Sößchen oder Süppchen hat schon durch eine Prise von „Mother's little Helpers" wesentlich an Geschmacksintensität gewonnen. Wichtig ist dabei lediglich, dass die Geschmacksverstärker etwas Zeit haben müssen, um sich zu homogenisieren. Also nicht erst kurz vor dem Servieren damit würzen! Auch die Zugabe von Schalotten, Reis, flüssigem Obers, Kokosmilch, Cognac oder Süßwein kann das unangenehme Vorschmecken von Geschmacksverstärkern unterbinden.

Und im Übrigen gilt das alte Sprichwort: Alle großen Köche arbeiten auf die eine oder andere Weise mit Geschmacksverstärkern. Sie unterscheiden sich lediglich dadurch, ob sie es zugeben oder nicht.

■ **FERTIGE BRATENSÄFTE** werden zwar niemals den Effekt von Natursäften haben, können aber durch Zugabe von etwas Knoblauch und Kümmel (bei Schweinsbraten), Rotwein, Portwein oder einem Schuss Brombeerlikör (bei Rindfleisch und Wild) durchaus Annäherungswerte erzielen.

■ **FERTIGE SALATMISCHUNGEN** sollten unbedingt erst unmittelbar vor dem Servieren mit dem (meist beigefügten) Dressing übergossen werden, das man bei Bedarf auch noch mit etwas Rahm, Joghurt, Mayonnaise oder Kräutern verfeinern kann. Mischt man dann noch – je nach Gusto – aufgeschnittene Eier, Schinkenwürfel, frische Sprossen, Maiskörner, Fleisch- oder Hühnerreste, Gartenkräuter (besonders gut eignet sich Gartenkresse) oder kurz angebratene Speckwürfel darunter, wird aus dem „schnellen Salat" im Nu eine komplette Mahlzeit.

■ **TIEFKÜHLKRÄUTER** können das Aroma frisch gehackter Kräuter nur zum Teil ersetzen. Wenn allerdings gerade kein frisches Basilikum, Petersilie oder Schnittlauch zur Hand ist, tun sie gute Dienste. In diesem Fall lässt sich das Aroma durch einen Schuss Kräuteröl auch noch verstärken.

■ **CONVENIENCEGEMÜSE** ist im Supermarkt immer häufiger in den Regalen der Gemüseabteilung zu finden. Ob vorgekochte, bereits geschälte Kartoffeln oder gekochte Maiskolben und Rote Rüben – sie alle sollten als durchaus taugliche Kompromissangebote der Nahrungsmittelindustrie für gestresste Köche und Köchinnen verstanden werden, die Ausnahmen allerdings nicht zum Regelfall werden lassen sollten. Denn frisch gekochtes Gemüse schmeckt immer noch am besten – und ist am gesündesten.

■ **FERTIGRAGOUTS** aller Art lassen sich vor allem mit Obers, Crème fraîche, aber auch mit Weinen, Spirituosen, Sardellen oder Sardellenpaste, Tomatenmark, Würzsaucen wie Tabasco- und Worcestershiresauce, Sojasauce, aromatisierten Ölen und Essigen verfeinern. Aber Vorsicht: Allzu viel ist nicht nur ungesund, sondern verdirbt auch den Geschmack.

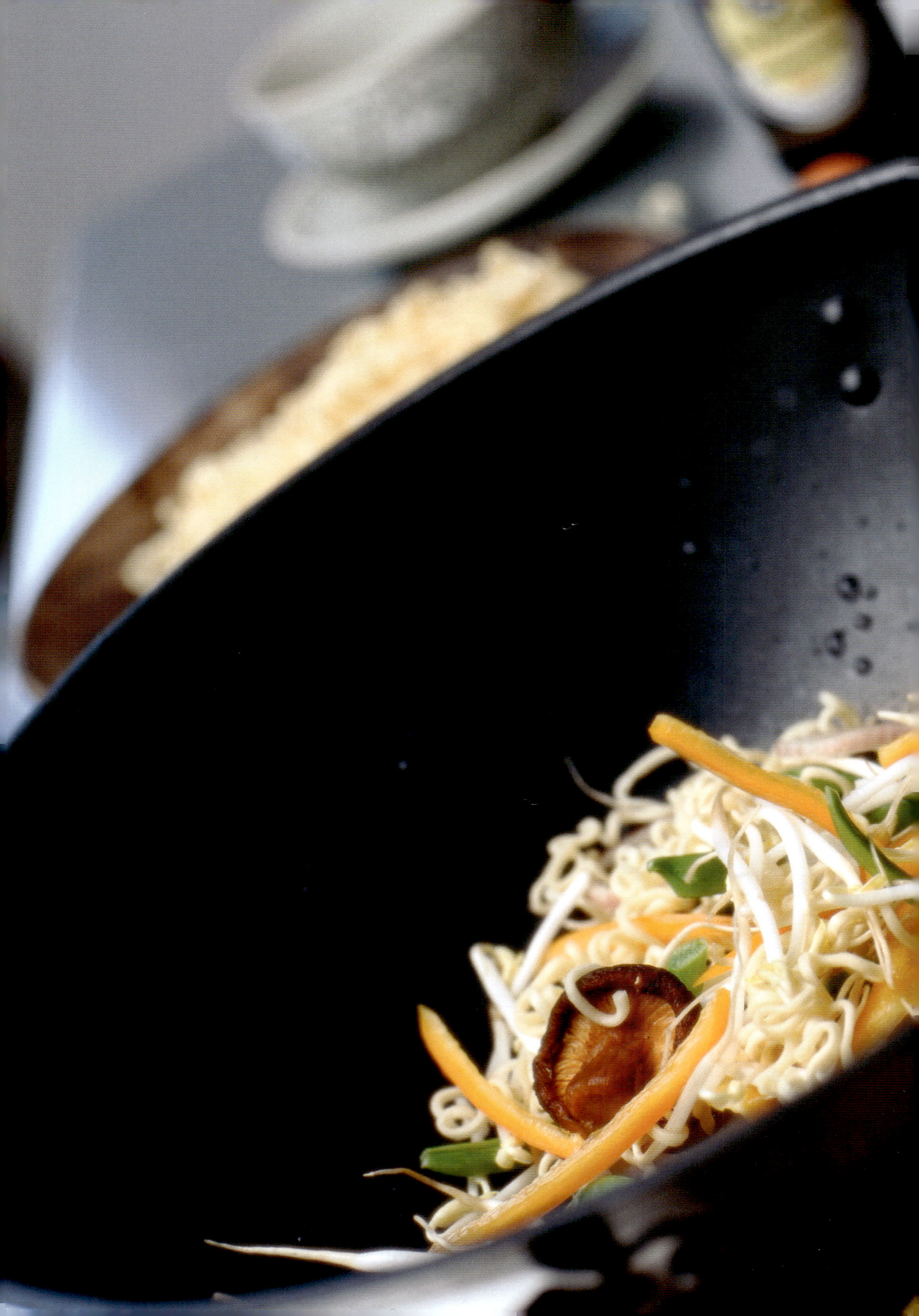

Rock around the Wok

DAS BESTE AUS DER
SCHNELLSTEN PFANNE DER WELT

Das Wok-Küchenbord

Zutaten, die vorhanden sein sollten – und wie man sie notfalls ersetzen kann

■ **AUSTERNSAUCE** *(s. Oystersauce)*

■ **BAMBUSSPROSSEN** *(auch Bambusschösslinge):* Die kegelförmigen Sprossen verschiedener Bambusarten werden bis zu 25 cm lang und gelten – fein geschnitten und gekocht – in der asiatischen Küche als äußerst beliebte Gemüsezutat. In Europa sind sie fast ausschließlich als Dosenware erhältlich.

■ **CHILISAUCE** Wird in verschiedenen Schärfegraden angeboten (milde Variante: Sweet Chilisauce). Daher Vorsicht: Je schärfer, desto kleiner sollte die verwendete Menge sein. Möglicher Ersatz: Hot Ketchup.

■ **CHINESISCHE PILZE** Meist sind unter dieser Angabe Mook-Jee-Pilze (dt. Baumpilze) gemeint, die getrocknet erhältlich und unbegrenzt haltbar sind. Möglicher Ersatz: Austernpilze, Stockpilze, Shiitakepilze, aber auch getrocknete Steinpilze.

■ **CHOISUM** Chinesischer Kohl, Chinakohl.

■ **EIERNUDELN** *(s. Mie-Nudeln)*

■ **ERDNUSSÖL** Wird wegen seiner hohen Hitzebeständigkeit in den meisten fernöstlichen Küchen als Allzwecköl verwendet. Möglicher Ersatz: jedes andere gute Pflanzenöl.

■ **FERMENTIERTE SCHWARZE BOHNENSAUCE** Getrocknete und klein gehackte Bohnen werden mit Knoblauch sowie Chili gekocht und in Salzlake gelagert.

■ **FISCHSAUCE** Gilt als eine der beliebtesten asiatischen Würzsaucen und kommt unter anderem als Nuoc Mam (vietnamesisch) oder Naam Plaah (thailändisch) auf den Markt. Aber Vorsicht bei der Verwendung! Der stechende Fischgeschmack dieser Sauce, die aus getrockneten und gesalzenen Fischen sowie Meeresfrüchten hergestellt und dann in Fässern vergoren wird, ist nicht jedermanns Sache. Anfänger sollten sie daher möglichst sparsam verwenden. Der Geschmack von Fischsauce lässt sich am ehesten durch Sardellenpaste erzielen.

■ **FÜNF-GEWÜRZE-PULVER** Chinesische Standard-Gewürzmischung, die üblicherweise aus Sternanis, Kassiarinde (Zimtrinde), Sichuanpfeffer, Fenchelsamen und Gewürznelken zusammengestellt wird.

■ **GLASNUDELN** Auch Cellophannudeln genannte, hauchdünne, durchsichtige Nudeln aus der Stärke grüner Mungobohnen. Möglicher Ersatz: Reisnudeln oder hauchdünne Taglierini.

■ **HOISIN-SAUCE** Sie zählt zu den beliebtesten Würzsaucen (z. B. bei Barbecue- oder Fischgerichten) und wird aus Sojabohnen, Zucker, Knoblauch, Essig und verschiedenen Gewürzen hergestellt.

■ **INGWER** Intensiv duftende Wurzel, die sich meist in mehrere Knollen mit seidigweicher Oberfläche aufgliedert. Die Knollen sind leicht abzubrechen, und das Wurzelfleisch lässt sich nach Entfernung der seidigen Haut in Scheiben schneiden oder hacken. Ingwer ist auch in mariniertem und pulverisiertem Zustand erhältlich.

■ **KETJAP MANIS** Die aus Indonesien stammende sämige, schwarze Würzsauce mit kräftig-süßem Aroma wird auch in einer dünnflüssigeren Variante unter dem Namen Ketjap Asin angeboten.

■ **KOKOSMILCH** *Die Milch der Kokosnuss eignet sich sowohl zum Binden dünnerer als auch zum Abmildern besonders scharfer Saucen. Sie ist in Dosen und Tetrapack, aber auch als Kokosnusscreme oder Kokosnusspulver erhältlich.*

■ **KORIANDERGRÜN** *Das auch Cilantro oder chinesische Petersilie genannte Gewürz ist wegen seines einzigartigen Aromas, das sich am besten beim Reiben frischer Blätter zwischen zwei Fingern entfaltet, eines der beliebtesten Kräuter der fernöstlichen Küche. Kann dem Aussehen (aber nicht dem Geschmack) nach durch Petersilie ersetzt werden, ist aber auch getrocknet erhältlich.*

■ **KURKUMA** *Pulverisierte Gelbwurz, möglicher (geschmacklich allerdings differierender) Ersatz: Currypulver.*

■ **MIE-NUDELN** *Chinesische Eierteignudeln, die mitunter auch aromatisiert angeboten werden. Ersatz: italienische Pasta.*

■ **MIRIN** *Süßer japanischer Reiswein, möglicher Ersatz: halbtrockener oder süßer Sherry.*

■ **NUOC MAM** *(s. Fischsauce)*

■ **OYSTERSAUCE** *Aus getrockneten Austern zubereitete Würzsauce, schwer ersetzbar.*

■ **PFLAUMENSAUCE** *Süß-saure Würzsauce aus Pflaumen und Aprikosen, die mit Essig, Salz und Zucker eingekocht werden.*

■ **REISNUDELN** *1–2 mm dünne Nudeln aus Reismehl, die mit kochendem Wasser überbrüht werden, bevor man sie einige Minuten quellen lässt und nach dem Abtropfen beliebig weiterverarbeitet.*

■ **SAKE** *Japanischer Reiswein, der auch gern warm getrunken wird.*

■ **SESAMÖL** *Asiatisches Würzöl mit unvergleichlichem nussartigem Aroma, das – außer für Wok-Gerichte – vor allem zum Verfeinern von Speisen verwendet wird.*

■ **SHAOSHING** *Gelber chinesischer Reiswein, der, wenngleich mit etwas verändertem Geschmacksresultat, durch Sherry oder Wermut ersetzt werden kann.*

■ **SICHUANPFEFFER** *Mit dem Pfeffer botanisch nicht verwandtes, aber ähnlich scharfes Gewürz aus dem rotbraunen Samen des Gelbholzbaums, der in der chinesischen Provinz Sichuan gedeiht. Möglicher Ersatz: Chilipulver, Cayennepfeffer, ungarischer Delikatess-Paprika.*

■ **SOBANUDELN** *Bräunliche japanische Nudeln aus Buchweizenmehl.*

■ **SOJASAUCE** *Die panasiatische Allzwecksauce hat viele Gesichter, natürlich gebraute ebenso wie industriell hergestellte. Im Allgemeinen unterscheidet man bei der aus der Vergärung von Sojabrei hergestellten Standardsauce jedoch zwischen heller, durchsichtiger (Shengchou jiangyou) und dunkler, intensiver Sojasauce (Laochou jiangyou). Ersatz: Kaum zu glauben, aber am ehesten Maggi-Würze.*

■ **SOJASPROSSEN** *Die Sprossen der Sojabohne schmecken am besten frisch oder nur kurz (ca. 1–2 Minuten) pochiert oder gebraten. Ersatz: Mungobohnensprossen.*

■ **TAMARINDENMARK** *In kleinen Platten hergestelltes Würzmittel, das in Fernostgeschäften auch als Fertigprodukt erhältlich ist und jedem Gericht einen leicht säuerlich-pikanten Geschmack verleiht. Möglicher Ersatz: Fruchtessig.*

■ **TAMARINDENSAFT** Verdünntes Tamarindenmark.
■ **WASSERKASTANIEN** Bissfestes, wässriges Gemüse aus den Stengelknollen des Wassergrases von nussigem Geschmack und kastanienartiger Form. Wird überwiegend in Gläsern mit Schraubverschluss angeboten. Lagert man sie nach dem Öffnen nämlich länger, muss das Wasser ein- bis zweimal pro Woche gewechselt werden. Nicht ersetzbar.
■ **WOLKENOHRPILZE** Auch Judasohren oder Geleepilze genannte Trockenpilze, die nach etwa zehn- bis fünfzehnminütigem Weichen in lauwarmem Wasser wie Quellwolken aufgehen und in dem Gericht, dem sie als Würze dienen sollen, nur noch ein bis zwei Minuten mitgekocht werden müssen. Möglicher Ersatz: Austernpilze.

Minimal**wok**

Pikanter Meeresfrüchtesalat

ZUTATEN FÜR 2 PORTIONEN
100 g eingelegte Austern aus der Dose · 100 g Cocktailshrimps · 50 g eingelegte Muscheln · 2 frische ausgelöste Jakobsmuscheln · Saft von 1/2 Zitrone · 1 gehackte Chilischote · 50 g Sojabohnensprossen · 1 kleine Karotte · 1 EL Hoisin-Sauce 2 EL Chilisauce · 1 EL Fischsauce · Salz, Pfeffer · 1 EL Sesamöl

ZUBEREITUNG
Die Karotte in 2 mm dünne Streifen schneiden. Die Jakobsmuscheln horizontal halbieren und mit Salz sowie Pfeffer würzen. In einer Wokpfanne etwas Sesamöl erhitzen und die Jakobsmuscheln darin beidseitig kurz braten (die Jakobsmuscheln müssen noch schön glasig sein). Karotten hineinstreuen und vom Herd nehmen.
Nun Austern, Cocktailshrimps, Muscheln sowie die Jakobsmuscheln in einer Schüssel behutsam vermengen. Die gehackte Chilischote gemeinsam mit den Sprossen untermengen. Mit Zitronensaft, Hoisin-Sauce, Chilisauce und Fischsauce abschmecken. In kleinen Schälchen auftragen.

Zanderstreifen auf Tomaten-Melonen-Salat

ZUTATEN FÜR 2 PORTIONEN
160 g Zanderfilet ohne Haut · 50 g Reismehl (ersatzweise Maisstärke)
100 g geschälte Honigmelone · 1 Tomate · 1 KL Currypulver · 50 ml Hühnerfond
1 KL Butter · 1 EL gehackte Petersilie · Salz, Pfeffer · Öl zum Frittieren
frische Kräuter zum Bestreuen (Petersilie, Kerbel oder Kresse)

VORBEREITUNG
Die Tomate in siedendem Wasser kurz blanchieren (kurz überbrühen), schälen, vierteln, entkernen und in Streifen schneiden.

FÜR BESONDERS EILIGE
Die Tomate ungeschält vierteln, Kerne auskratzen und Fruchtfleisch in Streifen schneiden.

ZUBEREITUNG
Den Hühnerfond mit Currypulver, Petersilie und Butter erwärmen. Die Melone in Würfel schneiden und mit den Tomatenstreifen vorsichtig vermengen. Mit dem Hühnerfond marinieren und etwas ziehen lassen.

Währenddessen das gut entgrätete Zanderfilet in 1 cm breite Streifen schneiden. Mit Salz sowie Pfeffer würzen und in Reismehl wenden. In einem Wok reichlich Öl erhitzen, die Zanderstreifen einlegen und darin knusprig frittieren. Wieder herausheben und auf Küchenkrepp abtropfen lassen.

Den marinierten Tomaten-Melonen-Salat auf Tellern anrichten und die frittierten Zanderstreifen darauf anrichten. Mit gehackten frischen Kräutern bestreut servieren.

ROCK AROUND THE WOK

Veggie-**Wok**

Gemüsetempura mit Wasabi-Mousseline

ZUTATEN FÜR 2 PORTIONEN
1/2 rote Paprikaschote · 1/2 gelbe Paprikaschote · 250 g Zucchini- und Auberginenscheiben · 180 ml Eiswasser · 1 Eiklar · 50 g Reismehl (ersatzweise Maisstärke) · 50 g Weizenmehl · Salz · Öl zum Frittieren

FÜR DIE WASABI-MOUSSELINE
100 g Mayonnaise · 1 KL Wasabikrenpaste · 1 EL geschlagenes Obers

ZUBEREITUNG
Die Zucchini- und Auberginenscheiben in mundgerechte Scheiben, die entkernten Paprikaschoten in 5 mm breite Streifen schneiden.
Für den Tempurateig das Eiswasser mit Eiklar, einer Prise Salz, Reismehl und Weizenmehl glatt rühren. In einem Wok reichlich Öl erhitzen. Das Gemüse leicht salzen, in den Teig tauchen, abtropfen lassen und im (etwa 180 °C) heißen Öl frittieren. Herausheben und auf Küchenkrepp abtropfen lassen. Für die Wasabi-Mousseline alle Zutaten verrühren. Das gebackene Gemüse in Schälchen oder tiefen Tellern anrichten und mit der Mousseline servieren.

Wok-Gemüse mit Tofu

ZUTATEN FÜR 2 PORTIONEN
120 g Tofu · 100 g junge Erbsenschoten · 70 g Bohnensprossen (s. Tipp)
50 g Brokkoliröschen · 1 rote Paprikaschote · 100 g Bambussprossen aus der Dose
1 daumennagelgroßes Stück frischer Ingwer · 1 Knoblauchzehe · 1 Schalotte
1/2 gehackte Chilischote · 1/2 Karotte · 2 EL Erdnussöl · 50 ml Geflügelfond
1 EL Oystersauce · 1 EL Sojasauce · 1 TL Maisstärke · Salz, Pfeffer
gehacktes Koriandergrün

ZUBEREITUNG
Den Tofu in 1,5 cm große Würfel, den geschälten Ingwer und die Bambussprossen in Scheiben, die Karotte in feine Stifte schneiden. Knoblauch und Schalotte fein hacken. Die Paprikaschote halbieren, entkernen und in Streifen schneiden.
Das Erdnussöl in einer Wokpfanne erhitzen, den Tofu darin goldgelb braten, herausnehmen und warm stellen. Ingwer, Knoblauch, Schalotte und Chili im verbliebenen Öl anschwitzen. Karotten, Brokkoli, Erbsenschoten und Paprikastreifen zugeben und unter Rühren einige Minuten braten. Geflügelfond mit Oyster- sowie Sojasauce, Maisstärke und einem Esslöffel Wasser verrühren und das Gemüse damit aufgießen.
Nun Bohnen- und Bambussprossen sowie Tofu unterrühren. Mit Salz und Pfeffer nach Bedarf abschmecken. In Schälchen anrichten und mit gehacktem Koriandergrün bestreuen.

TIPP
Die in diesem Rezept angeführten Mengenangaben für das Gemüse sollten eher als Empfehlung denn als Verpflichtung angesehen werden. Erlaubt ist, was gefällt und schmeckt. Kombinieren Sie ganz nach Lust und Laune, etwa auch mit Pilzen (Austern oder Shiitakepilze), Sojasprossen, Jungzwiebeln oder Lauch.

Wok mit Flossen

Goldbrassenfilet mit Jungzwiebeln und Shiitakepilzen

ZUTATEN FÜR 2 PORTIONEN
2 Goldbrassenfilets à 120 g · 100 g Jungzwiebeln · 12 Shiitakepilze · 1/2 rote Paprikaschote · Koriander · 1 Schalotte · 2 EL Olivenöl · 1 daumennagelgroßes Stück Ingwer · 50 ml Hühnerfond · 3 EL Oystersauce · 1 Msp. Maisstärke
Salz, Pfeffer

ZUBEREITUNG
Den geschälten Ingwer ebenso wie die Schalotte fein hacken. Die Jungzwiebeln in Scheiben, die entkernte Paprikaschote in Würfel schneiden, die Pilze vierteln. In einem Wok Olivenöl erhitzen. Jungzwiebeln, Pilze, Paprika, Schalotten und Ingwer zugeben und darin anschwitzen. Mit Koriander würzen. Hühnerfond mit Oystersauce und Maisstärke verrühren und das Gemüse damit aufgießen. Mit Salz sowie Pfeffer abschmecken und noch einmal kurz aufkochen lassen.
Währenddessen die Goldbrassenfilets mit Salz und Pfeffer würzen. In einer Pfanne etwas Öl erhitzen und die Filets rasch auf beiden Seiten braten. Das fertige Gemüse auf Tellern anrichten und die Fischfilets darauf legen.
BEILAGENEMPFEHLUNG: Basmatireis

Thunfisch mit Chilisprossen

ZUTATEN FÜR 2 PORTIONEN
180 g frisches Thunfischfilet · 1 Chilischote · 1 Knoblauchzehe
50 g Sojabohnensprossen · 50 g Linsensprossen · 2 Jungzwiebeln
1 EL Chilisauce · 1 EL Oystersauce · 1 EL Sojasauce · 1 Msp. Maisstärke
Salz, Pfeffer · Sesamöl zum Anbraten

ZUBEREITUNG
Das Thunfischfilet in 2 cm große Würfel schneiden. Die Chilischote der Länge nach halbieren, entkernen und ebenso wie die Knoblauchzehe fein hacken. Die Jungzwiebeln fein schneiden. Etwas Sesamöl in einer Wokpfanne erhitzen. Jungzwiebeln, Chili sowie Knoblauch zugeben und darin anschwitzen. Sprossen hinzufügen und alles mit Salz sowie Pfeffer würzen. Zuletzt mit Chilisauce abschmecken. Gemüse wieder herausnehmen und warm stellen.
Nun die Wokpfanne mit Küchenpapier auswischen. Wiederum etwas Sesamöl erhitzen und die Thunfischwürfel darin von allen Seiten kurz anbraten (sie sollen innen noch saftig sein). Währenddessen Oystersauce, Sojasauce, Maisstärke und etwa 2 Esslöffel Wasser verrühren. Den Thunfisch mit dieser würzigen Sauce begießen. Die warmgehaltenen Chilisprossen auf Tellern anrichten und die Thunfischwürfel darauf setzen.
BEILAGENEMPFEHLUNG: Basmatireis

Garnelen-Mango-Wok

ZUTATEN FÜR 2 PORTIONEN
200 g Garnelen ohne Schale · 1 Mango · 1 Schalotte · 1 kleine Karotte
100 ml Hühnersuppe · 1 TL Kurkuma (Gelbwurz) · 60 ml Kokosmilch
gemahlener Koriander · 1 Chilischote · 2 EL Sesamöl · 1 TL gehacktes
Koriandergrün · Kokosraspel zum Bestreuen · Salz, Pfeffer

ZUBEREITUNG
Die Mango schälen, Fruchtfleisch auslösen und in 2 cm große Würfel schneiden. Chilischote längs halbieren, entkernen und ebenso wie die Schalotte fein hacken. Karotte in 3 mm dicke Stifte schneiden.
Garnelen mit Salz und Pfeffer würzen. Das Sesamöl in einer Wokpfanne erhitzen und die Garnelen darin rundum kurz anbraten. Herausnehmen und warm stellen. Nun die Mangowürfel, Schalotten und Karottenstifte im Wok anschwitzen. Mit Koriander würzen. Kurkuma, Hühnersuppe und Kokosmilch zugeben. Die Garnelen gemeinsam mit dem gehackten Chili einmengen und einmal aufkochen lassen. In Schälchen anrichten und vor dem Servieren mit Koriandergrün und Kokosraspel bestreuen.
BEILAGENEMPFEHLUNG: Basmatireis und indisches Fladenbrot

ROCK AROUND THE WOK

Garnelentempura

ZUTATEN FÜR 2 PORTIONEN
250 g mittelgroße Garnelenschwänze (ohne Schale) · 180 ml Eiswasser · 1 Ei 50 g Reismehl (ersatzweise Maisstärke) 50 g Weizenmehl · Salz · glattes Mehl zum Wenden · Sojasauce, Wasabikrenpaste und/oder Chilisauce als Beilage · Öl zum Frittieren

ZUBEREITUNG
Für den Tempurateig das Eiswasser mit Ei, Salz, Reis- und Weizenmehl glatt rühren. Die Garnelen von der Rückseite so durchschneiden, dass das letzte Segment noch erhalten bleibt. Durch den Schnitt erhalten sie dann beim Frittieren die typische „Schmetterlingsform". Den Darm entfernen.
In einem Wok reichlich Öl erhitzen. Die Garnelen in glattem Mehl wenden. Danach einzeln durch den Teig ziehen, Teig ablaufen lassen und im (180 °C) heißen Fett goldbraun frittieren. Herausheben und auf Küchenpapier abtropfen lassen. Mit verschiedenen Saucen zum Dippen (Tunken) servieren.

Vom Wok, vom Pfannenrühren und vom goldenen Schnitt

Im Land seiner Herkunft stand der Wok, das Herzstück jeder chinesischen Küche, meist auf archaischen Kochstellen oder ausgedienten, mit Brennmaterial gefüllten Benzinfässern. Mittlerweile ist der Wok aber auch in europäischen Einbauküchen salonfähig geworden, da sich Wok-Gerichte aufgrund ihrer gesunden Zubereitung größter Beliebtheit erfreuen.
Ein Wok ist im Grunde nichts anderes als eine große, geräumige Kasserolle oder Pfanne. Das Wort stammt aus dem Kantonesischen und bedeutet schlicht „Kochgefäß". Dennoch ist der ursprünglich ausschließlich für offenes Feuer gedachte Wok mit seinem schweren, gewölbten Boden nicht nur ein Gefäß, sondern steht auch für eine bestimmte Kochphilosophie. Diese stützt sich zum einen auf die Verwendung von topffrischen Produkten, zum anderen auf deren schonende und daher gesunde Zubereitung.
Dazu werden die unterschiedlichen Zutaten je nach notwendiger Garungszeit in etwas heißem Öl zwischen einer und vier Minuten nacheinander auf größtmöglicher Hitze und unter ständigem „Pfannenrühren" (so der chinesische Fachausdruck) gebraten. Durch das ständige Rühren und Schwingen des Woks befinden sich die einzelnen Zutaten jeweils immer nur ganz kurz auf dem heißesten Punkt des Woks, also in der Pfannenmitte, und wandern dann wieder an den Rand. Fleisch, Nudeln oder Gemüse werden somit schön gleichmäßig knackig und bissfest gegart. Denn aus dem Wok sollte keineswegs überkochtes, zahnloses Gemüse oder gar Fleisch mit harter Faser kommen. Dazu ist es allerdings auch unerlässlich, dass das Bratgut vorher durch den „goldenen Schnitt" – wie die Chinesen das Zurechtschneiden in gleichmäßig große Stücke bezeichnen – optimal vorbereitet wird.

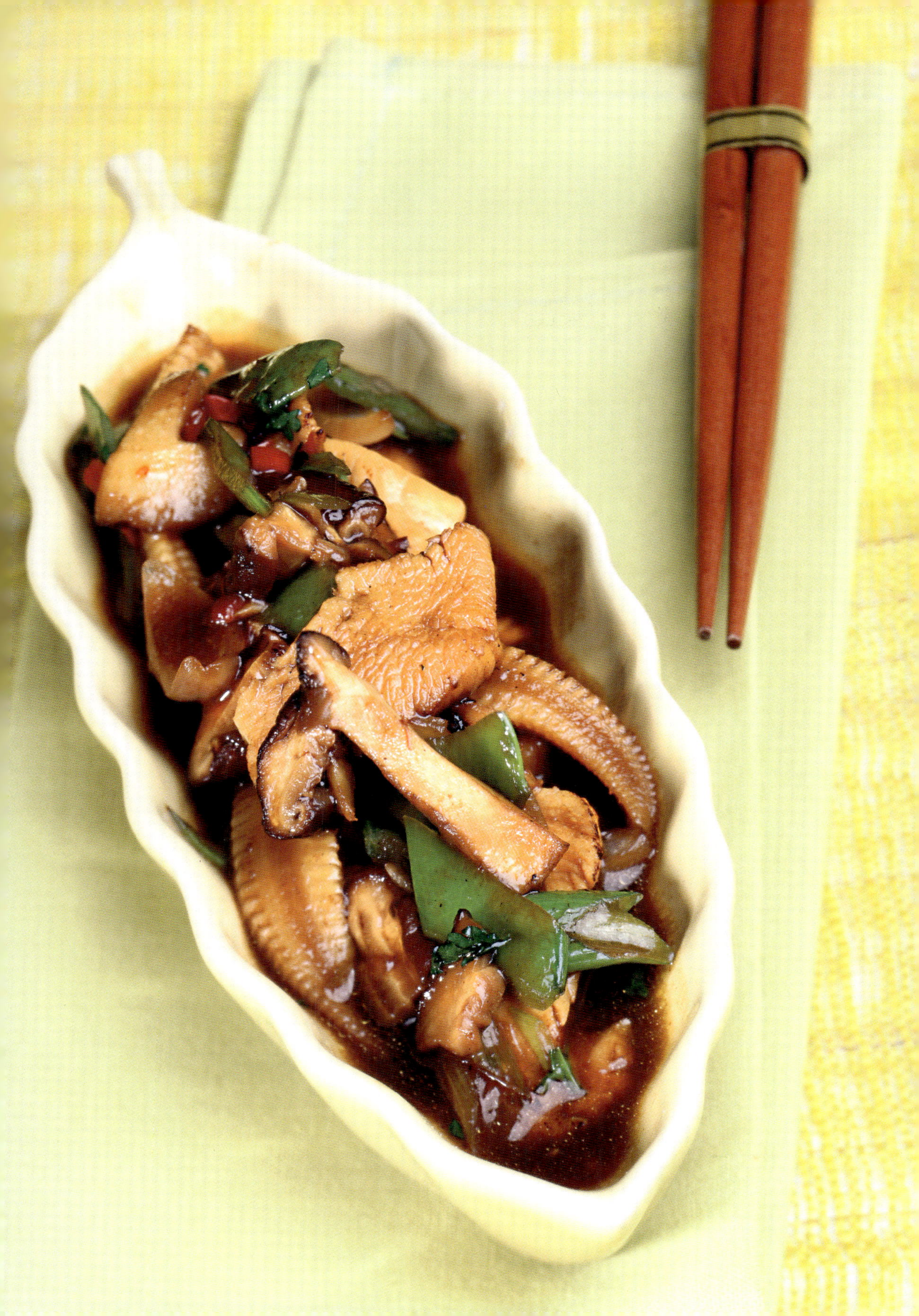

Wok mit Flügeln

Huhn mit Maiskölbchen

ZUTATEN FÜR 2 PORTIONEN
250 g Hühnerbrustfilet · 100 g eingelegte Maiskölbchen · 50 g Shiitakepilze
1 Hand voll junge Erbsenschoten · 1 Jungzwiebel · 1–2 EL Sesamöl
2 EL Oystersauce · 1 EL Sojasauce · 1 EL Fischsauce (Nuoc Mam) · Salz, Pfeffer

ZUBEREITUNG
Die Hühnerbrust in feine Streifen schneiden und salzen. Die Shiitakepilze vierteln, die Jungzwiebel in Stücke schneiden. Die Erbsenschoten waschen, aber ganz lassen. Sesamöl in einer Wokpfanne erhitzen. Hühnerfleisch zugeben und darin pfannenrührend, d. h. unter ständigem Rühren, knusprig braten.
Hühnerfleisch wieder herausnehmen und zur Seite stellen. Jetzt die Maiskölbchen, Pilze, Erbsenschoten und Jungzwiebelstückchen im verbliebenen Fett in der Wokpfanne unter ständigem Rühren einige Minuten braten. Hühnerfleisch wieder zugeben. Mit Oystersauce, Sojasauce, Fischsauce und Pfeffer würzen. Herausheben und in Schälchen anrichten.
BEILAGENEMPFEHLUNG: Basmatireis oder chinesische Eiernudeln

Foto Seite 173

Huhn mit Erdnüssen und Junglauch

ZUTATEN FÜR 2 PORTIONEN
250 g Hühnerbrustfilet · 60 g geschälte Erdnüsse
2 gehackte Knoblauchzehen · 1 daumennagelgroßes Stück Ingwer · 100 g in feine Streifen geschnittener Junglauch · 1 EL Erdnussöl
2 EL Oystersauce · 1 EL Chilisauce · 1 Msp. Maisstärke · 50 ml Hühnersuppe · 1 TL Sichuan-Pfeffer · 1 Prise Zucker · Salz

ZUBEREITUNG
Die Hühnerbrust in feine Streifen schneiden und mit Salz würzen. Den Ingwer schälen und fein hacken. Erdnussöl in einer Wokpfanne erhitzen, die Erdnüsse darin kurz anbraten und wieder herausnehmen. Hühnerfleisch in das verbliebene Fett geben und unter ständigem Rühren im Wok knusprig braten. Herausnehmen und zur Seite stellen. Knoblauch, Ingwer und Junglauch in der Wokpfanne unter ständigem Rühren einige Minuten braten. Dann Hühnerfleisch und Erdnüsse wieder zugeben. Oyster- sowie Chilisauce mit Maisstärke, Hühnersuppe, Pfeffer und Zucker verrühren und in den Wok gießen. Alles nochmals kurz aufkochen lassen und abschmecken. In kleine Schalen füllen und servieren.
BEILAGENEMPFEHLUNG: Basmatireis oder chinesische Eiernudeln

Ingwerente

ZUTATEN FÜR 2 PORTIONEN
200 g Entenbrust ohne Haut · 1 Knoblauchzehe · 1 kleines Stück Ingwerwurzel (ca. 20 g) · 1 rote Paprikaschote · 200 g Ananas · 50 g Schalotten · 4 EL Nussöl 3 EL Sojasauce · 1 EL Chilisauce · 1 TL Maisstärke

VORBEREITUNG
Die Ananas schälen, Augen ausstechen, den holzigen Strunk entfernen und das Fruchtfleisch in 1 cm große Würfel schneiden.

FÜR BESONDERS EILIGE
Verwenden Sie statt frischer Ananas bereits vorbereitete Ananas aus der Dose, die allerdings vor dem Anbraten mit Küchenkrepp gut trockengetupft werden muss.

ZUBEREITUNG
Die Entenbrust quer in dünne Streifen schneiden. Knoblauchzehe und Ingwer schälen und beides in feine Stifte schneiden. Paprikaschote halbieren, entkernen und Fruchtfleisch in 1 cm große Stücke schneiden. Geschälte Schalotten in Spalten schneiden. Die Entenbruststreifen mit etwas Maisstärke bestäuben. Nussöl im Wok sehr heiß werden lassen, Entenbruststreifen unter ständigem Rühren ca. 1 Minute anbraten und wieder herausnehmen. Knoblauch, Ingwer, Schalotten, Ananas- und Paprikastücke gemeinsam kurz anbraten. Die gebratenen Fleischscheiben wieder untermischen. Sojasauce, Chilisauce und etwa 3 Esslöffel Wasser miteinander verrühren und in den Wok gießen. Alles zusammen noch 1 Minute köcheln lassen. Ingwerente auf vorgewärmten Tellern anrichten und mit Reis servieren.
BEILAGENEMPFEHLUNG: Basmatireis

ROCK AROUND THE WOK

Meat-Wok

Schweinsfilet mit Lauch- und Jungzwiebelstreifen

ZUTATEN FÜR 2 PORTIONEN
200–250 g Schweinsfilet (Schweinslungenbraten) · 1/2 Stange Lauch
2 Jungzwiebeln · 100 g Kürbisfleisch · 2 EL Sojasauce · 2 EL Chilisauce
2 EL Oystersauce · 1 Msp. Maisstärke · 1 TL Zucker · Salz, Pfeffer · 2 EL Sesamöl

ZUBEREITUNG
Den Lauch und die Jungzwiebeln in feine Streifen, das Kürbisfleisch in Würfel, das Schweinsfilet in dünne Streifen schneiden. Für die Marinade die Sojasauce mit Chilisauce, Oystersauce, Maisstärke sowie Zucker verrühren und das Fleisch damit begießen. Mit Salz und Pfeffer würzen.
In einer Wokpfanne das Sesamöl erhitzen. Die Fleischstreifen abtropfen lassen, zugeben und im Wok pfannenrührend, also unter ständigem Rühren anbraten. Fleisch herausnehmen. In der Wokpfanne nun die Kürbiswürfel mit den Lauch- und Jungzwiebelstreifen anschwitzen. Fleisch sowie die restliche Marinade zugeben und alles einmal aufkochen lassen. Mit Salz und Pfeffer abschmecken und in Schälchen anrichten.
BEILAGENEMPFEHLUNG: Basmatireis oder chinesische Eiernudeln

Schweinefleisch süß-sauer

ZUTATEN FÜR 2 PORTIONEN
250 g Schweinefleisch (am besten Schweinslungenbraten) · einige junge Erbsenschoten · 1/2 kleine Karotte · 1 Schalotte · 1 Knoblauchzehe · 6 Shiitakepilze
2 EL Sojasauce · 1 EL Chilisauce · 1 TL Zucker · 1 daumennagelgroßes Stück Ingwer
1 Msp. Maisstärke · 50 ml Hühnersuppe · 1 Msp. Fünf-Gewürze-Pulver (Five Spices)
Salz, Pfeffer · 1 EL Erdnussöl

ZUBEREITUNG
Das Schweinefleisch in 5 mm dicke Scheiben und diese wiederum in 1 cm breite Streifen schneiden. Die Erbsenschoten schräg in Rauten, die Karotte in 3 mm feine Stifte schneiden. Ingwer, Schalotte und Knoblauch fein hacken. Die Shiitakepilze vierteln. Die Sojasauce mit Chilisauce, einer Prise Zucker, Ingwer, Maisstärke, Hühnersuppe und dem Fünf-Gewürze-Pulver verrühren.
Das Erdnussöl in einer Wokpfanne erhitzen. Die Schweinefleischstreifen mit Salz sowie Pfeffer würzen und im Wok unter ständigem Rühren anbraten. Fleisch herausnehmen und warm stellen. Erbsenschoten, Karotten, Schalotten, Knoblauch und Shiitakepilze zugeben und 1 Minute pfannenrührend, d. h. unter ständigem Rühren, braten. Das Fleisch wiederum zugeben. Mit dem Saucengemisch aufgießen und nochmals kurz aufkochen lassen. In Schalen anrichten.
BEILAGENEMPFEHLUNG Basmatireis

Wok & Noodles

Knusprige Reisnudeln mit Garnelen

ZUTATEN FÜR 2 PORTIONEN
100 g dünne Reisnudeln
150 g mittelgroße Garnelen ohne Schale
2 Jungzwiebeln · 80 g Bohnensprossen
12 Cocktailtomaten · 1 daumennagelgroßes Stück Ingwer · 2 EL Sojasauce
2 EL Chilisauce · 1 Msp. Maisstärke
1 EL Sesamöl · Öl zum Backen
Salz, Pfeffer

ZUBEREITUNG
Die Reisnudeln auseinanderzupfen. In einem Topf reichlich Öl erhitzen und die Nudeln darin frittieren, bis sie sich aufgebläht haben. Nudeln wieder herausnehmen und auf Küchenpapier abtropfen lassen.
Inzwischen die Jungzwiebeln in Stücke schneiden, die Cocktailtomaten quer halbieren und den Ingwer fein hacken. Die Garnelen mit Salz und Pfeffer würzen. Sesamöl in einer Wokpfanne erhitzen und die Garnelen darin 2 Minuten pfannenrührend, d. h. unter ständigem Wenden, braten. Jungzwiebeln, Bohnensprossen, Ingwer und Cocktailtomaten zugeben und für 1 Minute mitbraten. Dann Sojasauce mit Chilisauce, 2 Esslöffeln Wasser sowie Maisstärke verrühren und diese Mischung in den Wok eingießen. Alles gut durchrühren und einmal aufkochen lassen. Auf 2 tiefe Teller (oder Schalen) verteilen und mit den knusprigen Reisnudeln anrichten.

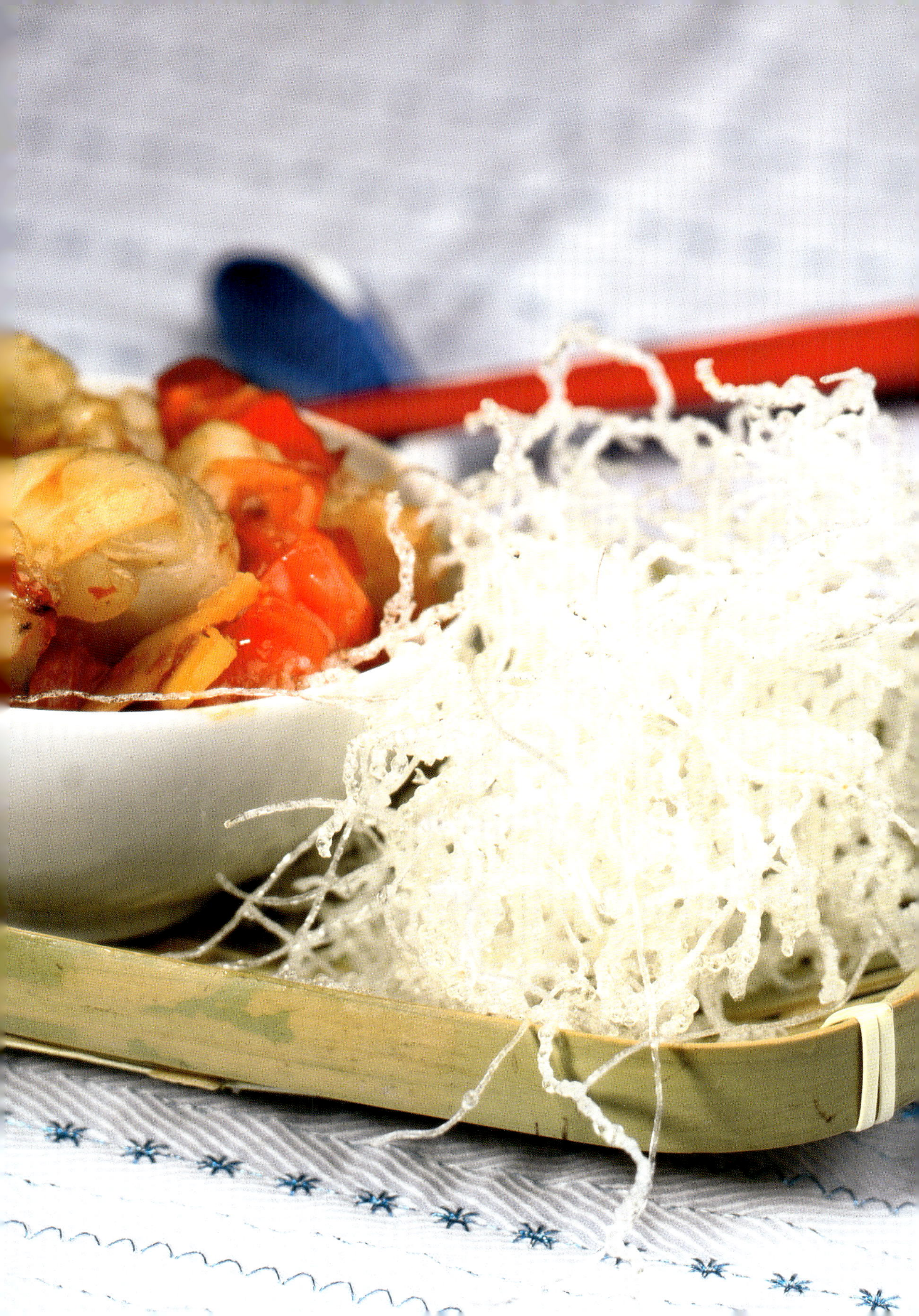

Bami Goreng

ZUTATEN FÜR 2 PORTIONEN
**125 g chinesische Eiernudeln · 200 g Hühnerbrust · 50 g Cocktailshrimps
2 in feine Ringe geschnittene Jungzwiebeln · 2 fein gehackte Knoblauchzehen
1 Chilischote · 1 daumennagelgroßes Stück frischer Ingwer · 2 EL Erdnussöl
2 EL Sojasauce · 40 ml Hühnersuppe · Salz · Prise Zucker**

ZUBEREITUNG
In einem Topf reichlich Salzwasser aufkochen lassen und die Nudeln darin nach Anleitung etwa 4 Minuten bissfest kochen. Danach herausnehmen und gut abtropfen lassen. Erdnussöl in einer Wokpfanne erhitzen, die Nudeln darin knusprig anbraten, wieder herausnehmen und warm stellen.
Währenddessen die Hühnerbrust in feine Streifen schneiden und salzen. Die entkernte Chilischote sowie den geschälten Ingwer fein hacken, dabei die Kerne der Chilischote entfernen. Nun die Hühnerbruststreifen in der Wokpfanne im verbliebenen Fett rasch braten. Shrimps, Jungzwiebeln, Knoblauch, Ingwer und Chili zufügen und alles etwa 1 Minute mitbraten. Sojasauce und Hühnersuppe seitlich zugießen. Mit einer Prise Zucker und etwas Salz abschmecken. Die gebratenen Nudeln unterrühren und in kleinen Schalen oder tiefen Tellern anrichten.

Chinesische Eiernudeln mit gepfefferter Hühnerbrust

ZUTATEN FÜR 2 PORTIONEN
125 g chinesische Eiernudeln · 200 g Hühnerbrustfilet · 1 Schalotte · 1 Knoblauchzehe · 100 g Ananaswürfel aus der Dose
1 kleines Stück Ingwer (20 g) · 2 EL Erdnussöl · 1 TL grob gestoßener weißer Pfeffer
Salz · 1 EL Sojasauce · 1 EL Sweet Chilisauce

ZUBEREITUNG
In einem großen Topf reichlich Salzwasser aufkochen und die Eiernudeln darin nach Anleitung (4–5 Minuten) bissfest kochen.
Inzwischen die Hühnerbrust in feine Streifen schneiden. Mit Salz und gestoßenem Pfeffer würzen. Das Erdnussöl in einer Wokpfanne erhitzen und die Hühnerbruststreifen darin unter ständigem Rühren rasch anbraten. Herausnehmen und warm stellen.
Die Schalotte, die Knoblauchzehe sowie den Ingwer fein hacken und alles mit den Ananaswürfeln 1 Minute in der Wokpfanne braten. Hühnerbruststreifen untermengen und mit Soja- sowie Chilisauce abschmecken. Die „al dente" gekochten Eiernudeln abgießen, abtropfen lassen und untermengen. In Schälchen oder tiefen Tellern anrichten.

Schweinefleisch „hot" mit Eiernudeln

ZUTATEN FÜR 2 PORTIONEN
125 g chinesische Eiernudeln · 250–300 g Schweinefleisch (am besten Schweinslungenbraten) · 2 Knoblauchzehen · 1 daumennagelgroßes Stück Ingwer
1 Chilischote (nach Belieben auch mehr) · 100 g Jungzwiebeln · 100 g gehackte Tomaten aus der Dose · 50 g Bohnensprossen · 2 EL Erdnussöl · 1 EL Fischsauce
2 EL Sojasauce · 1 Msp. Kurkumapulver · Chilisauce nach Belieben
Salz, Pfeffer

ZUBEREITUNG
In einem großen Topf reichlich Salzwasser aufkochen und die Eiernudeln darin nach Anleitung (4–5 Minuten) bissfest kochen. Nudeln abgießen und abtropfen lassen.
Währenddessen das Schweinefleisch in feine Streifen schneiden und mit Salz sowie Pfeffer würzen. Knoblauch und Ingwer fein hacken. Die Chilischote längs halbieren, die Kerne entfernen und ebenso wie die Jungzwiebeln in feine Scheiben schneiden.
Das Erdnussöl in einer Wokpfanne erhitzen. Die gewürzten Schweinefleischstreifen zugeben und unter wiederholtem Rühren von allen Seiten kurz anbraten. Wieder herausnehmen und zur Seite stellen. Nun die gehackten Tomaten gemeinsam mit den Jungzwiebeln, dem Knoblauch, dem Ingwer und dem Chili ebenfalls im Wok etwa 1 Minute anschwitzen. Dann das Fleisch wieder einmengen und mit Fischsauce, Sojasauce und Kurkuma würzen. Nach Belieben noch mit Chilisauce scharf „nachwürzen". Die Sprossen zugeben und aufkochen lassen.
Die abgetropften Eiernudeln untermengen und in tiefen Tellern oder Schälchen anrichten.

Schweinsfilet mit Garnelen und Eiernudeln

ZUTATEN FÜR 2 PORTIONEN
**200 g Schweinsfilet (Schweinslungenbraten) · 6 mittelgroße Garnelen ohne Schale
200 g chinesische Eiernudeln · 1 Tomate · 1 Schalotte · 100 g Sojasprossen
2 EL Chilisauce · 100 ml Kokosmilch · 2 EL Oystersauce · 1 TL Zucker · Salz, Pfeffer
2 EL Sesamöl · 1 EL geschnittener Schnittlauch**

VORBEREITUNG
Die Tomate kurz blanchieren (mit brühendem Wasser übergießen), kalt abschrecken und die Haut abziehen. Vierteln, entkernen und das Fruchtfleisch grobwürfelig schneiden.

FÜR BESONDERS EILIGE
Je nach Belieben entweder eine ungeschälte Tomate in Würfel schneiden oder eine geschälte Tomate aus der Dose verarbeiten.

ZUBEREITUNG
Das Schweinsfilet in 5 mm dicke Streifen, die Schalotte in Spalten schneiden. In einem Topf reichlich Salzwasser aufkochen und die Nudeln darin nach Anleitung (ca. 4 Minuten) bissfest kochen. Abgießen und abtropfen lassen.
Inzwischen in einer Wokpfanne das Sesamöl erhitzen. Die Schweinsfiletstreifen sowie die

Garnelen zugeben und unter kräftigem Rühren scharf anbraten. Sprossen, Tomatenwürfel sowie Schalotten zugeben und kurz mitbraten. Chilisauce, Kokosmilch, Oystersauce und Zucker zugeben und alles gut verrühren. Die gekochten, abgetropften Eiernudeln untermengen und mit Salz sowie Pfeffer abschmecken. Gericht in Schälchen oder tiefen Tellern anrichten und mit gehacktem Schnittlauch bestreut servieren.

Die zehn Gebote der Wok-Küche

■ Sorgen Sie dafür, dass vor Kochbeginn alle Zuputz- und Schneidarbeiten erledigt sind und alle Zutaten in etwa die gleiche Größe und Dicke haben. Nur so können dieselben auch gleichmäßig durchgaren.

■ Achten Sie auf ein möglichst komplettes Mise-en-place (Vorbereiten sämtlicher Zutaten und Gewürze), da während des Kochens alles sehr schnell gehen muss. Vergewissern Sie sich daher zuvor auch, ob essentielle Werkzeuge wie Dämpfgitter, Dünsteinsatz, Schaumlöffel, Holzspatel, Stäbchen etc. vorhanden und leicht greifbar sind.

■ Lassen Sie das Öl vor dem Einlegen der ersten Zutat im Wok so heiß werden, dass es gerade nicht zu rauchen beginnt. Eingelegte Zutaten müssen immer braten und dürfen keinesfalls gedünstet werden.

■ Sollten Ihre Zutaten (etwa Röstgemüse, Hühnerfleisch und Shrimps) unterschiedliche Garzeiten erfordern, so legen Sie bitte stets jene mit der längeren Garzeit zuerst ein, bevor Sie nach und nach die anderen hinzufügen.

■ Halten Sie sich wie die Chinesen an das extrem hitzebeständige Erdnussöl als Bratfett. Sollte Erdnussöl in Ihrer Küche fehlen, können Sie ersatzweise auch Sonnenblumen- oder Maiskeimöl verwenden. In kleinen Mengen ist auch Sesamöl zum Kurzbraten geeignet.

■ Meiden Sie alle Öle, die schnell überhitzt werden. Vor allem Butter, Margarine und so gut wie alle kaltgepressten Öle sind für den Wok völlig ungeeignet.

■ Halten Sie das Bratgut durch ständiges Rühren in einer stetig kreisenden Bewegung, damit alle Zutaten sowohl mit dem heißen Wokboden als auch mit den seitlichen Garflächen in Berührung kommen.

■ Besteht die Gefahr, dass die eine oder andere Zutat austrocknet, gießen Sie niemals Öl, sondern lieber etwas Fond, Würzsauce oder Wasser nach.

■ Garen Sie alle Zutaten, vor allem auch das Gemüse, nur bissfest.

■ Bestäuben Sie bereits mariniertes Fleisch vor dem Braten mit etwas Mehl oder Stärke. Es erhält dadurch eine knusprige Oberfläche und das Fleisch verliert nicht an Feuchtigkeit und Geschmack.

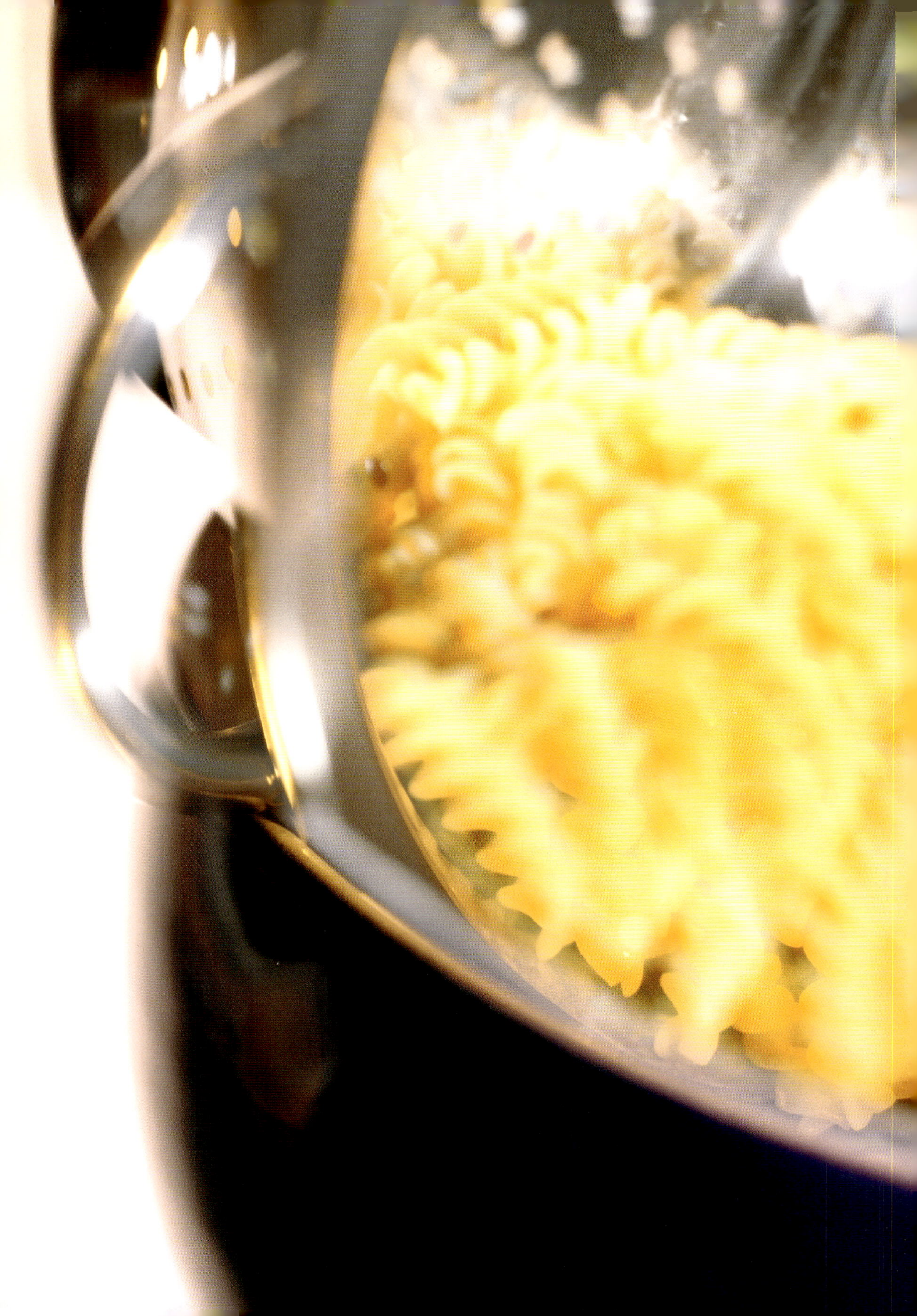

Pasta à la minute

SPAGHETTI, TORTELLINI, TAGLIATELLE & CO.
WÄHREND DIE NUDELN KOCHEN, DAMPFT SCHON DAS SUGO

PASTA À LA MINUTE

Spaghetti, Spaghettini, Linguine und Capellini

Spaghetti al limone

(SPAGHETTI MIT ZITRONENSAUCE)

ZUTATEN FÜR 2 PORTIONEN
**200 g Spaghetti · 4 EL Pinienkerne
120 g Mascarpone · 80 g Crème
fraîche · abgeriebene Schale und Saft
von 1/2 unbehandelten Zitrone
Salz, Pfeffer · Tabascosauce · etwas
Zitronenmelisse · Olivenöl**

ZUBEREITUNG
Spaghetti in kochendem Salzwasser „al dente" kochen. Inzwischen für die Zitronensauce die Pinienkerne in einer Pfanne ohne Fettzugabe rösten. In einem Topf Mascarpone, Crème fraîche, abgeriebene Zitronenschale und Zitronensaft erhitzen und mit Salz, Pfeffer sowie Tabascosauce würzen. Die Zitronenmelisse in Streifen schneiden und in die Sauce einmengen. Die bissfest gekochten Spaghetti aus dem Kochwasser heben, abtropfen lassen und mit etwas Olivenöl vermischen. Spaghetti in tiefen Tellern anrichten und mit der Zitronensauce übergießen. Vor dem Servieren mit den gerösteten Pinienkernen bestreuen.

Spaghetti al pomodoro

(SPAGHETTI MIT TOMATEN-BASILIKUM-SUGO)

ZUTATEN FÜR 2 PORTIONEN
**200 g Spaghetti · 200 g gehackte Tomaten aus der Dose · 60 ml Weißwein
60 ml Gemüsefond · 1 TL Ketchup · frisch gehacktes Basilikum · Olivenöl
Salz, Pfeffer · Tabascosauce · frisch gehobelter Parmesan**

ZUBEREITUNG
Spaghetti in reichlich Salzwasser bissfest kochen. Inzwischen die gehackten Tomaten in etwas Olivenöl andünsten. Mit Weißwein ablöschen und etwas einkochen lassen. Gemüsefond und Ketchup einrühren und nochmals aufkochen lassen. Basilikum einmengen und mit Salz, Pfeffer sowie Tabascosauce abschmecken.
Die „al dente" gekochten Spaghetti aus dem Kochwasser heben, abtropfen lassen und mit etwas Olivenöl vermischen. Nudeln unter das Sugo mischen und in tiefen Tellern anrichten. Mit frisch gehobeltem Parmesan bestreuen.

Spaghettini mit Estragonpesto

ZUTATEN FÜR 2 PORTIONEN
**200 g Spaghettini (sehr dünne Spaghetti) · 100 g Kirschtomaten
1 Bund Estragon · 1 Knoblauchzehe · 2–3 EL frisch geriebener Parmesan
2 EL Pinienkerne · 1 EL Dijonsenf · 50 ml Olivenöl · Salz, Pfeffer
gehobelter Parmesan zum Bestreuen**

ZUBEREITUNG
In einem großen Topf Salzwasser aufkochen, Spaghettini zugeben und „al dente" kochen. Währenddessen die Kirschtomaten halbieren, die Estragonblätter abzupfen. Geriebenen Parmesan, Knoblauchzehe, Pinienkerne, Dijonsenf, Estragonblätter und Olivenöl zu einem sämigen Pesto mixen. Pesto mit Salz und Pfeffer abschmecken.
Die bissfest gekochten Spaghettini aus dem Kochwasser heben und abtropfen lassen. Spaghettini mit dem Pesto vermengen und die Kirschtomaten untermischen. Spaghettini in tiefen Tellern anrichten und den Parmesan darüber hobeln.

Foto Seite 190/1

PASTA À LA MINUTE

Pasta ist gesund

Man schrieb das Jahr 1932, als der italienische Futurist und Gastrosoph F. T. Marinetti in einem flammenden Pamphlet „die Abschaffung der Pasta asciutta, dieser absurden Religion der italienischen Gastronomie" forderte. Sie sei, so meinte er, schlecht verdaulich, schade Leber und Bauchspeicheldrüse und führe zu Schlappheit, Pessimismus, nostalgieverliebtem Nichtstun und Gleichgültigkeit.

Selten hat sich ein Futurist so sehr in seiner Einschätzung geirrt. Denn würde signor Marinetti heute noch leben, er würde sich mit einer Ernährungsphysiologie konfrontiert sehen, die zwar wenig mit den von ihm seinerzeit propagierten „essbaren Fleischplastiken", dafür aber spätestens seit der Erfindung der „Mittelmeerdiät" mit der fettarmen, aber eiweiß- und ballaststoffreichen Pasta umso mehr anzufangen weiß. Und weil die Italiener offenbar schon immer ahnten, dass Pasta so gut wie keine Vitamine hat, haben sie schließlich ganze Kochbücher voller Sugorezepte verfasst, die von Fisch, Gemüse und ungesättigten Fettsäuren nur so strotzen. Auch vor dem nicht ganz unerheblichen Brennwert von 360 Kalorien pro 100 Gramm braucht man nicht gleich in Deckung zu gehen. Vor allem dann nicht, wenn man sich wie die Italiener an die alte Faustregel hält, dass sich eine Pastaportion idealerweise aus 70 Gramm Nudeln und 70 Gramm Sugo zusammensetzt. Eine durchaus überschaubare Menge also, die zwar sättigt, aber im Gegensatz zu signor Marinettis Befürchtungen keineswegs müde und schlaff macht. Diese Erkenntnis haben mittlerweile wohl auch all jene modernen Köche gewonnen, die die vielen „beautiful people" in ihren Designer-Lokalen nicht zuletzt durch immer neue Pasta-Kreationen bei Figur und Laune halten.

Pastagerichte zählen aber auch im schnelllebigen Doppelbelastungs-Haushalt zu den „fast runners", weil sie sich, ohne deshalb zwangsläufig Fast Food zu sein, schnell und unaufwändig herstellen lassen und es außerdem mittlerweile dank moderner Kühlketten zahlreiche Spielarten von gefüllter Convenience-Pasta in durchaus beachtlicher Qualität gibt.

Vollkornspaghetti mit Mozzarella und Tomaten

ZUTATEN FÜR 2 PORTIONEN

**200–250 g Vollkornspaghetti · 350 g geschälte Tomaten aus der Dose · 100 g Mozzarella
5 EL Olivenöl · ca. 8 geschnittene Basilikumblätter · 1 TL getrockneter Oregano
ca. 8 kleine Kapern · 1 EL Balsamicoessig · Salz, Pfeffer · frisch geriebener Parmesan**

ZUBEREITUNG

In einem großen Topf Salzwasser zum Kochen bringen und die Vollkornspaghetti darin bissfest kochen. Inzwischen die grob geschnittenen Tomaten in heißem Olivenöl kurz anschwitzen. Geschnittene Basilikumblätter, Oregano und Kapern zugeben. Mit Balsamicoessig, Salz und Pfeffer abschmecken. Den Mozzarella in dünne Scheiben schneiden.

Die „al dente" gekochten Vollkornspaghetti aus dem Kochwasser heben, abtropfen lassen und mit den Mozzarellascheiben und dem Tomatensugo vermengen. Vollkornspaghetti in tiefen Tellern anrichten und mit frisch geriebenem Parmesan bestreuen.

Keine Angst vor Vollkornpasta!

Zugegeben: Die klassische weiße Pasta hat schon ihre geschmacklichen Meriten. Wenn man andererseits die ernährungsphysiologischen Analysen von Vollkornpasta liest, ist man schnell geneigt, einmal einen Vollkornspaghettitag einzulegen. Immerhin enthalten Vollwertnudeln ziemlich exakt doppelt so viel Vitamine, Spurenelemente und Mineralstoffe wie gewöhnliche Eiernudeln. Vollkornnudeln machen obendrein schneller satt, sind auch für Diabetiker geeignet und senken dadurch, dass die darin enthaltenen Ballaststoffe die cholesterinerhöhende Gallensäure ausscheiden, den Cholesterinspiegel im Blut.

Spaghetti mit Morcheln und Kohlrabi

ZUTATEN FÜR 2 PORTIONEN
200 g Spaghetti · 80 g Morcheln · 100 g Kohlrabi · 1 EL Butter zum Anschwitzen
1 fein gehackte Schalotte · 60 ml Madeira · 40 ml brauner Fond (im Delikatessenhandel erhältlich) · 3 EL geschlagenes Obers · Kerbel zum Garnieren
Salz, Pfeffer

ZUBEREITUNG
Reichlich Salzwasser in einem großen Topf aufkochen lassen und die Spaghetti darin „al dente" kochen. Inzwischen die Morcheln gründlich waschen und halbieren. Kohlrabi schälen und in 5 mm große Würfel schneiden. Butter erhitzen und die gehackte Schalotte, die Morcheln sowie die Kohlrabiwürfel darin anschwitzen. Mit Salz und Pfeffer würzen. Mit Madeira sowie braunem Fond aufgießen und einmal aufkochen lassen.
Die bissfest gegarten Spaghetti abseihen, gut abtropfen lassen und mit der Morchelsauce vermischen. Nochmals abschmecken. Abschließend das geschlagene Obers unterheben. In tiefen Tellern anrichten und mit Kerbel bestreuen. *Foto Seite 190-191/2*

Spaghetti aglio e olio

(SPAGHETTI MIT KNOBLAUCH UND OLIVENÖL)

ZUTATEN FÜR 2 PORTIONEN
250 g Spaghetti · 4 EL Olivenöl · 4 gehackte Knoblauchzehen
1/2 fein gehackte Chilischote · 2 EL gehackte Petersilie · Salz, Pfeffer
frisch gehobelter Parmesan oder Pecorino

ZUBEREITUNG
In einem Topf reichlich Salzwasser zum Kochen bringen und die Spaghetti darin „al dente" kochen. Währenddessen in einer Pfanne das Olivenöl erhitzen. Den Knoblauch darin sanft anschwitzen (er sollte nicht braun werden) und salzen. Gehackte Chilischote und Petersilie beigeben. Die bissfest gekochten Spaghetti aus dem Kochwasser heben und mit dem Olivenöl-Knoblauch-Sugo vermischen. Mit frisch gemahlenem Pfeffer pikant abschmecken. In vorgewärmten tiefen Tellern anrichten und vor dem Servieren mit frisch gehobeltem Käse bestreuen. *Foto Seite 191/3*

1

4

2

3

5

6

Spaghetti alla carbonara

ZUTATEN FÜR 2 PORTIONEN
200 g Spaghetti · 1 EL Butter · 1 fein gehackte Zwiebel · 100 g Beinschinken
125 ml Schlagobers · 1 Tomate · Salz, Pfeffer · 1 EL gehackte Petersilie · Olivenöl
frisch geriebener Parmesan

VORBEREITUNG
Die Tomate in siedendem Wasser kurz pochieren (überbrühen), schälen, entkernen und in Würfel schneiden.

FÜR BESONDERS EILIGE
Schneiden Sie eine ungeschälte Tomate in kleine Würfel.

ZUBEREITUNG
In einem Topf reichlich Salzwasser aufkochen lassen, die Spaghetti einlegen und bissfest kochen. Für die Carbonarasauce inzwischen den Beinschinken in kleine Würfel schneiden. In einer Pfanne Butter erhitzen und die gehackte Zwiebel sowie den Schinken darin anschwitzen. Mit Salz und Pfeffer würzen. Mit Obers aufgießen und einmal aufkochen lassen. Die gehackte Petersilie und die Tomatenwürfel zugeben und nochmals mit Salz sowie Pfeffer abschmecken. Die mittlerweile al dente gekochten Spaghetti abseihen, abtropfen lassen und mit etwas Olivenöl vermischen. Spaghetti in tiefen Tellern anrichten und mit der Schinkensauce überziehen. Mit frisch geriebenem Parmesan bestreuen.

Spaghettini mit Roquefortsauce

ZUTATEN FÜR 2 PORTIONEN
250 g Spaghettini (sehr dünne Spaghetti) · 125 g Roquefort · 80 ml Schlagobers
125 ml Milch · 4 cl Cognac · 1 EL gehackte Pistazien · Salz, Cayennepfeffer
Basilikum und Kerbel zum Garnieren

ZUBEREITUNG
In einem großen Topf Salzwasser zum Kochen bringen und die Spaghettini darin bissfest ko-chen. Währenddessen den Roquefort in einem Topf gemeinsam mit Obers sowie Milch erwärmen und den Käse dabei auflösen, aber die Masse nicht kochen lassen. Cognac zugießen und die gehackten Pistazien einmengen. Mit Salz und Cayennepfeffer abschmecken. „Al dente" gegarte Spaghettini abgießen, abtropfen lassen und mit der Käsesauce vermengen. In tiefen vorgewärmten Tellern anrichten und mit den frischen Kräutern garnieren. *Foto Seite 190/4*

Pasta muss Biss haben

Das Zauberwort „al dente" lässt sich am ehesten mit „bissfest" oder „zahnfreundlich" übersetzen. „Al dente" gekochte Nudeln sind jedoch – was die wenigsten wissen – auch absolut figurfreundlich. Je bissfester die Nudeln nämlich gekocht sind, desto fester ist ihre Struktur und desto länger braucht der Magen, um sie zu verdauen. Fazit: Die bösen Kohlehydrate gelangen weniger schnell ins Blut, der Blutzuckerspiegel steigt wesentlich langsamer und das angelockte Insulin kann weniger Fettpölsterchen produzieren.

Wie lange welche Pasta idealerweise kochen muss, entnimmt man entweder der Packung, deren Angaben jedoch oft mehr statistische als geschmackliche Bedeutung haben. Die sicherste Methode ist aber immer noch, dass man kurz vor dem Ende der angegebenen Kochzeit lieber selbst probiert. Der alte vermeintliche Hausfrauentrick, dass man die Nudeln an die Wand werfen soll und diese nicht kleben bleiben dürfen, ist aus verschiedenen Gründen nicht wirklich anzuraten.

Klebrigkeit ist allerdings der Megagau jeglicher Pasta. Nur so lange sie feucht und schlüpfrig ist, schmeckt sie gut. Deshalb sollte man die Nudeln auch sofort nach dem Abgießen mit der Sauce oder dem Sugo servieren, da die einzelnen Nudeln ansonsten zusammenkleben und überdies nachgaren und somit zu weich werden.

Spaghetti al tonno
(SPAGHETTI MIT THUNFISCH)

ZUTATEN FÜR 2 PORTIONEN
**200 g Spaghetti · 100 g abgetropfter Thunfisch aus der Dose · 2 Sardellenfilets
2 EL gehackte Petersilie · 1 Knoblauchzehe · 200 g gehackte Tomaten aus der Dose
2 EL Olivenöl · 1/2 Chilischote · 1 EL Kapern · 4 Basilikumblätter · Salz, Pfeffer**

ZUBEREITUNG
In einem Topf reichlich Salzwasser aufkochen und die Spaghetti darin „al dente" kochen. Währenddessen den Thunfisch mit einer Gabel zerdrücken. Die Sardellenfilets abspülen, trockentupfen und in Streifen schneiden. Knoblauch und Chilischote fein hacken. In einer Pfanne Olivenöl erhitzen und Knoblauch sowie Chili anschwitzen. Sardellenstreifen, Tomaten und Petersilie zugeben. Leicht salzen und 2 Minuten köcheln lassen. Thunfisch und Kapern einmengen und das Sugo eventuell noch mit etwas Nudelkochwasser verdünnen. Bissfest gekochte Spaghetti aus dem Kochwasser heben, abtropfen lassen und mit dem Thunfischsugo mischen. Basilikum in Streifen schneiden und darüber streuen. Nach Belieben noch mit etwas Olivenöl beträufeln und in tiefen vorgewärmten Tellern servieren. *Foto Seite 190-191/5*

Linguine mit Kalbsragout und Rucola

ZUTATEN FÜR 2 PORTIONEN

200 g Linguine (schmale Bandnudeln) · 200 g faschiertes Kalbfleisch · 1 kleine Zwiebel · 1 Knoblauchzehe · etwas abgeriebene Zitronenschale · 60 ml Weißwein 1 EL gehackte Petersilie · 4 gehackte Salbeiblätter · 250 ml Rindsuppe · 2 EL Butter zum Anschwitzen · Salz, Pfeffer · Rucola Olivenöl

ZUBEREITUNG

In einem Topf Salzwasser zum Kochen bringen, Linguine einlegen und „al dente" kochen. Inzwischen Zwiebel und Knoblauch fein hacken. In einem Topf Butter schmelzen und die fein gehackte Zwiebel gemeinsam mit dem Knoblauch anschwitzen. Faschiertes Fleisch zugeben und anrösten. Die abgeriebene Zitronenschale und die gehackten Kräuter sowie den Wein zugeben. Etwa 2 Esslöffel Olivenöl und Suppe zugießen und alles 5 Minuten köcheln lassen. Mit Salz und Pfeffer abschmecken.

Währenddessen in einer Pfanne Olivenöl erhitzen und Rucola darin frittieren. Herausheben und auf Küchenpapier abtropfen lassen. Linguine aus dem Kochwasser heben und ebenfalls abtropfen lassen. Mit etwas Olivenöl vermengen und in tiefen Tellern anrichten. Kalbsragout darauf verteilen und mit dem frittierten Rucola drapieren.

Spaghettini mit Lammstreifen und Erbsenschoten

ZUTATEN FÜR 2 PORTIONEN

250 g Spaghettini (sehr dünne Spaghetti) · 150 g mageres Lammfleisch, in hauchdünne Streifen geschnitten · 100 g junge Erbsenschoten · 1 gehackte Knoblauchzehe · 1 kleines Stück fein gehackter Ingwer (20 g) · 2 EL Sojasauce 1 EL Sherry · 1 TL Honig · Salz, Pfeffer · 1 Jungzwiebel · 3 EL Olivenöl 60 ml Rindsuppe · Koriandergrün zum Bestreuen

ZUBEREITUNG

Den gehackten Knoblauch mit Ingwer, Sojasauce, Sherry, Honig und etwas Salz zu einer Marinade verrühren. Das in sehr dünne Streifen geschnittene Lammfleisch damit vermengen und kurz ziehen lassen.

Erbsenschoten und die Jungzwiebel schräg schneiden und in heißem Olivenöl anschwitzen. Wieder herausnehmen. Nun das Lammfleisch aus der Marinade nehmen und im verbliebenen Öl scharf anbraten. Das Gemüse, die Rindsuppe und die restliche Marinade zugeben und mit Salz sowie Pfeffer würzen. Kurz durchschwenken. Währenddessen in einem großen Topf reichlich Salzwasser aufkochen und die Spaghettini darin „al dente" garen. Dann aus dem Kochwasser heben, abtropfen lassen und mit dem Fleisch vermengen. In tiefen vorgewärmten Tellern anrichten und mit dem Koriandergrün bestreuen.

Foto Seite 191/6

Tagliolini verdi con gamberi

(GRÜNE TAGLIOLINI MIT GARNELEN)

ZUTATEN FÜR 2 PORTIONEN
200 g Tagliolini verdi (grüne, dünne Bandnudeln) · **4 geschälte Garnelenschwänze**
2 Orangen · **8 Kapernbeeren** · **Basilikum** · **80 ml Orangensaft** · **2 EL geschlagenes Obers** · **Salz, Pfeffer** · **Olivenöl** · **frisch gehobelter Parmesan**

VORBEREITUNG
Die Orangen filetieren. Dafür die Orangen schälen, in Spalten trennen und die weißen Häutchen abziehen.

FÜR BESONDERS EILIGE
Verwenden Sie bereits geschälte Mandarinenfilets aus der Dose.

ZUBEREITUNG
Die Tagliolini in einem großen Topf in kochendem Salzwasser „al dente" kochen. Währenddessen die Garnelenschwänze halbieren und den Darm entfernen. Etwas Olivenöl in einer Pfanne erhitzen und die Garnelen darin bei nicht zu großer Hitze anbraten. Mit Salz und Pfeffer würzen. Kapern, Orangenfilets und in Streifen geschnittenes Basilikum beigeben. Mit Orangensaft ablöschen und eine Minute einkochen lassen. Das geschlagene Obers unterziehen. Die mittlerweile bissfest gekochten Nudeln herausheben, abtropfen lassen und mit etwas Olivenöl vermengen. Bei Bedarf noch mit Salz würzen. In tiefen vorgewärmten Tellern anrichten und die Orangensauce mit den Garnelen darüber verteilen. Nach Belieben mit frisch gehobeltem Parmesan bestreuen.

Die Goldenen Regeln der Pasta-Küche

■ Je größer der Pasta-Kochtopf, desto besser. Er sollte auf jeden Fall für 100 Gramm Pasta 1 Liter Wasser fassen. Übrigens: Ein dicker Boden hält die Hitze besser.
■ Salzen Sie erst, wenn das Wasser kocht (10 Gramm auf 1 Liter).
■ Legen Sie die Pasta erst ein, wenn sich das Salz im kochenden Wasser aufgelöst hat.
■ Verhindern Sie durch gelegentliches Umrühren, dass die Pasta zusammenklebt.
■ Decken Sie den Pastatopf niemals zu.
■ Halten Sie sich an die auf der Packung angegebenen Kochzeiten. Kosten Sie aber gelegentlich, ob die Pasta schon bissfest ist. Achtung: Bei frisch gemachter Pasta liegen die Garzeiten wesentlich niedriger.
■ Beenden Sie den Kochvorgang, indem Sie ein Glas kaltes Wasser in den Topf gießen.
■ Wenn Sie möchten, dass blasse Pasta eine schönere Farbe bekommt, fügen Sie dem Kochwasser etwas Safran hinzu.
■ Sofern die Pasta nicht unmittelbar nach dem Kochen direkt in ein Sugo oder eine Sauce eingerührt wird, vermischen Sie die Pasta zuerst mit einem Esslöffel Olivenöl, bevor Sie das Sugo darüber gießen. Das wertvolle Öl bremst nämlich die Verdauung der Nudeln und lässt dadurch den Blutzuckerspiegel nur langsam ansteigen.
■ Reiben Sie Parmesankäse möglichst frisch bei Tisch über die Pasta, nachdem sich diese schon gut mit dem Sugo voll gesogen hat. Bei Fischsughi ist das Hinzufügen von Parmesan, zumindest im Mutterland Italien, verpönt.

Taglierini mit Shrimps und Dille

ZUTATEN FÜR 2 PORTIONEN
200 g Taglierini (sehr dünne Bandnudeln) · 200 ml Schlagobers · 150 g kleine Shrimps · 1 zerdrückte Knoblauchzehe · 1 EL Butter · 1 getrocknete Tomate
2 EL Weinbrand · 2 EL Weißwein · Salz, Pfeffer · gehackte Dille

ZUBEREITUNG
Salzwasser aufsetzen und die Taglierini „al dente" kochen. Abseihen und abtropfen lassen. Währenddessen den Knoblauch in Butter glasig anschwitzen. Die getrocknete Tomate in feine Würfel schneiden, dazugeben und 5 Minuten mitanschwitzen. Weinbrand, Wein und Obers zugießen und weitere 5 Minuten kochen lassen. Mit Salz und Pfeffer würzen. Die Sauce mit einem Schneebesen glatt rühren. Die Shrimps in die heiße Sauce geben und nur ganz kurz ziehen lassen. Taglierini mit der Shrimps-Sauce gut vermischen. Die gehackte Dille einrühren und in tiefen Tellern anrichten.

Pappardelle mit Salami und Kräutern

ZUTATEN FÜR 2 PORTIONEN
250 g Pappardelle (breite Bandnudeln) · 80–100 g Salami · 100 g gehackte Tomaten aus der Dose · 1 Zwiebel · 1 Knoblauchzehe · 3 EL Olivenöl · 60 ml Weißwein 60 ml Rindsuppe · gehackter Rosmarin und Thymian · 1 EL gehackte Petersilie Salz, Pfeffer · frisch gehobelter Parmesan

ZUBEREITUNG
Reichlich Salzwasser aufkochen lassen und die Pappardelle darin bissfest garen. Inzwischen Zwiebel und Knoblauch fein hacken und beides in Olivenöl glasig anschwitzen. Von der Salami die Haut abziehen und die Wurst in kleine Würfel schneiden. Die Salamiwürfel zugeben und mit Weißwein und Rindsuppe aufgießen. Die gehackten Kräuter einrühren. Gehackte Tomaten beigeben und alles für 6 Minuten köcheln lassen. Mit Salz und Pfeffer abschmecken. Die al dente gekochten Nudeln aus dem Kochwasser heben und abtropfen lassen. Mit dem Salamisugo vermengen und in tiefen Tellern anrichten. Vor dem Servieren mit gehobeltem Parmesan bestreuen.

Penne all' arrabbiata

ZUTATEN FÜR 2 PORTIONEN
200 g Penne rigate (kleine gerippte Röhrennudeln)
1–2 EL Speckwürfel
1/2 gelbe, feinwürfelig geschnittene Paprikaschote · 1/2 fein gehackte Zwiebel
1 gehackte Knoblauchzehe
1 gehackte Chilischote
300 g gehackte Tomaten aus der Dose · 60 ml Marsalawein · 2 EL Olivenöl · Salz, Cayennepfeffer · geschnittene Basilikum- und Rucolablätter · frisch geriebener Parmesan

ZUBEREITUNG
Reichlich Salzwasser zum Kochen bringen, Penne einlegen und „al dente" kochen. Währenddessen in einem Topf Olivenöl erhitzen und darin Speck, Zwiebel, Paprika, Knoblauch und Chili anschwitzen. Die gehackten Tomaten zugeben. Mit Marsala aufgießen und mit Salz sowie Cayennepfeffer pikant würzen. Sugo etwa 4 Minuten köcheln lassen. Geschnittene Rucola- und Basilikumblätter einrühren.
Bissfest gekochte Penne abseihen, abtropfen lassen und mit dem Sugo vermengen. Nochmals abschmecken. In vorgewärmten Tellern anrichten und vor dem Servieren mit frisch geriebenem Parmesan bestreuen.

Gnocchi mit Ricotta und Salbei

ZUTATEN FÜR 2 PORTIONEN
250 g Gnocchi (Fertigware) · 100 g geräucherter Ricotta · 4 EL Butter
8 Salbeiblätter · Salz, Pfeffer · Muskatnuss · 1–2 EL frisch geriebener Parmesan

ZUBEREITUNG
In einem Topf Salzwasser aufkochen und die Gnocchi darin 3–5 Minuten köcheln, bis sie obenauf schwimmen. Währenddessen den Ricotta in dünne Scheiben schneiden. In einer Pfanne die Hälfte der Butter schmelzen lassen und den Ricotta in der Butter schwenken. Salbei in Streifen schneiden und dazugeben.
Die gekochten Gnocchi aus dem Kochwasser heben und abtropfen lassen. Die restliche Butter und den Ricotta unter die Gnocchi mischen. Mit Pfeffer und Muskatnuss abschmecken. In tiefen Tellern anrichten und mit frisch geriebenem Parmesan bestreuen.

Gnocchi mit Räucherlachs und Rucolapesto

ZUTATEN FÜR 2 PORTIONEN
250 g Gnocchi (Fertigprodukt) · 150 g Räucherlachs · 1 EL Pinienkerne
100 g Rucola · 1 Knoblauchzehe · 1–2 EL Parmesan · 70 ml Olivenöl · Salz

ZUBEREITUNG
In einem Topf Salzwasser aufkochen und die Gnocchi darin 3–5 Minuten köcheln, bis sie obenauf schwimmen.
Für das Pesto die Pinienkerne in einer Pfanne ohne Fettzugabe trocken anrösten. Dann den Rucola mit den Pinienkernen, dem Parmesan, der Knoblauchzehe, dem Olivenöl und etwas Salz in der Küchenmaschine cuttern (pürieren).
Den Räucherlachs in feine Streifen schneiden. Die gekochten Gnocchi abseihen, abtropfen lassen und mit dem vorbereiteten Pesto sowie den Lachsstreifen vermengen. Nochmals abschmecken und in tiefen vorgewärmten Tellern servieren.
GARNITUREMPFEHLUNG: marinierter Rucolasalat

Wie man Fertigsughi schnell und pikant verfeinert

Fertigsughi sind meist nur Vorschläge der Nahrungsmittelindustrie und bedürfen fast immer der individuellen Verfeinerung. Zur Saison machen sich ein paar mitgedünstete frische Tomaten oder Pilze darin ganz gut, aber auch die Beigabe von sonnengetrockneten Tomaten intensiviert den Geschmack. Oft reicht ein Schuss Peperoncini- oder Basilikumöl, um das Sugo in einer ganz anderen Geschmackswelt anzusiedeln. Verwenden Sie nach Herzenslust frische Kräuter, klein geschnittenen Speck, Fleisch-, Geflügel- und Fischreste und – wenn Sie ihn mögen – ruhig auch noch eine zusätzliche Prise Knoblauch.

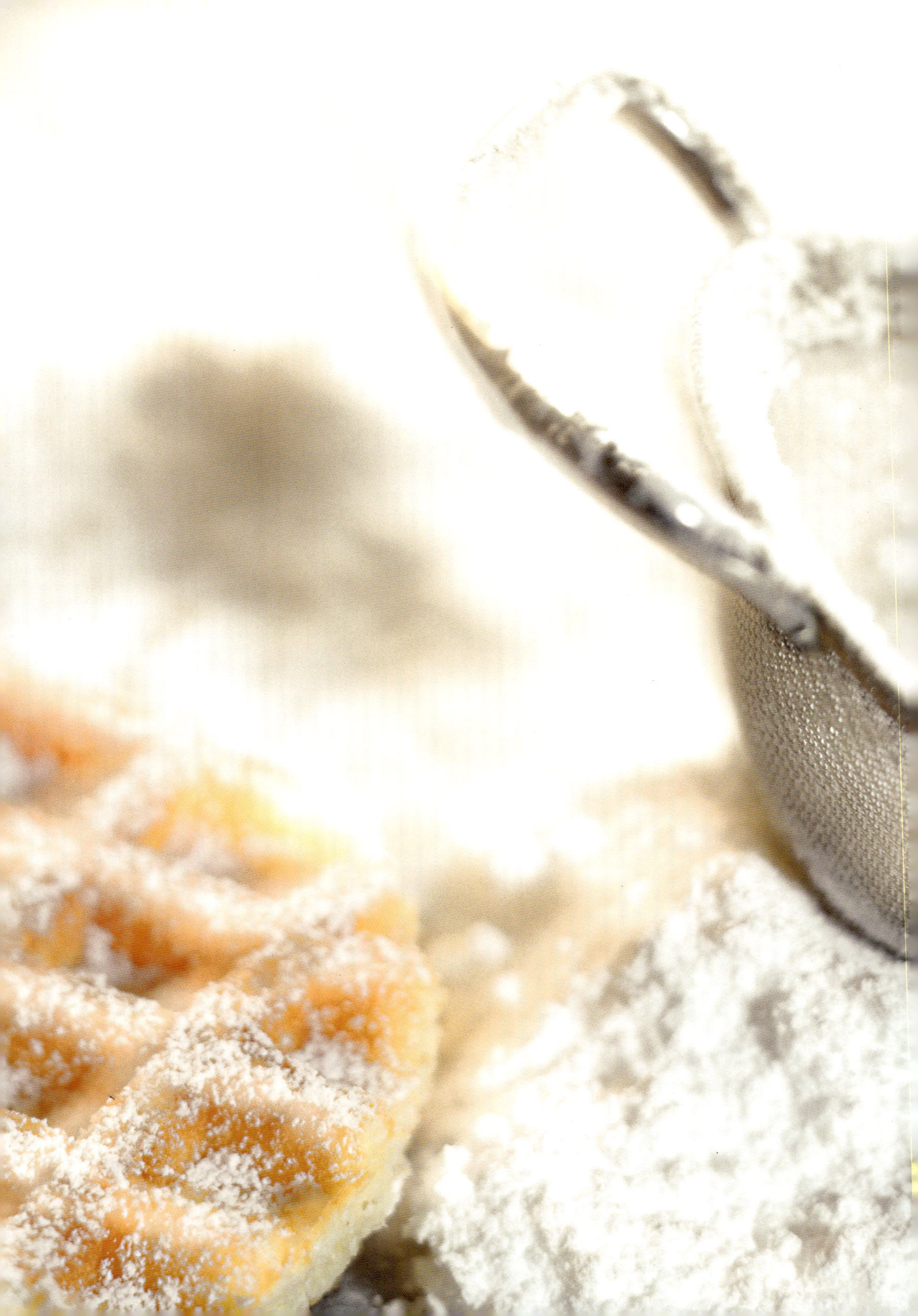

Süßes, aber subito

DESSERTS MACHEN GLÜCKLICH:
WIE MAN SICH FÜR LANGE ALLTAGSMÜHEN
SCHNELL BELOHNT

SÜSSES, ABER SUBITO

Cremen, Schäume, Moussen – und andere coole Genüsse

Mascarponecreme mit Erdbeeren

ZUTATEN FÜR 2 PORTIONEN
150 g Erdbeeren · 2 cl Erdbeerlikör · 2 cl Grand Marnier · 1 EL Staubzucker abgeriebene Schale von 1 Orange · 2 Biskotten · Minze zum Garnieren

FÜR DIE MASCARPONECREME
250 g Mascarpone · 1 EL Honig · abgeriebene Schale von 1 Orange
50 g Staubzucker · 50 ml Schlagobers

ZUBEREITUNG
Die Erdbeeren waschen und vierteln. In eine Schüssel geben und mit Erdbeerlikör, Grand Marnier, Staubzucker und abgeriebener Orangenschale marinieren. In dekorative Gläser füllen.
Für die Creme den Mascarpone mit Honig, Orangenschale und Staubzucker glatt rühren. Obers schlagen und unterheben. Die Mascarponecreme auf die Erdbeeren auftragen. Biskotten in die Gläser stecken und mit Minze garnieren.

Schokolademousse

ZUTATEN FÜR 2 PORTIONEN
80 g Zartbitterkuvertüre (Schokolade) · 1 Eiklar · 1 KL Kristallzucker
125 ml Schlagobers · Kakaopulver zum Bestreuen

ZUBEREITUNG
Die Schokolade in einem Schneekessel über Dampf schmelzen. Vom Herd nehmen. Eiklar mit Zucker zu Schnee schlagen und unter die Schokolade heben. Das Obers halbfest schlagen, 3 Esslöffel für die Garnitur beiseite stellen und den Rest unter die Schokolademasse heben. Die Schokolademousse in dekorative Gläser füllen. Mit dem restlichen Obers garnieren und kurz kühl stellen oder sofort servieren. Vorher noch mit Kakaopulver bestreuen.

Kalte Kokossuppe mit Orangenfilets

ZUTATEN FÜR 2 PORTIONEN
125 ml Kokosmark aus Dose oder Glas · 25 ml Läuterzucker (Wasser und Zucker 1:1 aufgekocht) · 60 ml Zitronensaft · abgeriebene Schale von 1 Zitrone 60 ml Kokoslikör · 2 fein geschnittene Pfefferminzblätter · 5 Eiswürfel · 2 Orangen Pfefferminzblätter zum Garnieren

VORBEREITUNG
Die Orangen schälen, in Filets bzw. Spalten trennen und die weißen Häutchen abziehen.

FÜR BESONDERS EILIGE
Verwenden Sie bereits geschälte Mandarinen aus der Dose.

ZUBEREITUNG
Das Kokosmark mit Läuterzucker, Zitronensaft und -schale, Kokoslikör, Pfefferminze und Eiswürfeln so lange gut durchmixen, bis keine Eisstückchen mehr vorhanden sind. Vor dem Servieren nochmals aufschäumen.
Die Orangenfilets in tiefe Teller legen. Mit der aufgeschäumten Kokossuppe auffüllen und mit Pfefferminze garnieren.
GARNITUREMPFEHLUNG: Vanilleeis und Orangensorbet

SÜSSES, ABER SUBITO

Weintraubenkompott

ZUTATEN FÜR 2 PORTIONEN
250 g Weintrauben · 50 g Zucker · 125 ml Weißwein · Saft von 1 Zitrone · Zimtrinde

ZUBEREITUNG
Die Weintrauben halbieren und entkernen. In einem Topf 50 ml Wasser mit Zucker aufkochen lassen und unter ständigem Rühren auflösen. Dann Weißwein, Zitronensaft und Zimtrinde zugeben und die halbierten, entkernten Trauben darin 2 Minuten ziehen lassen. Die Zimtrinde entfernen und in Kompottschalen anrichten. Je nach Belieben lauwarm oder kalt servieren.
GARNITUREMPFEHLUNG: Hippen oder Biskuit, Parfait bzw. Eis

Marinierte Pfirsiche mit Campari-Sabayon

ZUTATEN FÜR 2 PORTIONEN
2–3 Pfirsiche · Staubzucker · 1 Schuss Grappa · 1 Schuss Grenadinesirup
1 Schuss Zitronensaft · in feine Streifen geschnittene Minze

FÜR DAS CAMPARI-SABAYON
2 Eidotter · 25 g Zucker · abgeriebene Schale von 1 Orange · 4 cl Campari
6 cl Orangensaft

ZUBEREITUNG
Die Pfirsiche schälen, entkernen und in dünne Spalten schneiden. Mit Grappa, Grenadine, Zitronensaft, einigen Minzestreifen sowie etwas Staubzucker vermengen und kurz marinieren. Dann die Pfirsichspalten rosettenartig auf die Teller auflegen.
Für das Campari-Sabayon die Eidotter mit Zucker cremig rühren. In einer Schüssel über Wasserdampf mit Orangenschale, Campari und Orangensaft schaumig aufschlagen.
Campari-Sabayon über die Pfirsiche verteilen, mit Minze garniert servieren.

Erdbeeren mit Balsamicoessig

ZUTATEN FÜR 2 PORTIONEN
300 g Erdbeeren · 2 EL Staubzucker zum Marinieren
2 cl Balsamicoessig bester
Qualität (am besten mindestens
10 Jahre alt) · 100 ml Schlagobers · Staubzucker für das Schlagobers
Mark von 1 Vanilleschote (oder Vanillezucker)
Zartbitterkuvertüre und weiße Kuvertüre zum Hobeln

ZUBEREITUNG
Die Erdbeeren vierteln. Den Staubzucker mit dem Balsamicoessig verrühren und die Erdbeeren damit marinieren. Etwa 50 Gramm der Erdbeeren pürieren und durch ein Sieb passieren. Das Obers mit etwas Staubzucker und Vanillemark (bzw. Vanillezucker) steif schlagen und das Erdbeermark darunter heben. Das Erdbeer-Obers in Gläser füllen und die marinierten Erdbeeren darüber verteilen.
Mit gehobelter dunkler und weißer Kuvertüre dekorieren.

Schokobananen

ZUTATEN FÜR 2 PORTIONEN
4 Eiswaffeln (15 x 4 cm groß) · 1 Banane · 3 EL Nutella (oder andere
Schoko-Haselnusscreme) · 2 EL Marillenmarmelade · 1 EL Kristallzucker
1 EL Butter · 70 ml Schlagobers · 70 g gehackte Zartbitterkuvertüre

ZUBEREITUNG
Zwei Eiswaffeln mit Nutella bestreichen und die anderen beiden Eiswaffeln darauf setzen. Marillenmarmelade darauf streichen und beiseite stellen. Nun die Banane schälen und längs halbieren. Butter in einer Pfanne erhitzen, Zucker und Bananenhälften dazugeben und leicht karamellisieren lassen. Bananen herausheben und je eine Hälfte auf eine Waffelschnitte setzen. In einem Topf das Obers mit der gehackten Kuvertüre aufkochen lassen und glatt rühren. Die Bananen-Waffelschnitten mit der Schokoglasur überziehen und vor dem Servieren kurz kühl stellen.
GARNITUREMPFEHLUNG: Vanilleeis

SÜSSES, ABER SUBITO

Heidelbeer-Buttermilch-Tartelettes

ZUTATEN FÜR 2 PORTIONEN
2 fertige Mürbteigtartelettes (im Lebensmittelhandel erhältlich) · 70 ml Buttermilch
ca. 1 KL Honig · 1 EL Staubzucker · 1 Blatt Gelatine · 50 ml geschlagenes Obers
ca. 50 g Heidelbeeren · abgeriebene Schale von 1/2 Orange · Heidelbeeren und
Staubzucker nach Belieben für die Sauce · Minze zum Garnieren

ZUBEREITUNG
Die Buttermilch mit Honig, Staubzucker und Orangenschale verrühren. Gelatine in kaltem Wasser einweichen, ausdrücken und in einem kleinen Teil der Buttermilchmasse über heißem Wasserdampf auflösen. Unter die restliche Buttermilchmasse mengen. In einer Schüssel in einem eiskalten Wasserbad kaltrühren, bis die Masse leicht zu gelieren beginnt. Nun das geschlagene Obers unterheben. Die Buttermilchmousse in die Tartelettes füllen und die Heidelbeeren darauf setzen. Heidelbeeren mit etwas Staubzucker pürieren und durch ein Sieb streichen. Die Heidelbeersauce auf Teller verteilen, die Tartelettes darauf setzen und mit Minze und Staubzucker garnieren.

Ein paar schnelle Tipps aus Tonis süßer Vorratskammer

■ **BLÄTTERTEIG** *Einen Blätterteig selbst herzustellen, kann in der Hobbyküche durchaus zum Abenteuer werden. Für die schnelle Küche daheim gibt es jedoch heute vorzügliche Fertigprodukte, die im Hobby-Küchenalltag mindestens dieselben Dienste leisten.*

■ **EIER** *Sie sind in der schnellen Küche wegen ihrer leichten Verarbeitbarkeit ein beliebter „Little Helper". Achten Sie jedoch unbedingt darauf, dass die Eier im Kühlschrank aromageschützt lagern (sie nehmen sonst schnell Fremdgerüche auf) und vor der Verwendung auf Zimmertemperatur gebracht werden.*

■ **MEHL** *Achten Sie gerade, wenn es schnell gehen soll, darauf, dass Sie immer drei Arten von Mehl vorrätig haben. Aus griffigem Mehl bereitet man alles zu, was flaumig werden soll: Mürb- und Biskuitteig, Bäckereien, aber auch Knödel oder Nockerl. Glattes Mehl braucht man zum Binden von Saucen und für Teige, die besonders glatt geraten sollen. Gemischtes Mehl, auch Universalmehl genannt, kann als „fauler Kompromiss" zwischen griffig und glatt zwar gerade noch durchgehen, ist hingegen für die Zubereitung von Germ- oder Brandteig geradezu ideal geeignet.*

■ **STRUDELTEIG**: *Wie Blätterteig gibt es auch fertigen Strudelteig in tadelloser Qualität zu kaufen. Die Zubereitung von hausgemachtem Strudelteig bringt in kleinen Mengen auch kaum Vorteile.*

■ **TIEFGEFRORENES OBST** *Grundsätzlich sollte man für die Zubereitung von „teigigen" Fruchtdesserts nur optimal reifes und frisches Obst verarbeiten, da gefrostete Früchte beim Kochen oft übermäßig viel Wasser abgeben. Das wirkt sich auf umhüllende oder darunter liegende Teige nachteilig und auf die Konsistenz von Obstknödeln oft sogar fatal aus. Tiefgefrorenes Obst kann jedoch sehr gut für Muse und Fruchtsaucen verwendet werden und ist auch für die Zubereitung von Blechkuchen oder Strudel geeignet, bei deren Zubereitung die sich bildende Flüssigkeit im Rohr verdampfen kann.*

Von lau bis warm – und mit viel Frucht

Lychees mit Krokant-Limonen-Gratin

ZUTATEN FÜR 2 PORTIONEN
16 entkernte Lychees (oder Früchte aus der Dose) · 1 Eidotter
25 g Staubzucker · Saft und Schale von 1 Limone · 1 EL Amaretto (Mandellikör)
100 ml Sekt · 1 EL geschlagenes Obers · 2 EL Krokant

VORBEREITUNG
Das Backrohr auf 250 °C (Oberhitze) vorheizen.

ZUBEREITUNG
Das Eidotter für die Gratiniermasse mit Staubzucker schaumig aufschlagen. Limonensaft, Amaretto und Sekt zugießen und weiterschlagen. Zum Schluss das geschlagene Obers unterheben. Die halbierten Lychees in eine feuerfeste Form oder Suppenteller geben und mit der Gratiniermasse überziehen. Mit dem Krokant bestreuen und im vorgeheizten Backrohr bei großer Oberhitze goldgelb gratinieren. Vor dem Servieren mit geschnittenen Limonenschalen bestreuen.

Himbeertörtchen mit Balsamicoessigsauce

ZUTATEN FÜR 2 PORTIONEN
100 g fertiger Blätterteig · 125 g Himbeeren · 3 EL geschlagenes Obers
Zitronenmelisse zum Garnieren · Staubzucker · Mehl für die Arbeitsfläche

FÜR DIE HIMBEER-BALSAMICO-SAUCE
100 g Himbeeren zum Pürieren · 1 EL Honig · 5 cl alter Balsamicoessig

VORBEREITUNG
Das Backrohr auf 200 °C vorheizen.

ZUBEREITUNG
Den Blätterteig auf einer bemehlten Arbeitsfläche 2 mm dünn ausrollen. Kreisrunde Scheiben ausstechen oder in Dreiecke schneiden. Mit einer Gabel mehrmals stupfen (anstechen) und auf ein mit Backpapier belegtes Backblech legen. Im gut vorgeheizten Backrohr einige Minuten goldbraun backen. Währenddessen für die Himbeer-Balsamico-Sauce die Himbeeren pürieren und durch ein Sieb streichen. Den Honig leicht erwärmen und mit dem Balsamicoessig sowie dem Himbeermark verrühren.
Den Blätterteig herausnehmen und auf Teller setzen, geschlagenes Obers darauf streichen und die Himbeeren mit der Öffnung nach oben darauf setzen. Die Himbeeren mit der Himbeer-Balsamico-Sauce füllen bzw. beträufeln und mit Staubzucker bestreuen. Zitronenmelisse in feine Streifen schneiden und über die Törtchen streuen.
GARNITUREMPFEHLUNG: Himbeereis

SÜSSES, ABER SUBITO

Erdbeeren mit grünem Pfeffer und Grand Marnier

ZUTATEN FÜR 2 PORTIONEN
200 g Erdbeeren · Staubzucker und 1 cl Zitronensaft zum Marinieren · 2 cl Grand Marnier (Orangenlikör) · 1 EL Staubzucker
3 cl Orangensaft und 1 cl Zitronensaft zum Abschmecken
1 KL grüner Pfeffer in der Lake (oder gefriergetrocknet)
2 EL Butter · Minze zum Garnieren

VORBEREITUNG
Grünen Pfeffer in der Lake gut abtropfen lassen und grob hacken. Gefriergetrockneten grünen Pfeffer in etwas Wasser einweichen und dann grob zerhacken.

ZUBEREITUNG
Erdbeeren bei Bedarf halbieren und mit etwas Staubzucker sowie Zitronensaft marinieren. In einer Pfanne die Hälfte der Butter aufschäumen. Den gehackten Pfeffer zugeben, danach Erdbeeren und Staubzucker einmengen und alles kurz durchschwenken. Mit Grand Marnier ablöschen und mit Orangen- sowie Zitronensaft abschmecken. Vor dem Servieren die restliche Butter in die Sauce einrühren und anrichten. Mit Minze garnieren.
GARNITUREMPFEHLUNG: Vanilleeis

Topfengratin mit Marillen

ZUTATEN FÜR 2–3 PORTIONEN
3 Marillen · 250 g Topfen · 1 EL Maisstärke · 2 EL Staubzucker · 2 Eidotter
2 cl brauner Rum · 1 KL Vanillezucker · abgeriebene Schale von 1 Zitrone
2 Eiklar · 50 g Kristallzucker · Butter zum Ausstreichen · Staubzucker zum Bestreuen · Marillensorbet oder Vanilleeis zum Garnieren

VORBEREITUNG
Das Backrohr auf 220 °C (Oberhitze) vorheizen.

ZUBEREITUNG
Den Topfen mit Maisstärke, Staubzucker, Eidottern, Rum, Vanillezucker und Zitronenschale gut verrühren. Eiklar leicht auf- und mit dem Kristallzucker zu Schnee ausschlagen. Den Schnee unter die Topfenmasse heben. Die Marillen entkernen und in Spalten schneiden.
Tiefe Teller mit Butter ausstreichen, die Topfenmasse darauf verteilen und mit den Marillenspalten belegen. Ins Backrohr stellen und bei maximaler Oberhitze goldgelb backen. Gratin mit Staubzucker bestreuen und in die Mitte eine Kugel Marillensorbet oder Vanilleeis setzen.

VON LAU BIS WARM – UND MIT VIEL FRUCHT

Karamellisierte Ananas mit Limettenobers

ZUTATEN FÜR 2 PORTIONEN
1/2 Ananas · ausgekratztes Mark von 1 Vanilleschote (ersatzweise Vanillezucker)
1 gehäufter EL Kristallzucker · 1 EL Butter · 2 cl Kokoslikör · 100 ml Ananassaft
100 ml geschlagenes Obers · Saft und Schale von 1/2 Limette · 1 TL Staubzucker

ZUBEREITUNG
Ananas schälen und in 8 Spalten schneiden, dabei den harten Innenteil wegschneiden. Die Vanilleschote längs halbieren und mit dem Messer das Mark herauskratzen. Vanillemark (oder Vanillezucker) mit dem Kristallzucker vermischen.
Die Butter in einer Pfanne erhitzen und die Ananasstücke darin anbraten. Ananasstücke auf beiden Seiten mit dem Zucker bestreuen, damit sie beidseitig karamellisieren können. Zum Schluss den Kokoslikör darüber gießen. Ananas aus der Pfanne nehmen und auf Teller verteilen. Den Ananassaft in die Pfanne gießen und einkochen lassen. Sobald der Saft eine sirupartige Konsistenz hat, über die Ananas träufeln.
Das geschlagene Obers mit der abgeriebenen Schale und dem Saft der Limette verrühren. Staubzucker unterrühren und das Limettenobers mit den karamellisierten Ananasstücken anrichten.

SÜSSES, ABER SUBITO

Nougatzwetschken in Strudelteig

ZUTATEN FÜR 2 PORTIONEN
4 Zwetschken · 50 g Nougat · 1 Blatt Strudelteig (Fertigprodukt) · 100 g Kompottmarillen · 2 cl Marillenbrand
1 Ei · Butter und Öl · Staubzucker zum Bestreuen

VORBEREITUNG
Das Backrohr auf 200 °C vorheizen.

ZUBEREITUNG
Die Zwetschken entkernen und mit Nougat füllen. Den Strudelteig aufbreiten, mit verquirltem Ei und Butter bestreichen und in 4 Quadrate schneiden. Jede Zwetschke in ein Stück Teig einschlagen. Die Zwetschken auf ein leicht geöltes oder mit Backpapier belegtes Backblech legen und im vorgeheizten Backrohr bei 200 °C ca. 8 Minuten backen. Währenddessen die Kompottmarillen mit dem Marillenbrand mixen und durch ein Sieb passieren. Die fertig gebackenen Zwetschken herausnehmen, mit Staubzucker bestreuen und mit der Marillensauce anrichten.

Soufflierte Erdbeeren

ZUTATEN FÜR 2 PORTIONEN
200 g Erdbeeren · Staubzucker und Zitronensaft zum Marinieren · 2 Eiklar
1 EL Kristallzucker für den Schnee · 2 Eidotter · 60 g Kristallzucker für die Dottermasse · 1 cl Erdbeerlikör · Staubzucker zum Bestreuen · Minze zum Garnieren

VORBEREITUNG
Das Backrohr auf 200 °C (Oberhitze) vorheizen.

ZUBEREITUNG
Die Erdbeeren nach Belieben in kleinere Stücke schneiden und mit Staubzucker sowie etwas Zitronensaft marinieren. Das Eiklar leicht aufschlagen und mit dem Kristallzucker zu Schnee ausschlagen. Die Eidotter mit Kristallzucker schaumig schlagen, bis die Masse weiß ist. Danach Erdbeerlikör zugießen und noch einmal aufschlagen. Die Dottermasse (am besten mit einer Teigkarte) vorsichtig unter die Schneemasse heben.
Die marinierten Erdbeeren in tiefe Teller setzen und die Soufflémasse darauf gleichmäßig verteilen. Mit Staubzucker bestreuen und im vorgeheizten Backrohr bei 200 °C überbacken. Mit Staubzucker bestreuen, mit Minze garnieren und servieren.

GARNITUREMPFEHLUNG: Sorbet (etwa Piña-Colada-Sorbet)

Süße Stunden – in Minutenschnelle

Nusspalatschinken

ZUTATEN FÜR 2 PORTIONEN (4 PALATSCHINKEN)
125 ml Milch · Salz · 60 g glattes Mehl · 1 Ei · Öl zum Backen
100 g Schokoladesauce · und 100 ml Schlagobers zum Garnieren
mit Zucker vermischte geriebene Haselnüsse zum Bestreuen

FÜR DIE FÜLLE
100 g geriebene Nüsse · 100 ml Milch · 1 EL Honig · 1 gehäufter EL Zucker (30 g)
2 cl Rum · Prise Zimt

VORBEREITUNG
Milch mit Ei und Salz vermengen und zuletzt das Mehl unterrühren. In einer Pfanne etwas Öl erhitzen. Ein Viertel des Teiges dünn eingießen, Pfanne schwenken, damit sich der Teig gleichmäßig verteilen kann und die Palatschinke unter einmaligem Wenden goldgelb backen. Herausheben und warm stellen. Die restlichen 3 Palatschinken ebenso backen.

FÜR BESONDERS EILIGE
Verwenden Sie bereits fertige Palatschinken, die im Lebensmittelhandel angeboten werden, allerdings meistens etwas dicker sind. Die Palatschinken müssen in diesem Fall vor dem Füllen leicht erwärmt werden.

ZUBEREITUNG
Für die Fülle Milch mit Honig und Zucker aufkochen lassen. Die geriebenen Nüsse einrühren. Mit Rum und einer Prise Zimt abschmecken. Die Schokoladesauce im Wasserbad (oder Mikrowelle) erhitzen, das Obers schlagen. Die Palatschinken mit der Fülle bestreichen, in der Hälfte übereinander klappen, dann nochmals zusammenklappen (oder zusammenrollen). Auf zwei vorgewärmten Tellern anrichten und die heiße Schokoladesauce darüber gießen. Mit dem Obers garnieren und mit etwas Nuss-Staubzucker-Gemisch bestreuen.

TIPP: Noch delikater schmeckt die Nusspalatschinke, wenn Sie in die Nussfülle noch 1–2 Esslöffel Nutella oder geschmolzenes Nussnougat einrühren.

Früchteomelett

ZUTATEN FÜR 2 PORTIONEN
2 Eiklar · 2 EL Kristallzucker · 2 Eidotter · 100 g Kompottfrüchte aus der Dose (Marillen, Mandarinen, gemischte Früchte etc.) · Butter und Kristallzucker für das Backblech · Staubzucker zum Bestreuen

VORBEREITUNG
Backrohr auf 220 °C vorheizen und die Kompottfrüchte in einem Sieb gut abtropfen lassen.

ZUBEREITUNG
Eiklar schlagen und mit dem Kristallzucker zu steifem Schnee ausschlagen. Dotter unterheben. Die Kompottfrüchte bei Bedarf noch etwas zerkleinern und unter die Omelettenmasse heben. Ein Backblech mit Butter bestreichen und mit etwas Kristallzucker bestauben (oder Backblech mit Backpapier auslegen und dieses anzuckern). Omelettenmasse auf zwei kreisrunde Flächen aufstreichen und im heißen Backrohr ca. 5 Minuten goldbraun backen. Aus dem Backrohr nehmen, mit Staubzucker bestreuen und sofort servieren.

Orangenpalatschinken

ZUTATEN FÜR 2 PORTIONEN (4 PALATSCHINKEN)
125 ml Milch · 70 g glattes Mehl · 1 Ei · 1/2 TL Kristallzucker · Prise Salz Öl zum Backen · Staubzucker zum Bestreuen

FÜR DIE FÜLLE
100 ml Schlagobers · 1 EL Staubzucker · 2 cl Rum · abgeriebene Schale von 1 Orange · 2 Orangen

VORBEREITUNG
Milch mit Ei, Kristallzucker und Salz vermengen und zuletzt das Mehl unterrühren. In einer Pfanne etwas Öl erhitzen. Ein Viertel des Teiges dünn eingießen, Pfanne schwenken, damit sich der Teig gleichmäßig verteilen kann und die Palatschinke unter einmaligem Wenden goldgelb backen. Herausheben und warm stellen. Die restlichen 3 Palatschinken ebenso backen.

FÜR BESONDERS EILIGE
Verwenden Sie bereits fertige Palatschinken, die im Lebensmittelhandel angeboten werden, allerdings meistens etwas dicker sind. Die Palatschinken müssen in diesem Fall vor dem Füllen leicht erwärmt werden.

ZUBEREITUNG
Für die Fülle die Orangen schälen und in kleine Filets trennen. Obers steif schlagen und mit Staubzucker, Rum sowie abgeriebener Orangenschale vermengen. Das Obers-Rum-Gemisch auf die Palatschinken streichen, die Orangenfilets darauf verteilen und die Palatschinken einrollen. Jeweils 2 Palatschinken auf einem vorgewärmten Teller anrichten und mit Staubzucker bestreuen.
GARNITUREMPFEHLUNG: Vanille- oder Sauerrahmeis

Sauerrahmdalken mit Beeren und Joghurtsauce

ZUTATEN FÜR 2 PORTIONEN
100 g gemischte Beeren nach Belieben · 70 g Sauerrahm · 50 g glattes Mehl
2 Eidotter · Salz, Vanillezucker · etwas abgeriebene Zitronenschale · 2 Eiklar
1 EL Kristallzucker · Butter zum Herausbacken · Staubzucker zum Bestreuen
Zitronenmelisse oder Minze zum Garnieren

FÜR DIE JOGHURTSAUCE
70 g Joghurt · 1 EL Staubzucker · 1 Schuss Zitronensaft

ZUBEREITUNG
In einer Schüssel den Sauerrahm mit einer Prise Salz, den Eidottern, dem Vanillezucker und der abgeriebenen Zitronenschale verrühren. Eiklar leicht aufschlagen und mit Kristallzucker zu Schnee ausschlagen. Den Schnee abwechselnd mit dem Mehl vorsichtig unterheben.
In einer Pfanne etwas Butter erhitzen und die Masse am besten in Spiegeleiformen (Ø 6 cm) herausbacken. (Oder mit einem Esslöffel kleine Häufchen in das Öl setzen, flach drücken und zu kleinen Dalken formen.)
Währenddessen für die Sauce Joghurt mit Staubzucker und einem Schuss Zitronensaft verrühren. Die Joghurtsauce auf Teller auftragen. Die fertigen Dalken darauf setzen und mit Beeren umgeben. Mit Staubzucker bestreuen und mit Zitronenmelisse oder Minze garnieren.

Beerennocken

ZUTATEN FÜR 2 PORTIONEN
250 g Beeren, nach Belieben gemischt (Heidel-, Brom- oder Walderdbeeren, Ribiseln)
100 g glattes Mehl · 100 ml Milch · 1 Prise Salz · Butter zum Herausbacken
Staubzucker zum Bestreuen

ZUBEREITUNG
Die Beeren mit Mehl und einer Prise Salz mischen. Die Milch aufkochen lassen und diese unter ständigem Rühren zur Mehlmasse gießen, bis eine zähe Masse entsteht. In einer Pfanne etwas Butter erhitzen, mit Hilfe eines Löffels Nocken aus der Masse ausstechen und in die Pfanne setzen. Nocken anbraten und unter einmaligem Wenden einige Minuten braten. Herausheben, auf vorgewärmten Tellern anrichten und mit Staubzucker bestreut servieren.
GARNITUREMPFEHLUNG: Eis

Gebackene Bananen mit Schoko-Minz-Sabayon

ZUTATEN FÜR 2 PORTIONEN
2 Bananen · Strudelteig · 1 EL Honig
Saft von 1 Zitrone · 2 cl Bananenlikör
etwas Butter zum Bestreichen · Mehl für die Arbeitsfläche · Minze zum Garnieren
Staubzucker

FÜR DAS SCHOKO-MINZ-SABAYON
1 Ei · 1 Eidotter · ca. 60 ml Milch
1 EL Kakaopulver · 2 cl Pfefferminzlikör

VORBEREITUNG
Das Backrohr auf 200 °C vorheizen.

ZUBEREITUNG
Den Honig mit Zitronensaft und Bananenlikör verrühren. Die Bananen schälen und mit dieser Marinade beträufeln. Den Strudelteig auf einem bemehlten Küchentuch ausbreiten und in zwei 20 x 20 cm große Quadrate schneiden. Mit etwas Butter bestreichen, die marinierten Bananen darauf legen und den Strudelteig gut einschlagen. Nochmals mit etwas Butter bestreichen und auf ein befettetes oder mit Backpapier ausgelegtes Backblech setzen. Im vorgeheizten Backrohr bei 200 °C ca. 10 Minuten backen. Währenddessen für das Sabayon das Ei mit Dotter, Milch und Kakaopulver in einem Schneekessel über Wasserdampf schaumig aufschlagen. Pfefferminzlikör zugeben, noch einmal kräftig durchschlagen. Aus dem Wasserbad nehmen und noch etwas kaltschlagen. Sabayon in tiefe Teller füllen und die gebackene Banane darauf setzen. Mit Minze garnieren und mit Staubzucker bestreuen.

Gebackene Apfelspalten

ZUTATEN FÜR 2 PORTIONEN
2 Äpfel · Saft von 1 Zitrone · 1 EL Rum · 1–2 EL Staubzucker · Sonnenblumenöl
Staubzucker und Zimt zum Bestreuen

FÜR DEN WEINBACKTEIG
100 g Mehl · 100 ml Wein · 1 EL Öl · 1 Eidotter · Prise Salz · 1 Eiklar
1 KL Kristallzucker

ZUBEREITUNG
Äpfel schälen, mit einem Apfelausstecher das Kerngehäuse entfernen und Äpfel in 1 cm dicke Scheiben schneiden. Mit Zitronensaft sowie Rum beträufeln und mit Staubzucker bestreuen. Für den Backteig Mehl, Wein, Öl, Eidotter und Salz zu einem glatten Teig verrühren. Eiklar mit Kristallzucker zu Schnee schlagen und unter den Teig heben.
In einer Pfanne Öl erhitzen (ca. 170 °C). Die Apfelscheiben durch den Backteig ziehen, einlegen und auf beiden Seiten goldbraun backen. Herausheben und auf Küchenkrepp abtropfen lassen. Auf Tellern anrichten und mit der Zimt-Staubzucker-Mischung bestreuen.
GARNITUREMPFEHLUNG: Vanilleeis oder Vanillesauce

Marillenpofesen

ZUTATEN FÜR 2 PORTIONEN
2 Stk. altbackenes Briochegebäck · 2 entkernte und in Spalten geschnittene Marillen
1 Schuss Zitronensaft · 100 ml Milch · 1 Ei · Prise Vanillezucker · Staubzucker
Marillenmarmelade · Butter und Öl zum Braten · Beeren, Vanilleeis, Minze und Staubzucker nach Belieben zum Garnieren

ZUBEREITUNG
Das Briochegebäck entrinden und bei Bedarf halbieren. Für die Vanillemilch die Milch mit dem Ei und einer Prise Vanillezucker versprudeln. Die Marillenspalten mit Zitronensaft, etwas Staubzucker und Marillenmarmelade marinieren.
In einer Pfanne Butter und Öl erhitzen, Brioche in die Vanillemilch eintunken und im heißen Fett von beiden Seiten braun braten. Herausheben, mit Küchenkrepp trockentupfen und auf Tellern anrichten. Die marinierten Marillen darauf verteilen. Ganz nach Belieben mit Beeren, Vanilleeis, Minze und Staubzucker garnieren.

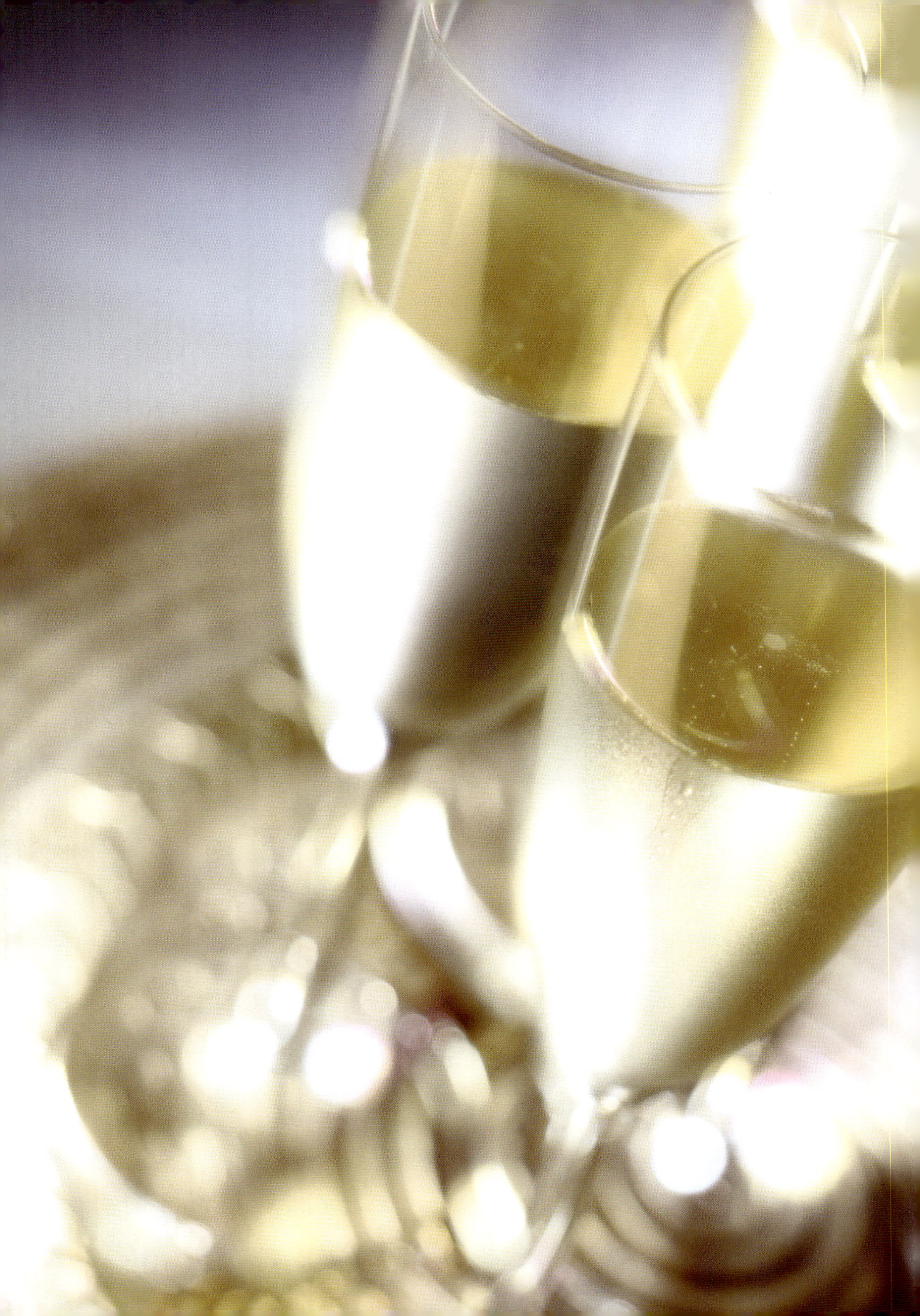

Wenn unerwartet Gäste kommen

DIE BESTEN TIPPS FÜR KULINARISCHE NOTSITUATIONEN –
UND WIE MAN SIE SO SCHNELL WIE MÖGLICH BEWÄLTIGT

SÜSSES, ABER SUBITO

„Erste Hilfe" für schnelle Gäste

Geht es Ihnen nicht auch so? Man liebt sie, man freut sich, sie alle wieder einmal zu treffen. Und dennoch sind und bleiben sie alle Jahre wieder der Angstgegner Nummer eins, die lieben Verwandten und Bekannten, die unerwartet an der Wohnungstür klingeln oder, so sie gnädig gestimmt sind, ein Stündchen zuvor anrufen.
Wenn Sie zum Typus jenes gastfreundlichen Zeitgenossen gehören, der immer gerne Leute in seiner Wohnung hat und nur die Einsamkeit wirklich fürchtet, so werden plötzlich auftretende Gäste für Sie kein großes Problem verursachen.
Sollten Sie jedoch ein Vertreter jener gar nicht so kleinen Gruppe sein, die nicht jederzeit für jedermann empfangsbereit ist, so heißt es improvisieren. Und auch darauf sollte man vorbereitet sein:

■ *Sorgen Sie dafür, dass in Ihrem Kühlschrank niemals völlige Ebbe herrscht und immer etliche Komponenten vorhanden sind, aus denen sich ein kleines Buffet oder eine improvisierte Mahlzeit zaubern lässt. Schon etwas Salami, Schinken, Käse, Cocktailtomaten und Eier reichen für eine hübsche Kalte Platte.*

■ *Halten Sie immer eine Pastete, Terrine oder Sulz auf Vorrat, die Ihnen oder Ihren Familienmitgliedern gut schmeckt, aber sich bei Bedarf auch schnell aufschneiden und hübsch anrichten lässt. Auch Aufstriche wie Liptauer, Kräutertopfen, Taramasalat, Leberstreichwurst u. Ä. lassen sich schnell in Schüsselchen umfüllen und können auf diese Weise selbst dann als „hausgemacht" angepriesen werden, wenn sie es gar nicht sind.*

■ *Achten Sie darauf, immer auch Fleischloses in der Vorratskammer zu haben, es sei denn, Sie können schwören, nur „Fleischtiger" zu Ihren potenziellen Gästen zu zählen.*

■ *Besonders während der kalten Jahreszeit ist es nützlich, immer eine gute Suppe „in petto" zu haben. Das macht zwar einmal ein bisschen Arbeit, beschert aber viele kleine schnelle Mahlzeiten (bei richtiger Rezeptwahl auch: Diätmahlzeiten) und eignet sich perfekt als „Soforthilfe", wenn Gäste einfallen. Auch bei Gerichten, die (wie etwa Vitello tonnato) kalt gegessen werden oder (wie Lasagne oder Moussaka) schnell aufgewärmt werden können, lohnt es sich, größere Mengen auf Vorrat zu produzieren. Dann ist man „für alle Fälle" gerüstet oder kehrt „notfalls" bei sich selbst gerne ein.*

■ *Sorgen Sie dafür, dass Ihr Brotvorrat nicht nur aus Weißbrot besteht, das schnell alt und unansehnlich wird. Bauernbrot, Vollkornbrot oder Knäckebrot hält wesentlich länger. Wenn Sie öfters unerwartete Gäste haben, ist es auch empfehlenswert, eine Packung „vorgebackenes" Brot vorrätig zu haben, das Sie nur noch kurz im Backrohr aufbacken müssen.*

■ *Machen Sie öfter einen „Großeinkauf" für Mineralwasser, Bier, Fruchtsäfte, Kaffee, Tee und – last not least – Wein. Da gilt die Formel: Besser selbst eine Bouteille zu viel trinken als mit guten Freunden und einer Bouteille zu wenig auf dem Trockenen zu sitzen.*

Für den ersten Hunger

Weiße Zwiebelcremesuppe

ZUTATEN FÜR 4 PORTIONEN
700 ml Geflügelfond oder -suppe · 400 g Zwiebeln · 1 KL Mehl · 2 EL Butter
4 cl Wermut · 80 ml Weißwein · 100 ml Schlagobers · Salz, Pfeffer aus der Mühle
Dille zum Garnieren · 4 EL geschlagenes Obers

FÜR DIE CROÛTONS
2 Scheiben Toastbrot · 2 EL Butter · Salz

ZUBEREITUNG
Die Zwiebeln halbieren, in Streifen schneiden und in einem Topf in heißer Butter hell anschwitzen. (Die Zwiebeln sollten dabei keine Farbe annehmen.) Danach mit Mehl bestäuben und kurz verrühren. Mit Wermut sowie Weißwein ablöschen und einkochen lassen. Den Geflügelfond zugießen und ca. 5–7 Minuten bei geringer Hitze köcheln lassen. Schlagobers eingießen und für weitere 3 Minuten köcheln lassen.
In der Zwischenzeit für die Croûtons das Toastbrot entrinden und in Würfel schneiden. In einer Pfanne Butter schmelzen und die Brotwürfel goldbraun braten. Aus der Pfanne nehmen und auf Küchenkrepp abtropfen lassen. Leicht salzen. Dille grob hacken.
Die Suppe mit Salz und Pfeffer abschmecken, mit dem Pürierstab mixen und durch ein Sieb passieren. Vor dem Anrichten nochmals kurz aufkochen lassen. Das geschlagene Obers zugeben und aufmixen. In tiefe Teller gießen und mit Croûtons und Dille garnieren.

Marinierte Tomaten mit Prosciutto di Parma

ZUTATEN FÜR 4 PORTIONEN
8 Tomaten · 300 g in Scheiben geschnittener Prosciutto di Parma
(oder anderer Rohschinken) · 2 gehackte Schalotten · 2 gehackte Knoblauchzehen
2 EL gehackte Petersilie · 4 cl Marsalawein · 4 cl weißer Balsamicoessig
Salz, Pfeffer · 5 EL Olivenöl · Kerbel zum Garnieren

ZUBEREITUNG
Die Tomaten in Scheiben schneiden und auf je einem Teller rosettenartig auflegen. Etwa einen Esslöffel Olivenöl erhitzen und die gehackten Schalotten, Knoblauch und Petersilie darin hell, also ohne Farbe nehmen zu lassen, anschwitzen. Vom Herd nehmen. Marsala und Balsamicoessig eingießen. Mit Salz und Pfeffer würzen. Das restliche Olivenöl zugießen.
Diese Marinade über die Tomaten verteilen und den Prosciutto di Parma dekorativ darüber legen. Mit frischem Kerbel garnieren.
BEILAGENEMPFEHLUNG: frisches Weißbrot

Backhendlsalat

ZUTATEN FÜR 4 PORTIONEN
**2 Hühnerbrüste à ca. 150–200 g · Salz, Pfeffer · Zitronensaft
gehackte Petersilie · glattes Mehl, Ei und Semmelbrösel zum Panieren
Öl zum Ausbacken · Blattsalate nach Wahl · 8 Kirschtomaten**

FÜR DAS DRESSING
**2 EL Sherryessig · 4 EL Raps- oder Distelöl · Salz, Pfeffer · Staubzucker
etwas Estragonsenf**

ZUBEREITUNG
Die Hühnerbrüste in 3 cm große Stücke schneiden. Mit Salz, Pfeffer und Zitronensaft würzen, mit gehackter Petersilie einreiben. Zum Panieren zuerst in Mehl wälzen, dann durch das verquirlte Ei ziehen und anschließend in Semmelbröseln wenden. In einer Pfanne Öl erhitzen (ca. 150 °C) und die Backhendlstücke darin ca. 7 Minuten schwimmend herausbacken. Herausnehmen und auf Küchenpapier abtropfen lassen.
Währenddessen für das Dressing den Sherryessig mit Öl und Senf verrühren. Mit Salz, Pfeffer und Staubzucker abschmecken. Die geputzten Blattsalate damit marinieren und auf Tellern anrichten. Die Backhendlstücke darauf platzieren. Mit den Kirschtomaten garnieren.

Rindfleisch-Gemüse-Türmchen

ZUTATEN FÜR 4 PORTIONEN
**4 Tomaten · 8 Scheiben Rindsfilet (Rindslungenbraten) à 50 g
8 Scheiben Melanzani (7 mm dick) · 4 kleine Jungzwiebeln · Olivenöl zum Braten
getrockneter Oregano · 2 gehackte Knoblauchzehen · Salz, Pfeffer
Rucolasalat oder Kräuter als Garnitur**

ZUBEREITUNG
Die Tomaten horizontal in 3 Scheiben teilen. Rindsfiletscheiben mit Salz und Pfeffer würzen. In einer Pfanne etwas Olivenöl erhitzen und die Rindsfiletscheiben darin auf jeder Seite je nach gewünschter Garstufe (rare oder medium) braten. Danach herausnehmen und warm stellen. Melanzani- und Tomatenscheiben sowie die ganzen Jungzwiebeln ebenfalls in der Pfanne in Olivenöl braten. Mit Salz, Pfeffer, Oregano und gehacktem Knoblauch würzen. Nun jeweils auf einem Teller Tomaten, Melanzani und Rindfleisch abwechselnd aufeinander legen und zu einem Türmchen aufschichten. Je eine gebratene Jungzwiebel obenauf legen. Nach Belieben mit mariniertem Rucola oder Kräutern garnieren.
BEILAGENEMPFEHLUNG: knuspriges Baguette

TIPP
Bei der Wahl der verwendeten Gemüse kann man selbstverständlich der Phantasie freien Lauf lassen, wobei zusätzlich eingelegte Mozzarellascheiben diese Rindfleisch-Gemüse-Kreation noch delikater machen.

Was satt macht und schmeckt

Schinkenfleckerl

ZUTATEN FÜR 4 PORTIONEN
400 g Fleckerl · 300 g Schinken · 2 Knoblauchzehen · 1 Zwiebel
100 g Sauerrahm · 100 ml Schlagobers · 2 EL Butter zum Anschwitzen
2 EL gehackte Petersilie · Salz, Pfeffer

ZUBEREITUNG
In einem großen Topf Salzwasser aufkochen lassen. Fleckerl zugeben und „al dente" kochen. Inzwischen den Schinken kleinwürfelig schneiden. Knoblauch und Zwiebel fein hacken. In einer großen Pfanne oder Kasserolle die Butter schmelzen lassen. Zwiebel- und Knoblauchwürfel zugeben, kurz anschwitzen und dann die Schinkenwürfel ebenfalls darin anschwitzen. Mit Sauerrahm und flüssigem Obers aufgießen. Petersilie zugeben und die Sauce glatt rühren. Die währenddessen bissfest gekochten Fleckerl abgießen und gut abtropfen lassen. Fleckerl unter die Schinkensauce mischen und mit Salz sowie Pfeffer abschmecken. Auf vorgewärmten Tellern anrichten.
BEILAGENEMPFEHLUNG: grüner Blattsalat

Krautfleckerl mit Topfen

ZUTATEN FÜR 4 PORTIONEN
400 g Fleckerl · 1/2 Kopf Weißkraut · 2 Knoblauchzehen · etwas Zucker
100 g Butter · etwas edelsüßes Paprikapulver · 4 EL Sauerrahm · 2 EL Topfen
Salz, Pfeffer · Kümmel · 2 EL gehackte Petersilie

ZUBEREITUNG
Reichlich Salzwasser aufkochen lassen und die Fleckerl darin bissfest kochen. Währenddessen das Weißkraut in Rauten schneiden. Butter in einer Pfanne erhitzen, Weißkraut zugeben und darin anschwitzen. Knoblauch hineinpressen und eine Prise Zucker einrühren. Die inzwischen al dente gekochten Fleckerl abseihen, abtropfen lassen und unterheben. Etwas Paprikapulver, Sauerrahm sowie Topfen einrühren und alles gut durchmischen. Mit Salz, Pfeffer und einer Prise Kümmel abschmecken. Gehackte Petersilie unterrühren und auf vorgewärmten Tellern anrichten.
BEILAGENEMPFEHLUNG: Tomatensalat

Gemüsefleckerl

ZUTATEN FÜR 4 PORTIONEN
400 g Fleckerl · 4 Jungzwiebeln · 150 g Zucchini · 2 rote Paprikaschoten
4 geschälte Tomaten aus der Dose · 2 EL Balsamicoessig · Salz, Pfeffer
150 g Rucola · 2 EL Olivenöl · frisch gehobelter Parmesan

ZUBEREITUNG
In einem großen Topf reichlich Salzwasser zum Kochen bringen. Fleckerl zugeben und bissfest kochen. Inzwischen die Tomaten grob hacken. Zucchini und Jungzwiebeln in Scheiben schneiden. Die Paprikaschote halbieren, entkernen und in Streifen schneiden. In einer großen Pfanne (oder einem Topf) Olivenöl erhitzen und die Tomaten darin andünsten. Zucchini, Jungzwiebeln sowie Paprika zugeben und ebenfalls mit anschwitzen. Mit Salz sowie Pfeffer würzen und mit Balsamicoessig ablöschen. Rucola in Streifen schneiden und gemeinsam mit den gekochten, abgeseihten Fleckerln untermischen. Nochmals abschmecken. In tiefen Tellern anrichten und mit gehobeltem Parmesan servieren.

Weizen-Risibisi mit Shiitakepilzen

ZUTATEN FÜR 4 PORTIONEN
500 g Zartweizen · 200 g Shiitakepilze
150 g Erbsen (Tiefkühlware)
10 Salbeiblätter · 80 ml Marsalawein
2 EL geriebener Parmesan
4 EL geschlagenes Obers · Butter zum
Anschwitzen · Salz, Pfeffer

ZUBEREITUNG
In einem Topf Salzwasser zum Kochen bringen und den Zartweizen 8–10 Minuten weich kochen. Die Shiitakepilze vierteln. Etwas Butter in einer Pfanne erhitzen und die Pilze darin anschwitzen. Erbsen zugeben und mit Salz sowie Pfeffer würzen.
Die Salbeiblätter in feine Streifen schneiden und einstreuen. Mit Marsalawein aufgießen, einmal aufkochen lassen und vom Herd nehmen. Den inzwischen gar gekochten Zartweizen abseihen und dann zu den Erbsen geben. Den frisch geriebenen Parmesan sowie das geschlagene Obers unterheben und in tiefen, vorgewärmten Tellern anrichten.

Kreative Hauptgerichte
mit dem „gewissen Etwas"

Garnelen mit Curry-Kartoffelpuffer

ZUTATEN FÜR 4 PORTIONEN
16 geschälte und geputzte Riesengarnelen · 8 mehlige Kartoffeln
Saft von 2 Zitronen · 2 Knoblauchzehen · 2 EL gehacktes Basilikum · 2 EL Mehl
2 Eier · Olivenöl · 80 ml Weißwein · 2 EL kalte Butter · Currypulver · Salz, Pfeffer

ZUBEREITUNG
Die Kartoffeln schälen und fein reißen. In eine Schüssel geben und mit Eiern, Mehl, Curry, Salz und Pfeffer gut vermengen. In einer beschichteten Pfanne Olivenöl erhitzen, aus der Masse mit einem Esslöffel Puffer formen und diese darin beidseitig braten. (Die Erdäpfelmasse dabei vor dem Einlegen gut ausdrücken.) Fertig gebratene Puffer herausheben und auf Küchenkrepp abtropfen lassen.
Inzwischen die Garnelen der Länge nach halbieren und den Darm entfernen. Mit Salz sowie Pfeffer würzen und mit Zitronensaft beträufeln. In einer anderen Pfanne in heißem Olivenöl braten. Dabei die Knoblauchzehen darüber pressen und gehacktes Basilikum zugeben. Die gebratenen Garnelen wieder aus der Pfanne heben. Die Puffer auf vorgewärmten Tellern anrichten und die Garnelen darauf gruppieren. Den Bratrückstand mit Wein aufgießen und kurz aufkochen lassen. Vom Herd nehmen, die kalte Butter einrühren und die Sauce damit sämig binden. Die Garnelen mit der Sauce überziehen.
BEILAGENEMPFEHLUNG: Blattsalat

Hühnerbrust mit Paprikakruste und Prinzessbohnen

ZUTATEN FÜR 4 PORTIONEN
4 Hühnerbrüste à 150 g · 200 g bunt gemischte Paprikawürfel (gelb, rot, grün)
2 feinwürfelig geschnittene Schalotten · 2 EL fein gehackte Petersilie · 100 g
Semmelbrösel · Dijonsenf zum Bestreichen · Salz, Pfeffer · Butter zum Anbraten

FÜR DIE BOHNEN
400 g Prinzessbohnen (junge Fisolen, Tiefkühlware) · 2 EL Butter · 4 EL Speckwürfel
2 fein gehackte Knoblauchzehen · 120 ml Gemüsesuppe · Salz, Pfeffer

VORBEREITUNG
Das Backrohr auf 180 °C vorheizen.

ZUBEREITUNG
Die Hühnerbrüste mit Salz sowie Pfeffer würzen und in einer Pfanne in heißer Butter auf beiden Seiten scharf anbraten. Im gut vorgeheizten Backrohr noch ca. 5 Minuten braten.
Für die Paprikakruste unterdessen die Paprikawürfel und die gehackten Schalotten in einer anderer Pfanne ebenfalls in heißer Butter andünsten. Die gehackte Petersilie und die Semmelbrösel zugeben. Mit Salz und Pfeffer würzen. Die Hühnerbrüste herausnehmen, dünn mit Dijonsenf bestreichen und die Paprikakruste etwa 5 mm dick auftragen. Bei größtmöglicher Oberhitze oder unter der Grillschlange nochmals kurz überbacken.
Währenddessen die Bohnen in kleinere Stücke schneiden und in heißer Butter gemeinsam mit Speck und Knoblauch anschwitzen. Mit Salz und Pfeffer würzen. Gemüsesuppe zugießen und noch 2 Minuten köcheln lassen. Die Bohnen auf vorgewärmten Tellern anrichten und die überbackenen Hühnerbrüste darüber legen.

Überbackene Schweinsmedaillons

ZUTATEN FÜR 4 PORTIONEN
12 kleine Schweinsmedaillons (Schweinslungenbraten) à 40 g · 4 Scheiben Prosciutto di Parma (oder anderer Rohschinken) · 250 g Mozzarella · 8 Basilikumblätter
8 Kapernbeeren mit Stiel · Salz, Pfeffer aus der Mühle · Öl und Butter zum Braten

VORBEREITUNG
Das Backrohr auf maximale Oberhitze (250 °C oder Grill) vorheizen.

ZUBEREITUNG
Die Schweinsmedaillons salzen und pfeffern. In einer Pfanne etwas Öl und Butter erhitzen und die Medaillons auf jeder Seite etwa 2 Minuten braten. Fleisch aus der Pfanne heben. Die Prosciuttoscheiben dritteln und auf jedes Medaillon ein Stück Rohschinken legen. Mozzarella in Scheiben schneiden und ebenfalls darauf legen. Schweinsmedaillons in eine mit Öl bestrichene feuerfeste Form setzen und bei großer Oberhitze überbacken.
Währenddessen die Basilikumblätter in Streifen schneiden. Dann die überbackenen Medaillons auf vorgewärmten Tellern anrichten. Basilikum darüber streuen und mit Kapernbeeren garnieren.
BEILAGENEMPFEHLUNG: Risotto und Blattsalat

Glossar

TYPISCH ÖSTERREICHISCHE UND ALLGEMEINE KÜCHENAUSDRÜCKE, DIE MAN KENNEN SOLLTE

ABSCHRECKEN nach dem Kochen (oder Blanchieren) unter fließendem kaltem Wasser auskühlen lassen
AÏOLI provenzalische Knoblauchmayonnaise
AL DENTE KOCHEN Nudeln oder Gemüse bissfest, d. h. nicht zu weich kochen
ANSCHWITZEN in heißem Fett kurz anrösten
ANTIPASTI kalte oder warme Vorspeisen (italienisch)
BACKHENDL paniertes, in heißem Fett herausgebackenes Huhn
BARBECUE auf dem Holzkohlengrill zubereitete Gerichte
BEIRIED ausgelöstes Rippenstück vom Rind
BEUSCHEL pikantes Ragout aus Kalbslunge und -herz
BISKOTTE Löffelbiskuit
BLANCHIEREN kurz mit siedendem Wasser überbrühen
BLINI kleines Küchlein aus Hefe- oder Kartoffelteig
BLUNZN (BLUNZE) Blutwurst
BRATHENDL knusprig gebratenes Huhn bzw. Hähnchen
BRIES Kalbsmilch
BRUSCHETTA mit Olivenöl beträufeltes, knusprig geröstetes Landbrot, das beliebig belegt werden kann (italienisch)
BURRITOS gerollte und würzig gefüllte Tacos
BUSSERL kleine, runde Plätzchen
CARPACCIO ursprünglich hauchdünn aufgeschnittenes und mariniertes rohes Rinderfilet, heute allgemeine Bezeichnung für roh Aufgeschnittenes und Mariniertes von Fleisch, Fisch oder auch Gemüse

CHICKEN WINGS pikant gewürzte, knusprige Hühnerflügerl
CHUTNEY dickliche Würzpaste zu Fisch- und Fleischgerichten (indisch)
CIABATTA flach geformtes, außen knuspriges Weißbrot (italienisch)
CONSOMMÉ gehaltvolle Kraftbrühe
CONVENIENCE-PRODUKTE Sammelbegriff für industriell zur Gänze oder teilweise vorgefertigte Produkte für die schnelle Küche
COUSCOUS Hartweizengrieß (mitunter auch mit Hirse vermengt), der nach dem Aufquellen durch Dämpfen oder Dünsten ganz nach Geschmack mit gegartem Fleisch, Gemüse und Kräutern pikant abgerundet oder einfach als Beilage verwendet wird
CRÊPE hauchdünne Omelette, die pikant (mit Schinken, Käse etc.) oder süß gefüllt werden kann (französisch)
CROSTINI beliebig garnierte Weißbrotscheiben, die knusprig überbacken werden (italienisch)
CROÛTONS knusprig geröstete Brotwürfel
CURRY ursprünglich stark gewürztes Saucengericht, heute auch Ausdruck für die diesem zugrundeliegende Gewürzmischung (indisch)
CUTTERN in einer Küchenmaschine äußerst fein zerkleinern, mixen oder pürieren
DAMPFL Vorteig (Hefeansatz)
DIM SUM kleine gedämpfte oder frittierte und gefüllte Teigbällchen oder -röllchen, meist im Bambuskörbchen serviert (chinesisch)
DIP pikante, würzige Sauce zum Eintauchen kleiner Happen
DOTTER (EIDOTTER) Eigelb
EIERSCHWAMMERL Pfifferling
EIERSPEISE Rührei

EIKLAR Eiweiß
EINBRENN braune Mehlschwitze
EINMACH helle Mehlschwitze
ERDÄPFEL Kartoffeln
FASCHIERTES Hackfleisch
FISOLEN grüne Bohnen
FLECKERL Teigwaren in Form kleiner Quadrate
FOND Grundbrühe mit dem Geschmack des jeweils verwendeten Ausgangsproduktes (Fleisch, Fisch, Geflügel)
FRANKFURTER Wiener Würstchen
FRITTATEN Suppeneinlage aus fein geschnittenem Pfannkuchen
GELBE RÜBE Möhre
GERM Hefe
GESELCHTES Rauchfleisch
GNOCCHI Klößchen, kleine Nocken (italienisch)
GRAMMELN Grieben
GRATINIEREN bei starker Oberhitze im Backrohr überbacken
GUGELHUPF Napfkuchen
HÄUPTELSALAT Kopfsalat
HEIDELBEEREN Blaubeeren
HENDL Huhn, Hühnchen, Hähnchen
HEURIGE Frühkartoffeln mit meist zarter Schale, die auch mitgegessen werden kann
HOLLER Holunder
KALTSCHLAGEN eine warme Masse in einem eiskalten Wasserbad so lange schlagen, bis sie kalt ist
KARFIOL Blumenkohl
KAROTTE Mohrrübe
KARREE Rippenstück
KERNÖL Speiseöl aus gerösteten Kürbiskernen (steirisch)
KIPFERL Hörnchen
KITZ junge Ziege
KLETZEN Dörrbirnen
KNÖDEL Kloß
KOHL Wirsing
KOHLSPROSSEN Rosenkohl, Kohlröschen
KRAPFEN in Schmalz herausgebackenes, zumeist süßes Hefegebäck
KRAUT Weißkohl
KREN Meerrettich

GLOSSAR

LÄUTERZUCKER zu gleichen Teilen mit Zucker aufgekochtes Wasser
LEGIEREN Binden von Flüssigkeiten (vor allem von Saucen und Suppen) mit Eidotter oder Schlagobers
LUNGENBRATEN Lenden-, Filetstück (etwa vom Rind, Schwein oder Lamm)
MARILLE Aprikose
MARMELADE Konfitüre
MARONI Edelkastanien
MEHLSPEISE Sammelbegriff für Desserts und Süßspeisen
MELANZANI Auberginen
MONTIEREN eine Sauce kurz vor dem Anrichten binden, meist durch das Einrühren kalter Butter
MISO japanische Sojapaste
NOCKERL Spätzle, kleine Teigklößchen oder kleine, meist oval geformte Speisen (Grießnockerl, Fischnockerl)
OBERS (SCHLAGOBERS) Schlagsahne
OCHSENSCHLEPP Ochsenschwanz
OMELETT Eierkuchen
PALATSCHINKE Pfannkuchen
PARIEREN das Vorbereiten von Fleisch bzw. Fisch durch Wegschneiden von Sehnen, Häutchen etc.
PESTO aromatische kalte Würzpaste (meist aus Kräutern wie Basilikum, Estragon etc.)
PFANNENRÜHREN Braten im Wok unter ständigem Rühren
POCHIEREN knapp unter der Siedegrenze gar ziehen lassen
POFESEN pikant oder süß gefüllte Weißbrotschnitten, die in Fett herausgebacken werden
POLENTA Maisgrieß, der nach dem Aufquellen cremig oder in schnittfester Form serviert werden kann
PORREE Lauch
POWIDL Pflaumenmus
RAHM (Sauerrahm) Saure Sahne

REDUZIEREN Flüssigkeiten für Saucen (Wein, Fond etc.) bei großer Hitze auf die gewünschte Konsistenz einkochen lassen
RIBISEL Johannisbeere
ROSTBRATEN Hohes Roastbeef, Hohe Rippe
ROTE RÜBE Rote Bete
ROTKRAUT Rotkohl
SABAYON im heißen Wasserbad aufgeschlagener cremiger Schaum
SASHIMI kleine Scheiben von rohem Fisch (japanisch)
SATÉ Spießchen mit Fleisch- oder Fischstückchen und Würzsauce (indonesisch)
SAUERKRAUT Sauerkohl
SAUERRAHM Saure Sahne
SCHLAGOBERS Schlagsahne
SCHMALZ ausgelassenes Fett (von Schwein, Gans oder Ente) oder geklärte Butter (Butterschmalz)
SCHOPFBRATEN Schweinekamm
SCHWAMMERL Sammelbegriff für Pilze
SELCHSPECK Räucherspeck
SEMMEL Brötchen
SEMMELBRÖSEL (BRÖSEL) Paniermehl
SOUFFLÉ durch geschlagenen Eischnee luftiger, pikant oder süß gewürzter, gebackener Auflauf
SPANFERKEL Milchschwein
SPICKEN Fleisch (Wild, Rindfleisch) mit langen Speckstreifen durchziehen, um es saftiger zu machen
STAUBZUCKER Puderzucker
STELZE Haxe vom Kalb oder Schwein
STICKS kleine, stäbchenförmige Happen aus Gemüse, Fisch- oder Fleischmasse etc.
SUSHI mit rohem Fisch (oder auch Gemüse) belegte bzw. gefüllte Klebreisbällchen (japanisch)
TABASCOSAUCE pikante, scharfe Würzsauce
TACOS pikant gefüllte Tortillas (s. dort)
TAFELSPITZ edelstes Stück vom Siedefleisch des Rindes

TAPAS kleine, pikante Happen, die als Appetitmacher zu einem Glas Wein oder zwischendurch gereicht werden (spanisch)
TEMPURA mit hauchdünnem Teig überzogene, frittierte kleine Stückchen von Fleisch, Fisch, Geflügel oder Gemüse (japanisch)
TOPFEN Quark
TORTILLA dünne Fladen aus Weizen- oder Maismehl (mexikanisch)
TRAMEZZINI dünne, saftige, mit Prosciutto, Mozzarella, Shrimps etc. gefüllte Weißbrotscheiben (italienisch)
WALLER Wels
WAN TAN kleine Täschchen oder Säckchen aus dünnem Teig mit pikanter Fülle, die frittiert oder gedämpft werden (chinesisch)
WARMSCHLAGEN eine Masse in einem heißen Wasserbad so lange schlagen, bis sie schön cremig und schaumig ist
WASABIPASTE ODER –KREN grüne, sehr scharfe Würzpaste für Sushi und Sashimi (japanisch)
WASSERBAD mit heißem Wasser gefülltes größeres Gefäß, in das eine kleinere Schüssel eingehängt wird, in der eine Masse warmgeschlagen oder zum Schmelzen gebracht wird
WEICHSEL Sauerkirsche
WEISSKRAUT Weißkohl
WOK große, schwere Eisenpfanne mit gewölbtem Boden zum raschen Anbraten auf größtmöglicher Hitze (chinesisch)
WORCESTERSHIRESAUCE pikante Würzsauce
WÜRSTEL meist Frankfurter (Wiener) Würstchen
ZWETSCHKEN Pflaumen
ZWETSCHKENRÖSTER gedünstete Pflaumen

Alphabetisches Register

A
Albondigas 51
Ananas mit Limettenobers, karamellisierte 209
Apfel-Bananen-Creme 38
Apfel-Curry-Kaltschale 43
Apfelspalten, gebackene 215
Asia-Carpaccio 90
Austroburger 144
Avocado-Orangen-Salat 130
Avocadopüree mit Eiern und Sprossen 19

B
Backhendlsalat 220
Bami Goreng 180
Bananenmilch 21
Bananen mit Schoko-Minz-Sabayon, gebackene 214
Basilikum-Gnocchi mit Erbsen 134
Bauernsalat, steirischer, mit Schafkäse 59
Beef Tatar „Toni M." 14
Beerenmüsli 20
Beerennocken 214
Berner Einspänner 71
Bœuf Stroganoff 118
Branzino auf Basilikum-Tomaten-Concassé 97
Breakfast Wraps 151
Brokkolisuppe mit Austernpilzen 126
Burritos, mexikanische 151
Bürosalat, bunter 28

C
Carpaccio „lachsrosa" 90
Carpaccio vom Rind mit Senfsauce 61
Chickenburger 149
Chicoréesalat mit Äpfeln 16
Chili con Carne „Kingsize" 116
Chinesische Eiernudeln mit gepfefferter Hühnerbrust 181
Club Wraps 152
Crevettenburger 150
Crostini mit Garnelen, Gurke und Melone 55
Crostini mit gedünsteten Salatherzen und Prosciutto di Parma 52
Crostini mit Jungzwiebeln und Rohschinken 52
Crostini mit Kräuterfrischkäse 55
Crostini mit Radieschen und Thunfisch 51
Crostini mit Schweinsleber und Preiselbeeren 54
Crostini mit Thunfisch und Apfelkren 55

E
Eier im Glas 9
Eiernudeln mit gepfefferter Hühnerbrust, chinesische 181
Eier, pochierte, mit Speck 8
Eierschwammerl-Eierspeis mit Häuptelsalat 76
Eierspeise mit Zwiebeln und Kernöl 12
Eierspeise, Wiener 12
Ei im Nest 10
Entenbrust, geräucherte, mit Ananas 35
Entenbrust mit Gemüsepalatschinken 107
Entrecôte Strindberg 120
Erbsenschoten mit Polenta und Senf-Sabayon, glasierte 134
Erdbeeren mit Balsamicoessig 205
Erdbeeren mit grünem Pfeffer und Grand Marnier 208
Erdbeeren, soufflierte 210

F
Fenchelsuppe 70
Fischburger 149
Fleischlaberl mit Rahm-Gurkensalat 36
Flockenmüsli 21
Früchteomelett 212
Frühlingssalat mit Sprossen und Kernen 60

G
Gambas, andalusische 49
Garnelen-Mango-Wok 171
Garnelen mit Curry-Kartoffelpuffer 224
Garnelen mit Gurkenspaghetti, marinierte 104
Garnelentempura 172
Gazpacho 127
Gebackene Apfelspalten 215
Gebackene Bananen mit Schoko-Minz-Sabayon 214
Gebackener Rostbraten mit Blattsalat 119
Gebratene Tofulaibchen mit Sprossensalat 131
Gelbe Zucchinisuppe 70
Gemüsefleckerl 223
Gemüsepuffer mit Basilikumcreme 72
Gemüsetempura mit Wasabi-Mousseline 168
Geräucherte Entenbrust mit Ananas 35
Gerstenlaibchen, mit Käse gratinierte 136
Geschnetzeltes mit Madeira-Champignons 113
Glasierte Erbsenschoten mit Polenta und Senf-Sabayon 134
Gnochi mit Eierschwammerln 73
Gnochi mit Räucherlachs und Rucolapesto 199
Gnochi mit Ricotta und Salbei 199
Goldbrassenfilet mit Jungzwiebeln und Shiitakepilzen 170
Griechischer Salat 65
Gurkensuppe, kalte 126

H
Hafermüsli 21
Hamburger 148
Hamburger Royale 148
Häuptelsalat mit Kohlrabi-Apfel-Rohkost 64
Häuptelsalat mit Sprossen und Prosciutto 30
Heidelbeer-Buttermilch-Tartelettes 206
Himbeertörtchen mit Balsamicoessigsauce 207

ALPHABETISCHES REGISTER

Huhn mit Erdnüssen und Junglauch 174
Huhn mit Maiskölbchen 174
Hühnerbrust Diavolo 108
Hühnerbrust mit Paprikakruste und
    Prinzessbohnen 225
Hühnerfilets im Kohlrabibett 95
Hühner-Saltimbocca 82

I
Ingwerente 175

J
Joghurtcreme mit Früchten 39

K
Kalbsnaturschnitzel mit Wurzelgemüse 82
Kalbsrückensteak mit Kartoffel-Lauch-Ragout 83
Kalbssteak mit Pilzen und Oberspolenta 112
Kalte Gurkensuppe 126
Kalte Kokossuppe mit Orangenfilets 203
Karamellisierte Ananas mit Limettenobers 209
Karottensuppe 67
Kartoffelchips auf Ratatouille 50
Kartoffelsuppe mit Steinpilzen 71
Käsemelange 47
Kleine Sashimiplatte 142
Knoblauchsuppe mit Nussbrotcroutons 66
Knusprige Reisnudeln mit Garnelen 178
Kohlrabisalat mit Joghurt und Kräutern 17
Kokossuppe mit Orangenfilets, kalte 203
Krautfleckerl mit Topfen 223
Kräutercremesuppe 70
Kräuter-Eier-Aufstrich 19

L
Lachsburger de luxe 149
Lachsforellenfilet auf buntem Gemüsebett 138
Lachsforellenfilet in Weinteig mit buntem Salat 80
Lachsforellenfilet mit Kerbelsabayon 101
Lachsforellen-Jungzwiebelsalat mit Passionsfrucht-
    dressing 96
Lachs-Kohlrabi-Lasagne 137
Lachsschinken-Brötchen 26
Lammfilet mit Oliven-Taglierini 123
Lammkoteletts mit Kräutersalat 87
Linguine mit Kalbsragout und Rucola 194
Lychees mit Krokant-Limonen-Gratin 207

M
Mango-Gurken-Salat mit Sprossen 28
Marillenpofesen 215
Marinierte Garnelen mit Gurkenspaghetti 104
Marinierte Pfirsiche mit Campari-Sabayon 204
Marinierte Tomaten mit Prosciutto di Parma 219
Mascarponecreme mit Erdbeeren 202
Matjesfilet-Happen 27
Matjesfilet mit Erbsenschoten 17
Meeresfrüchtesalat, pikanter 166
Melonen-Gurken-Salat mit Garnelen 65

Melonen-Zucchini-Geschnetzeltes 99
Mexikanische Burritos 151
Mit Käse gratinierte Gerstenlaibchen 136
Mozzarella-Tomaten mit Cremepolenta,
    überbackene 98

N
Naturschnitzel mit Gemüsenudeln 111
Nougatzwetschken in Strudelteig 210
Nudelsalat mit Crevetten 32
Nusspalatschinken 211

O
Orangenpalatschinken 212
Orangensalat mit San-Daniele-Schinken 29

P
Panzanella 33
Pappardelle mit Salami und Kräutern 196
Paprikatopfen 18
Pasta „monte e mare" 104
Penne all' arrabbiata 198
Pennesalat mit Gorgonzola 31
Pfeffersteak 117
Pfirsiche mit Campari-Sabayon, marinierte 204
Pikanter Meeresfürchtesalat 166
Pizza agli zucchini e gamberi 159
Pizza ai quattro formaggi 154
Pizza alla marinara 158
Pizza alle vongole 159
Pizza al pescatore 158
Pizza al prosciutto e funghi 153
Pizza al tonno 155
Pizza con caperi, olive e acciughe 155
Pizza con cipolle 152
Pizza con salsiccia piccante 153
Pizza con spinaci, ricotta e pancetta 154
Pochiertes Rindsfilet mit Kohlrabi-Zartweizen 139
Polenta-Lauch-Suppe 67
Polpette auf Erbsenschoten-Paprika-Salat 95
Prosciuttopflaumen mit Salbei 47

R
Räucherlachspalatschinke 13
Räucherlachs-Rollmops mit Fenchel 44
Reisnudeln mit Garnelen, knusprige 178
Rindersaftschinken mit Melone 34
Rindersteak mit Wasabikrensauce 115
Rindfleisch-Gemüse-Türmchen 221
Rindsfilet auf Tomaten-Lauch-Tagliatelle 85
Rindsfilet mit Jungzwiebelstreifen 115
Rindsfilet mit Kohlrabi-Zartweizen, pochiertes 139
Rindsfiletstreifen auf Toskana-Art 94
Rohschinkenröllchen, gebackene,
    mit Apfel-Lauch-Salat 48
Rostbraten mit Blattsalat, gebackener 119
Rotbarbenfilet mit Peperonata 79
Rührei mit Steinpilzen und Petersilie 10

229

ALPHABETISCHES REGISTER

S
Safranäpfel mit Blauschimmelkäse überbacken 49
Saiblingsschnitzerl mit Vogerlsalat 78
Salat mit Ziegenkäse und Sardellen 65
Salat vom grünen Spargel und Räucherlachs 94
Saltimbocca alla romana 110
Sashimiplatte, kleine 142
Sashimi vom Rind mit Selleriechips 143
Sauerkrautsalat, winterlicher 128
Sauerrahmdalken mit Beeren und Joghurtsauce 213
Schinkenfleckerl 222
Schinkenrollen 37
Schokobananen 205
Schokolademousse 202
Schweinefleisch „hot" mit Eiernudeln 181
Schweinefleisch süß-sauer 177
Schweinsfilet in der Kartoffelkruste 86
Schweinsfilet in dunkler Biersauce 84
Schweinsfilet in Parmesan-Kräuter-Panier 85
Schweinsfilet mit Garnelen und Eiernudeln 182
Schweinsfilet mit Lauch- und Jungzwiebelstreifen 176
Schweinskotelett mit schwarzen Oliven 114
Schweinsmedaillons mit Schnittlauch-Senf-Sauce 113
Schweinsmedaillons, überbackene 225
Sellerierohkost mit Mango und Kürbiskernen 129
Soufflierte Erdbeeren 210
Spaghetti aglio e olio 189
Spaghetti alla carbonara 192
Spaghetti al limone 186
Spaghetti al pomodoro 186
Spaghetti al tonno 193
Spaghetti mit Morcheln und Kohlrabi 189
Spaghettini mit Estragonpesto 187
Spaghettini mit Lammstreifen und Erbsenschoten 194
Spaghettini mit Roquefortsauce 192
Spinatrisotto 133
Spinatsalat mit Ziegenkäse 131
Steirischer Bauernsalat mit Schafkäse 59

T
Tagliatelle mit Räucherlachs und Dille 72
Tagliatelle tonnate 100
Taglierini mit Shrimps und Dille 196
Tagliolini verdi con gamberi 195
Tempura von Lachs und Gemüse 144
Thunfisch auf Chicorée 76
Thunfisch-Häppchen 27
Thunfisch mit Chilisprossen 171
Thunfischtatar 42
Tofulaibchen mit Sprossensalat, gebratene 131

Tomaten-Kohlrabi-Rohkost 15
Tomaten mit Prosciutto di Parma, marinierte 219
Tomatensuppe für Einsame 67
Topfengratin mit Marillen 208
Tramezzini mit Dillrahm-Shrimps 45
Tramezzini mit Salami und Oliven 46
Tramezzini mit Schinken und Gorgonzola 45

U
Überbackene Schweinsmedaillons 225

V
Veggie-Sticks mit Thunfisch-Dipsauce 15
Vitaminburger 150
Vollkornnudeln, überbackene 136
Vollkornspaghetti mit Mozzarella und Tomaten 188

W
Weintraubenkompott 204
Weiße Zwiebelcremesuppe 219
Weizen-Risibisi mit Shiitakepilzen 224
Wiener Eierspeise 12
Wiener Schnitzel vom Kalb mit Häuptelsalat 108
Wok-Gemüse mit Tofu 169
Wurstsalat, sommerlicher 60

Z
Zanderfilet mit Zucchinischuppen und Sprossengemüse 81
Zanderstreifen auf Tomaten-Melonen-Salat 167
Zucchini-Käse-Gratin 99
Zucchinisuppe, gelbe 70
Zwiebelcremesuppe, weiße 219
Zwiebelrostbraten mit Kartoffelchips 122

ichkoche.at
Die Rezeptsuche im Internet

Kochen mit allen Sinnen

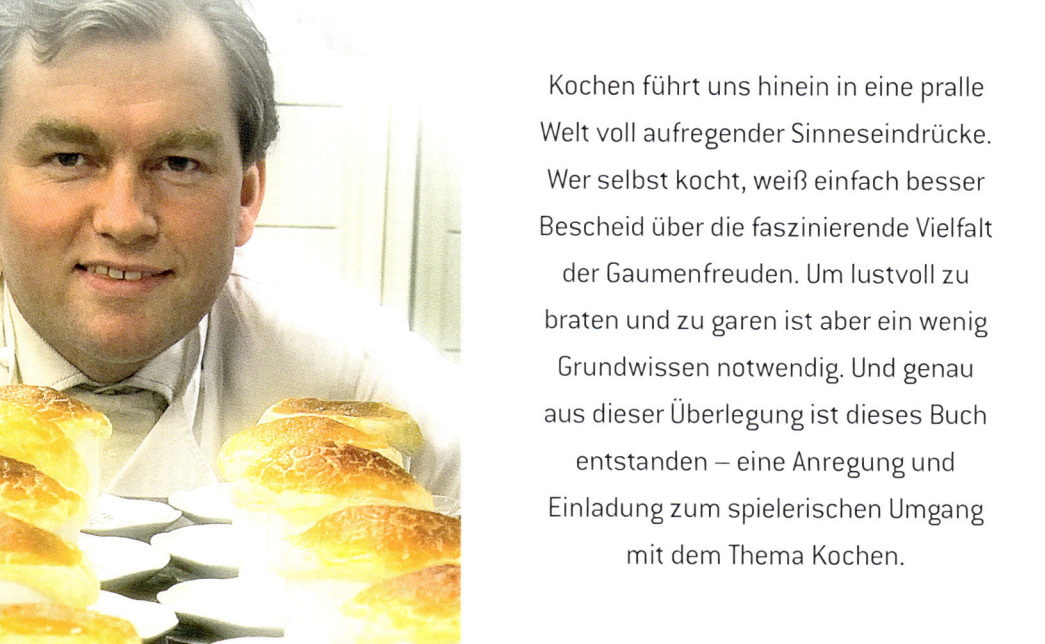

Kochen führt uns hinein in eine pralle Welt voll aufregender Sinneseindrücke. Wer selbst kocht, weiß einfach besser Bescheid über die faszinierende Vielfalt der Gaumenfreuden. Um lustvoll zu braten und zu garen ist aber ein wenig Grundwissen notwendig. Und genau aus dieser Überlegung ist dieses Buch entstanden – eine Anregung und Einladung zum spielerischen Umgang mit dem Thema Kochen.

Toni Mörwald · Herbert Hacker
KOCH-LUST
Fotografiert von David Ruehm
316 Seiten, 22 x 22 cm
durchgehend farbig
Hardcover mit Schutzumschlag
ISBN 978-3-85431-476-9

Pichler Verlag
www.ichlese.at

Toni Mörwald im Kreis seiner Familie